"十四五"职业教育河南省规划教材

城市轨道交通职业教育系列教材——城轨机电技术

城市轨道交通低压配电技术

（智媒体版）

主　　编　　文晓娟　　李孝普
副主编　　石云鹤　　万学春
参　　编　　左春辉　　潘顺莉
主　　审　　魏保立　　杨　辉

校企合作　　课程思政　　微课

视频　　课件　　新形态教材

西南交通大学出版社
·成都·

内容简介

本书根据高职高专"城市轨道交通机电技术"专业职业岗位技能需求进行编写，融入典型城轨交通车站应用案例和轨道交通电气设备装调技能等级证书考核知识点，强调知识与工程实际相结合，突出教学内容实用性，重点培养学生解决实际问题的能力。全书共分七个模块，包括基础知识、低压配电常用工具和材料、室内配线、城市轨道交通低压配电系统设备、城市轨道交通低压照明系统、城市轨道交通低压配电设备检修、技能训练等。

本书适合作为高职高专院校城轨机电、城轨供电、城轨运营与管理等专业的教材，也可作为企业在职职工的培训教材，还可为相关工程技术人员提供参考。

图书在版编目（CIP）数据

城市轨道交通低压配电技术：智媒体版 / 文晓娟，李孝普主编. —成都：西南交通大学出版社，2021.11（2024.7重印）
ISBN 978-7-5643-8333-6

Ⅰ. ①城… Ⅱ. ①文… ②李… Ⅲ. ①城市铁路 – 轨道交通 – 低电配电 – 配电线路 – 高等职业教育 – 教材 Ⅳ. ①U239.5

中国版本图书馆 CIP 数据核字（2021）第 207540 号

Chengshi Guidao Jiaotong Diya Peidian Jishu
城市轨道交通低压配电技术
（智媒体版）

主　　编 / 文晓娟　李孝普	责任编辑 / 梁志敏
	封面设计 / 何东琳设计工作室

西南交通大学出版社出版发行
（四川省成都市金牛区二环路北一段 111 号西南交通大学创新大厦 21 楼　610031）
发行部电话：028-87600564　028-87600533
网址：http://www.xnjdcbs.com
印刷：四川森林印务有限责任公司

成品尺寸　185 mm × 260 mm
印张　14.25　字数　312 千
版次　2021 年 11 月第 1 版　印次　2024 年 7 月第 3 次

书号　ISBN 978-7-5643-8333-6
定价　42.00 元

课件咨询电话：028-81435775
图书如有印装质量问题　本社负责退换
版权所有　盗版必究　举报电话：028-87600562

前言
PREFACE

自十九大报告首次明确提出要建设"交通强国"的发展战略以来，中央到地方各级政府围绕交通强国建设进行了积极实践。党的二十大报告再次提出，加快建设制造强国、质量强国、航天强国、交通强国、网络强国、数字中国。根据交通强国的建设要求，到2035年，我国将基本建成"人民满意、保障有力、世界前列"的交通强国，到2050年全面建成交通强国，实现"人享其行、物优其流"。城市轨道交通在"提高城市群内轨道交通通勤化水平""加强城市交通拥堵综合治理""鼓励引导绿色公交出行"等方面发挥着至关重要的作用。

据中国城市轨道交通协会统计，截至2022年12月31日，中国内地累计投运城市轨道交通线路已达到10 291.95千米。面对城市轨道交通的高速发展，高技能人才建设成为新时代城市轨道交通的必备要素，人才质量高低对轨道交通行业发展具有重要影响。习近平强调，各级党委和政府要高度重视技能人才工作，大力弘扬劳模精神、劳动精神、工匠精神，激励更多劳动者特别是青年一代走技能成才、技能报国之路，培养更多高技能人才和大国工匠，为全面建设社会主义现代化国家提供有力人才保障。为了培养高质量的城市轨道交通机电技术专业相关人才，我们编写了《城市轨道交通低压配电技术》教材。

本书根据"城市轨道交通机电技术"专业人才培养目标，结合相应企业岗位标准、"1+X"技能等级认证考核标准和爱国、强国等思政元素，由一批学术水平高、教学经验丰富、实践能力强的教师与行业一线专家共同编写。教材内容根据城轨机电、城轨供电、城轨运营与管理专业毕业生岗位能力需求进行选取，强调理论与实践应用相结合，引入城轨交通车站实际工程案例，融入轨道交通电气设备装调技能等级考核知识，突出先进性和实用性，重点培养学生分析问题、解决问题的能力，以及技能报国、科技兴国的情怀。

本书共分七个模块，包括基础知识、低压配电常用工具和材料、室内配线、城市轨道交通低压配电系统设备、城市轨道交通低压照明系统、城市轨道交通低压配电设备检修、技能训练等内容。各模块由易到难，由浅入深，结合技能训练项目，将知识目标、能力目标与思政目标贯穿于一体。

在教材编写过程中，我们贯彻了以下原则：

一、与行业深度结合。教材编写团队由地铁高级工程技术人员和学校骨干教师组成，共同研究教材开发方案，确定教材编写思路。团队教师多次深入企业调研收集素材，确保教材编写所选设备和技术资料符合企业实际问题的解决，教材内容与实际应用紧密结合，反映了企业相关生产岗位的技术要求，体现了岗位职业技能和素养的要求。

二、落实"1+X"模式下"双证"融通。从职业岗位技能需求分析入手，遵循"以工作任务引领专业知识，以职业资格证书的标准规范课程内容"的原则，参照"轨道交通电气设备装调"职业技能等级标准和企业低压配电工种考核的要求，精选教材内容。

三、"思政引领、岗位导向、学训交融"，将"爱国、敬业、匠心、奉献、安全、劳动"等元素融入教材每个模块，培养爱国爱岗、严谨认真、不断创新、有时代担当的我国轨道交通事业建设者和接班人。

四、教材重点内容嵌入二维码与互联网相关联，方便读者扫码观看微课、动画和知识点的讲解。分模块设置在线习题库实现扫码测试，帮助读者快速检测学习效果并进行巩固，满足互联网时代下的学习需求。

五、按照模块化教学规律和学生认知规律，合理安排内容。采用思维导图总结的形式，以图代文，降低学习难度，提高学生学习兴趣。

本书由郑州铁路职业技术学院、郑州地铁集团有限公司、广州铁路职业技术学院、绍兴职业技术学院共同合作编写。由郑州铁路职业技术学院文晓娟、郑州地铁集团有限公司李孝普任主编；郑州地铁集团有限公司石云鹤、广州铁路职业技术学院万学春任副主编辑；郑州地铁集团有限公司左春辉、绍兴职业技术学院潘顺莉参编。文晓娟编写模块 1~3，李孝普编写模块 4 的任务 4.1~任务 4.4，左春辉编写模块 4 的任务 4.5~任务 4.6，潘顺莉编写模块 5，石云鹤编写模块 6 的任务 6.1~任务 6.4，万学春编写模块 6 的任务 6.5、任务 6.6 和模块 7。全书由文晓娟统稿，郑州铁路职业技术学院魏保立、郑州地铁集团有限公司杨辉主审并提出许多宝贵意见，编者在此表示感谢。

本书在编写过程中，参考了一些国内外同行的优秀教材和资料，编者在此向这些资料文献的作者深表感谢。同时，恳切希望广大读者在使用本书的过程中将意见和建议及时反馈给我们，以便修订时加以完善。

编　者

2023 年 3 月

数字资源
DIGITAL RESOURCES

序号	资源名称	资源类型	页码	资源位置
1	微课"电能的来源与传输"	视频	002	模块一 任务一
2	微课"轨道交通供电系统结构"	视频	008	模块一 任务一
3	微课"轨道交通常见供配电设备"	视频	009	模块一 任务一
4	微课"触电的类型及危害"	视频	010	模块一 任务二
5	微课"低压系统的接地形式"	视频	014	模块一 任务二
6	微课"触电急救措施"	视频	020	模块一 任务二
7	微课"低压配电常用工具"	视频	029	模块二 任务一
8	微课"低压配电常用材料"	视频	040	模块二 任务二
9	微课"室内配线概述"	视频	062	模块三 任务一
10	微课"导线的连接与封端"	视频	070	模块三 任务四
11	微课"配电箱"	视频	078	模块三 任务五
12	动画"配电箱"	三维动画	078	模块三 任务五
13	大国工匠之电工（一）	链接	084	模块三 任务六
14	大国工匠之电工（二）	链接	085	模块三 任务六
15	大国工匠之电工（三）	链接	085	模块三 任务六
16	大国工匠之电工（四）	链接	085	模块三 任务六
17	大国工匠之电工（五）	链接	085	模块三 任务六
18	微课"轨道交通车站常见低压配电设备"	视频	088	模块四 任务一
19	微课"车站低压配电系统动力负荷配电方式"	视频	090	模块四 任务二
20	微课"400 V系统及设备"	视频	092	模块四 任务三

21	动画"400 V 电控柜"	三维动画	092	
22	微课"认识智能化断路器"	视频	096	
23	动画"框架式断路器"	三维动画	097	
24	动画"塑壳式断路器"	三维动画	098	
25	微课"环控电控柜"	视频	098	
26	动画"环控电控柜"	三维动画	098	
27	微课"双电源转换开关"	视频	103	
28	动画"双电源切换装置"	三维动画	105	
29	微课"电机保护器与普通风机控制原理"	视频	106	模块四任务四
30	微课"软启动器与隧道风机控制原理"	视频	109	
31	微课"变频器与组合空调机组控制原理"	视频	113	
32	微课"风阀控制原理"	视频	117	
33	微课"认识 UPS"	视频	119	
34	微课"废水泵、雨水泵控制原理"	视频	124	模块四任务五
35	微课"EPS 应急电源设备"	视频	127	模块四任务六
36	动画"EPS 设备"	三维动画	127	
37	微课"我国低压电器的发展与现状"	视频	134	
38	微课"车站低压照明设备"	视频	141	模块五任务二
39	微课"我国照明产业发展历程"	视频	155	模块五任务四
40	微课"低压配电设备巡检流程及方法"	视频	158	模块六任务一
41	微课"标准化作业与'8S'管理"	视频	190	模块六任务五

在线测试题目

目 录
PREFACE

模块 1　基础知识 ·· 001

　　知识结构 ·· 001

　　学习目标 ·· 002

　　任务 1.1　电力系统概述 ··· 002

　　思政拓展：我国电力系统发展概况 ··· 007

　　任务 1.2　安全用电 ··· 010

　　任务 1.3　电气工作人员的基本要求和岗位职责 ······················ 026

　　复习思考题 ·· 027

模块 2　低压配电常用工具和材料 ·· 028

　　知识结构 ·· 028

　　学习目标 ·· 029

　　任务 2.1　低压配电常用电工工具 ·· 029

　　任务 2.2　低压配电常用绝缘材料 ·· 040

　　任务 2.3　低压配电常用导电材料 ·· 043

　　思政拓展：电线电缆常见国产品牌 ··· 050

　　任务 2.4　电工常用安装材料 ·· 050

　　复习思考题 ·· 060

模块 3　室内配线 ·· 061

　　知识结构 ·· 061

学习目标 ··· 062
任务 3.1　室内配线概述 ··· 062
任务 3.2　槽板配线 ··· 065
任务 3.3　暗式配线 ··· 069
任务 3.4　导线的连接与封端 ·· 070
任务 3.5　配电箱和低压配电柜的安装 ·· 078
思政拓展：大国工匠之电工 ··· 084
复习思考题 ·· 085

模块 4　城市轨道交通低压配电系统设备 ·· 086

知识结构 ·· 086
学习目标 ·· 087
任务 4.1　车站主要低压配电设备及设施 ··· 088
任务 4.2　车站低压配电系统动力负荷配电方式 ····································· 090
任务 4.3　400 V 开关柜设备 ··· 092
任务 4.4　环控电控柜设备及控制原理 ··· 098
任务 4.5　废水、雨水泵控制 ·· 124
任务 4.6　EPS 应急电源设备 ·· 127
思政拓展：我国低压电器的发展与现状 ··· 134
复习思考题 ·· 136

模块 5　城市轨道交通低压照明系统 ··· 137

知识结构 ·· 137
学习目标 ·· 138
任务 5.1　车站低压照明系统概述 ··· 138
任务 5.2　车站低压照明系统设备及配电 ··· 141
任务 5.3　智能照明系统 ·· 151
任务 5.4　车站低压照明的运行模式及控制方式 ····································· 153
思政拓展：我国照明产业发展历程 ·· 155
复习思考题 ·· 156

模块 6　城市轨道交通低压配电设备检修 ……………………………………… 157

　　知识结构 ………………………………………………………………………… 157

　　学习目标 ………………………………………………………………………… 158

　　任务 6.1　低压配电设备巡检流程及方法 …………………………………… 158

　　任务 6.2　环控电控柜设备检修 ……………………………………………… 160

　　任务 6.3　EPS 应急电源设备检修 …………………………………………… 168

　　任务 6.4　动力、照明配电箱设备检修 ……………………………………… 176

　　任务 6.5　低压配电设备故障处理 …………………………………………… 180

　　思政拓展：标准化作业与"8S"管理 ………………………………………… 190

　　复习思考题 ……………………………………………………………………… 191

模块 7　技能训练 …………………………………………………………………… 193

　　知识结构 ………………………………………………………………………… 193

　　任务 7.1　中级轨道交通电气设备装调职业技能等级评价项点：
　　　　　　　万能转换开关的拆装、接线与调试 ……………………………… 194

　　任务 7.2　中级轨道交通电气设备装调职业技能等级评价项点：
　　　　　　　常用电气控制电路的设计、安装与调试 ………………………… 198

　　任务 7.3　室内照明电路安装训练 …………………………………………… 210

　　任务 7.4　车站废水泵、雨水泵 PLC 控制 …………………………………… 215

参考文献 ……………………………………………………………………………… 218

模块 1

基础知识

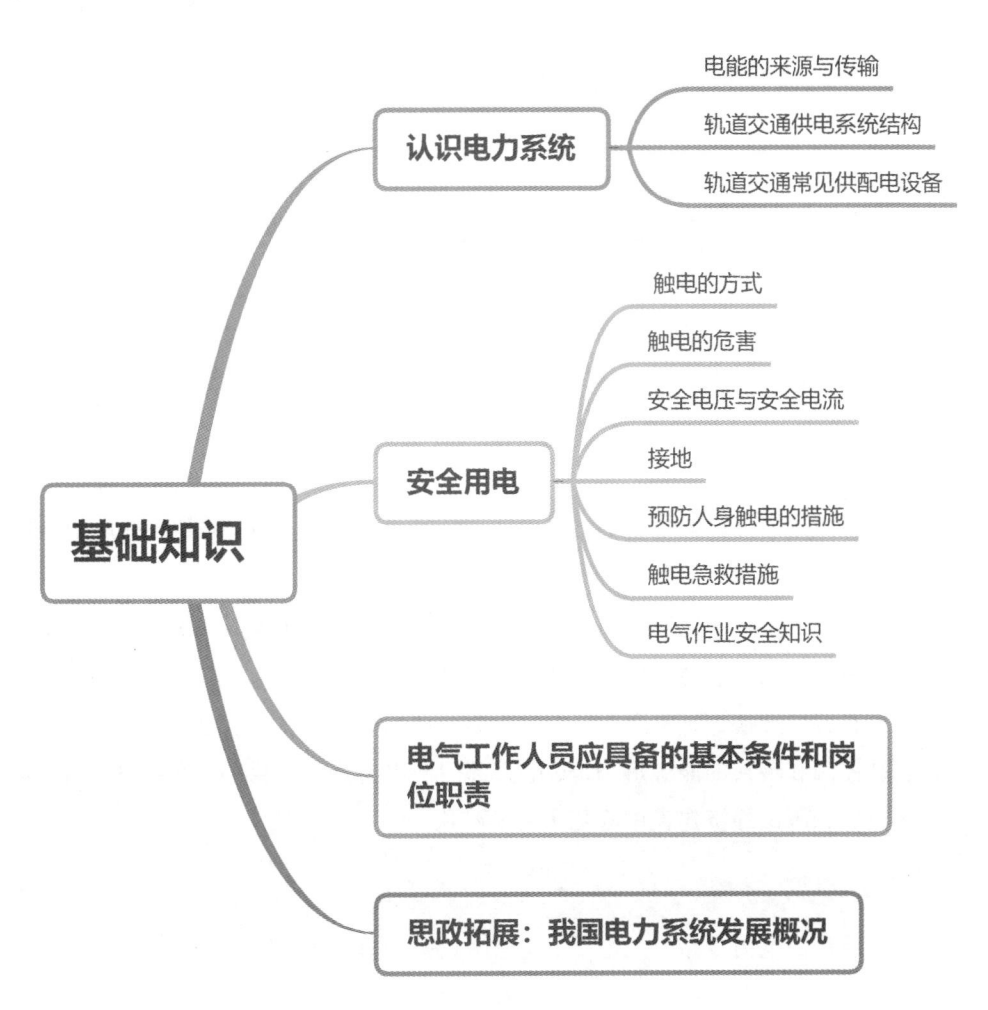

知识结构

- 基础知识
  - 认识电力系统
    - 电能的来源与传输
    - 轨道交通供电系统结构
    - 轨道交通常见供配电设备
  - 安全用电
    - 触电的方式
    - 触电的危害
    - 安全电压与安全电流
    - 接地
    - 预防人身触电的措施
    - 触电急救措施
    - 电气作业安全知识
  - 电气工作人员应具备的基本条件和岗位职责
  - 思政拓展：我国电力系统发展概况

学习目标

【知识目标】
- 了解电能的来源与传输过程、电力负荷的分级原则；
- 熟悉人体触电的常见类型，熟悉感知电流、摆脱电流、安全电流、安全电压等基本概念；
- 熟悉用电负荷的分级及供电方式；
- 了解工作接地、保护接地的原理与方法；
- 了解触电者脱离电源的方法及措施。

【技能目标】
- 初步掌握电气作业的安全措施和触电急救的方法和措施。

【思政目标】
- 了解我国电力系统发展的概况，坚定民族自豪感和"四个自信"；
- 培养爱岗敬业、遵章守纪等职业素养，增强安全意识。

任务 1.1 电力系统概述

1.1.1 电能的来源与传输

1.1.1.1 电　能

电能是指使用电以各种形式做功的能力。电能是由一次能源转换而得到的二次能源。通常，将自然界蕴藏的自然存在的能源称之为一次能源，如煤炭、石油、天然气、核能等。一次能源经过加工转换得到的能源称为二次能源，电能属于二次能源。

微课"电能的来源与传输"

电能具有容易转换、效率高、便于远距离输送和分配等特点，是一种经济、实用、清洁且容易控制和转换的能源形态，是电力部门向电力用户提供的一种特殊产品。电能在工农业生产和国民经济建设中起着重要的作用。

1.1.1.2 电力系统

电力系统是由电力线路将发电厂、变电站（所）和电力用户连接起来的发电、输电、变电、配电和用电的整体。为实现这一功能，电力系统在各个环节和不同层次都具有相应的信息与控制系统，对电能的生产过程进行测量、调节、控制、保护、通信和调度，以保证用户获得安全、优质的电能。随着对供电质量要求的提高，现代电力系统的规模也越来越大，通常把多个城市的所有发电厂都并联起来，形成大型的供电网络，对电力进行统一的调度和分配。这样，不但能显著地提高经济效益，而且能有效提高供电的可靠性。

在电力系统中，电能从生产到供给用户使用之前，通常都要经过发电、变电、输电和配电等环节。电力系统示意图如图 1-1 所示。

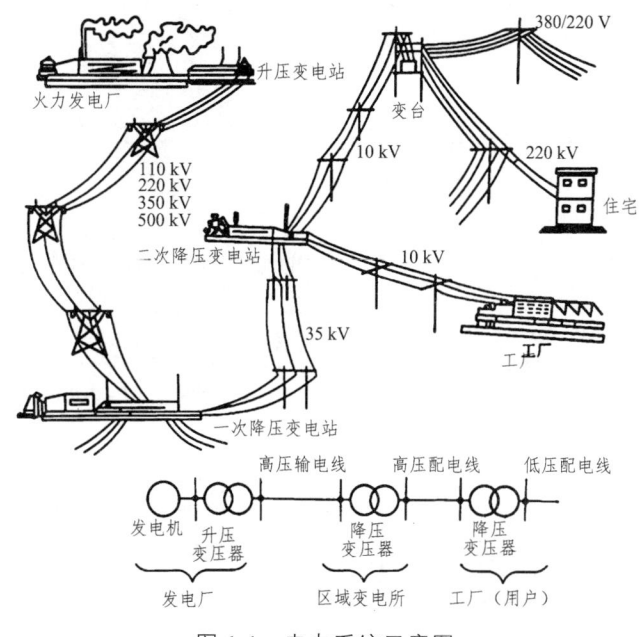

图 1-1 电力系统示意图

1.1.1.3　电能生产、输送、分配的主要环节

1. 发　电

发电由发电厂完成。发电厂是生产电能的工厂，简称电厂或电站，它是电力系统的中心环节，其作用是把其他形式能源的能量转换成电能。发电厂的种类很多，一般根据所利用能源的不同分为火力发电厂、水力发电厂、核能发电厂、地热发电厂、潮汐发电厂、风力发电厂、太阳能发电厂等，如图 1-2 所示。

目前我国发电厂输出的交流电压有：10.5 kV、35 kV、60 kV、110 kV、220 kV、330 kV、500 kV、750 kV、1000 kV。发电机发出的电力一般通过变压器升压后送到电网，这个电压要根据电厂在电网中的位置、电厂的容量及附近电网的电压状况而定，一般中小型电厂的输出电压为 110 ~ 330 kV，大容量发电厂输出电压为 500 ~ 750 kV，个别的大容量电厂可输出电压 1000 kV。

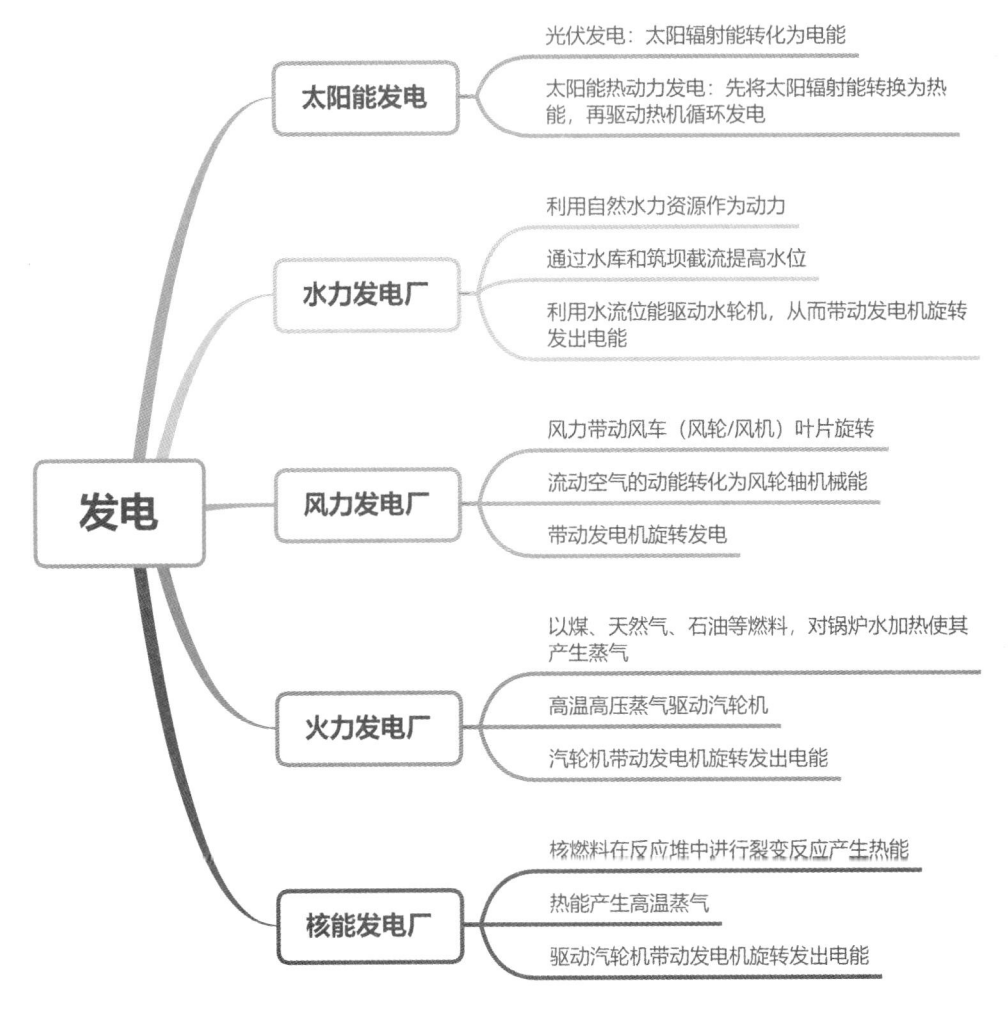

```
发电
├── 太阳能发电
│   ├── 光伏发电：太阳辐射能转化为电能
│   └── 太阳能热动力发电：先将太阳辐射能转换为热能，再驱动热机循环发电
├── 水力发电厂
│   ├── 利用自然水力资源作为动力
│   ├── 通过水库和筑坝截流提高水位
│   └── 利用水流位能驱动水轮机，从而带动发电机旋转发出电能
├── 风力发电厂
│   ├── 风力带动风车（风轮/风机）叶片旋转
│   ├── 流动空气的动能转化为风轮轴机械能
│   └── 带动发电机旋转发电
├── 火力发电厂
│   ├── 以煤、天然气、石油等燃料，对锅炉水加热使其产生蒸气
│   ├── 高温高压蒸气驱动汽轮机
│   └── 汽轮机带动发电机旋转发出电能
└── 核能发电厂
    ├── 核燃料在反应堆中进行裂变反应产生热能
    ├── 热能产生高温蒸气
    └── 驱动汽轮机带动发电机旋转发出电能
```

图 1-2　发电厂的几种类型

2. 变　电

变电即变换电网的电压等级。要使不同电压等级的线路连成一个网络，需要通过变电设备统一电压等级来进行衔接。变换电压靠变压器来实现。变压器分为一次和二次绕组。对于一次绕组，当变压器接于电网末端时，性质上等同于电网上的一个负荷（如工厂降压变压器），故其额定电压与电网一致；当变压器接于发电机引出端时（如发电厂升压变压器），则其额定电压应与发电机额定电压相同。对于二次绕组，额定电压是指空载电压，考虑到变压器承载时自身电压损失（按 5%计），变压器二次绕组额定电压应比电网额定电压高 5%。当二次侧输电距离较长时，还应考虑到线路电压损失（按 5%计），此时，二次绕组额定电压应比电网额定电压高 10%。

变电分为输电电压的变换和配电电压的变换，前者通常由变电站（所）或称为一次变电站来实现，后者通常由变电站（所）或称为二次变电站来实现。变电站包括升压站和降压站，升压站一般用于发电厂，将低电压变为高电压，送到更高等级的电压输电系统，以实现资源共享；降压站属于配电系统，把高等级的系统电压分级降低，供各种等级的用户使用。变配电示意图如图 1-3 所示。

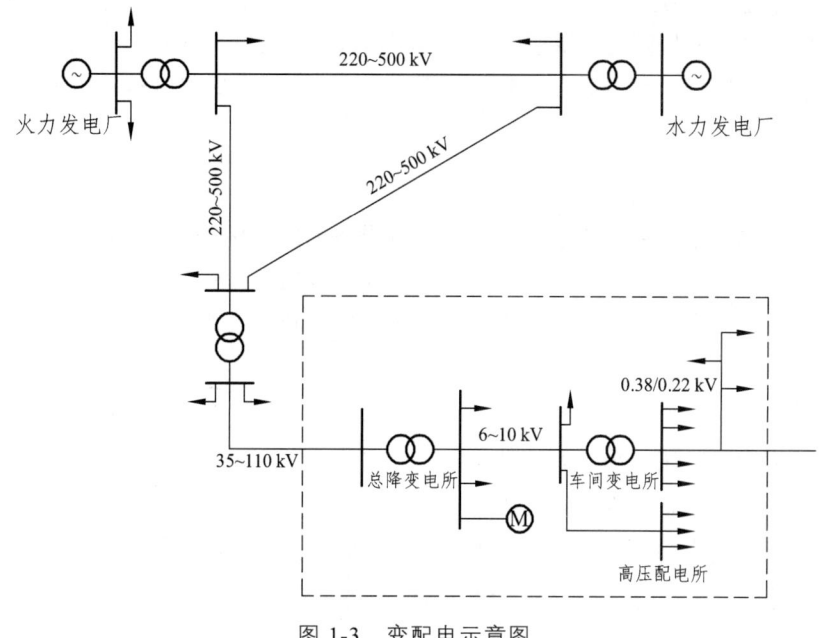

图 1-3　变配电示意图

3. 输　电

输电是指电力的输送，即借助电力线路，将电能由发电厂输送给用户。为了减少输电过程中的能量损失，一般输电的距离越长，输送容量越大，要求输电电压升得越高。通常将 35 kV 以上的输电线路称为送电线路。

输电分为交流输电和直流输电，如图 1-4 所示。

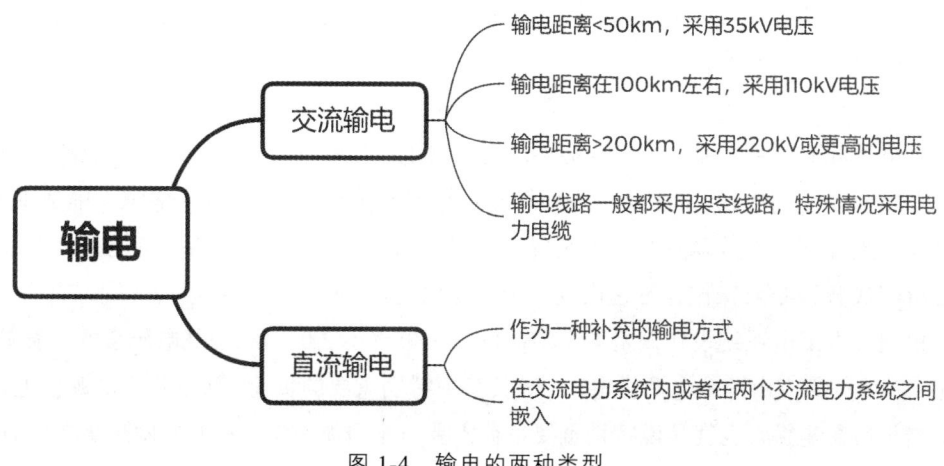

图 1-4　输电的两种类型

4. 配　电

电力的分配，简称配电。目前，通常把 10 kV 及以下的电力线路称为配电线路，其中把 1 kV 以下的线路称为低压配电线路，1 ~ 10 kV 的线路称为高压配电线路。

配电包括电力系统对用户的电力分配和用户内部对用电设备的电力分配两种。其中，电力系统的配电是对电力供应的统一规划和分配，所以又称其为供电。为此设立的职能部门有国家电网、电力局、供电公司等。在图 1-3 所示变配电示意图中，虚框线内为配电站示意图。

5. 用　电

电力系统的用电负荷是指系统中所有用电设备消耗功率的总和，也称电力系统综合用电负荷。其中包含了工业负荷、农业负荷、交通运输业负荷、市政及生活用电负荷等。用电负荷等级划分根据其对供电可靠性的要求及中断供电在政治、经济上所造成损失或影响的程度分为三级。

1）一级负荷

国家标准中对一级负荷的要求如下：

（1）中断供电将造成人身伤亡时。

（2）中断供电将在政治、经济上造成重大损失时。例如：重大设备损坏、重大产品报废、用重要原料生产的产品大量报废、国民经济中重点企业的连续生产过程被打乱需要长时间才能恢复等。

（3）中断供电将影响有重大政治、经济意义的用电单位的正常工作。例如：重要交通枢纽、重要通信枢纽、重要宾馆、大型体育场馆、经常用于国际活动的大量人员集中的公共场所等用电单位中的重要电力负荷。在一级负荷中，当中断供电将发生中毒、爆炸和火灾等情况的负荷，以及特别重要场所的不允许中断供电的负荷，应视为特别重要的负荷。例如：大型医院、炼钢厂、石油提炼厂或矿井等。

（4）对一级负荷，要求供电系统当线路发生故障停电时，仍保证其连续供电，即需要对一级负荷提供双回路供电。

一级负荷应由两个电源供电，对于这两个电源的要求：① 两个电源间无联系；② 如果两个电源间有联系，那必须符合的要求是：发生任何一种故障时，两个电源的任何部分应不致同时受到损坏；发生任何一种故障且保护装置正常时，有一个电源不中断供电，并且在发生任何一种故障且主保护装置失灵以致两电源均中断供电后，应能在有人值班的处所完成各种必要操作，迅速恢复一个电源供电。

根据《供配电系统设计规范》（GB 50052—95）第 2.0.2 条、3.0.1 条等相关条文的规定：一级负荷应由两个电源供电；一级负荷中特别重要的负荷，除由两个电源供电外，尚应增设应急电源。也就是说特别重要负荷需要三个电源供电，一般的做法是在已有两路高压市电的情况下，再设自备电源。自备电源一般是采用柴油发电机组或应急电源装置（简称 EPS）电源等。目前的实际做法往往是根据供电部门的要求，在已有两路高压市电的情况下，再设置柴油发电机组，原因是认为两路高压市电并非两个"独立"（不能同时损坏）电源，这就提高了一级负荷用户电源的可靠性。

2）二级负荷

国家标准中对二级负荷的要求如下：

（1）中断供电将在政治、经济上造成较大损失时。例如：主要设备损坏、大量产品报废、连续生产过程被打乱需较长时间才能恢复、重点企业大量减产等。

（2）中断供电将影响重要用电单位的正常工作。例如：交通枢纽、通信枢纽等用电单位中的重要电力负荷，以及中断供电将造成大型影剧院、大型商场等较多人员集中的重要的公共场所秩序混乱。

《供配电系统设计规范》（GB 50052—95）第 2.0.6 条的条文解释中指出："对二级负荷，由于其停电造成的损失较大，其包括的范围也比一级负荷广"。工程设计时，应根据供电系统的停电概率、停电带来的损失、电源条件、供电系统各方案所需投资等诸多因素综合考虑。二级负荷设备的供电有多种可选择的方案，工程设计者应尽量选择安全可靠、经济合理的方案；有条件时采用双电源供电，双电源应来自两个二次变电站（至少来自一个二次变电站的两台变压器）。同时，电力的馈送必须采用双回路供电。

3）三级负荷

三级负荷为不属于上述一、二级负荷的其他电力负荷，如附属企业、附属车间和某些非生产性场所中不重要的电力负荷等。

三级负荷虽然对供电的可靠性要求不高，只需一路电源供电。但在工程设计时，也要尽量使供电系统简单、配电级数少、易管理维护。对三级负荷提供的电力，在供电发生矛盾时，为保证供电质量应采取适当措施，将部分不太重要的用户或负荷切除。

思政拓展：我国电力系统发展概况

我国电力工业始于 1882 年，当时容量仅 11.76 kW。1949 年，发电装机容量为 185 万 kW，居世界第 21 位。1949 年后，我国开始大力发展电力事业，先后在新安江等地建立水力和火力发电厂，从 1978 年到 2000 年，我国发电装机容量和发电量先后超越了法国、英国、加拿大、德国、俄罗斯和日本，居世界第 2 位。到 2005 年，我国发电装机容量已超过了 5 亿千瓦，年发电量已达 24 747 亿千瓦时。2010—2019 年，我国发电装机累计容量从 9.66 亿千瓦增长到 20.11 亿千瓦，连续九年稳居全球第一。

2020 年，全国发电装机容量 220 058 万千瓦，比上年末增长 9.5%。火力、水力、核能、风力、太阳能发电量的占比如图 1-5 所示。

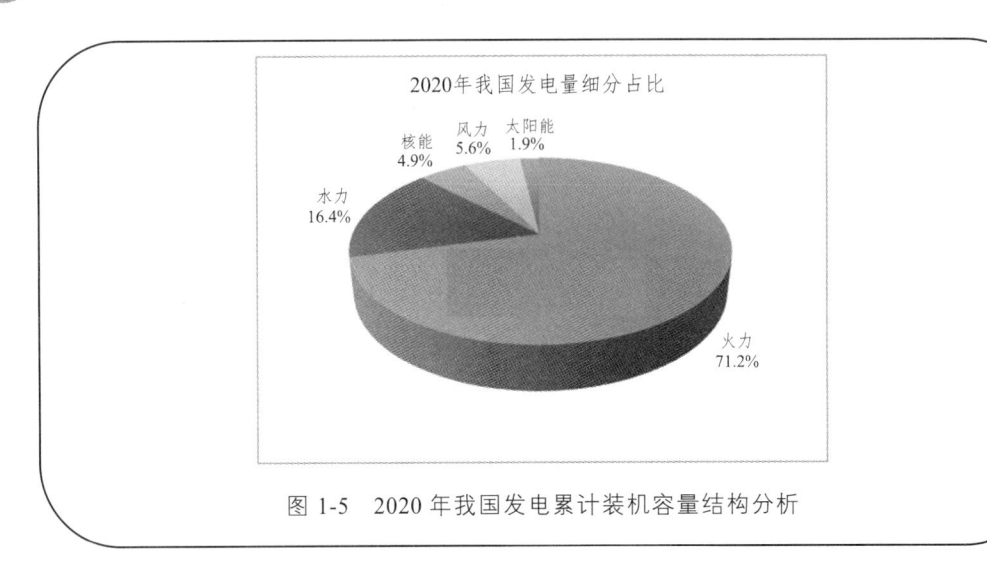

图 1-5　2020 年我国发电累计装机容量结构分析

1.1.2　轨道交通供电系统结构

为了保证用电的安全性和连续性，防止发生大面积停电事故，通常由多个发电厂同时向负荷进行供电。以图 1-6 为例，电能由城市电网发电厂产生，经由发电厂升压变压器转化为 220 kV。城市电网区域变电站将 220 kV 电能转化为 110 kV，通过输电线路将电能输送至地铁电网主变电站。地铁电网主变电站变压器将 110 kV 电能转换为 35 kV 和 10 kV，通过输电线路将电能分别传输至地铁牵引变电站和地铁降压变电站。地铁牵引变电站通过变配电设备将 35 kV 电能转换为直流 1 500 V，经由接触网系统和钢轨给地铁车辆提供电能。地铁降压变电站设备将 10 kV 电能转换为 400 V，为车站低压配电系统设备提供电能。

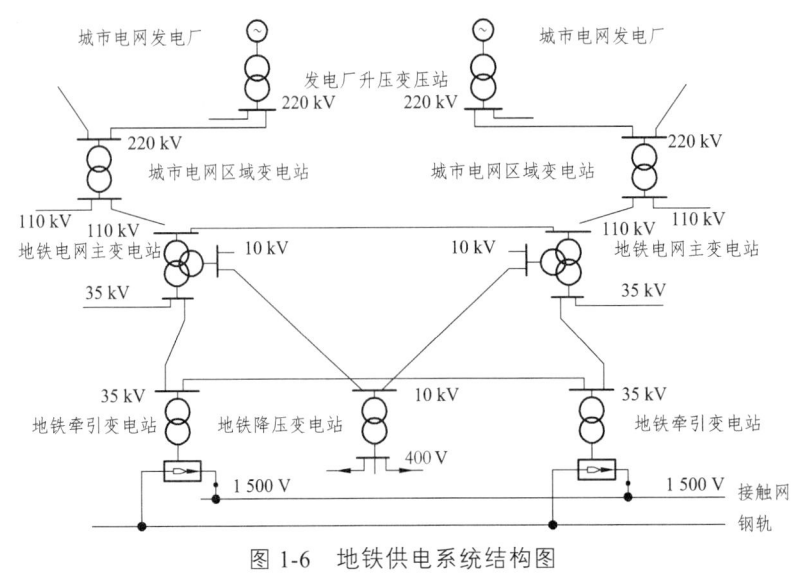

微课"轨道交通供电系统结构"

图 1-6　地铁供电系统结构图

1.1.3 轨道交通常见供配电设备

1. 接触网与受电弓

接触网是在电气化铁道中,沿钢轨上空"之"字形架设的,供受电弓取电的高压输电线。它是铁路电气化工程的主构架,是沿铁路线上空架设的向电力机车供电的特殊形式的输电线路。我国高速铁路接触网的额定电压一般为交流 25 kV/50 Hz。

受电弓是电力牵引机车从接触网取得电能的电气设备,安装在机车或动车车顶上。接触网与受电弓如图 1-7 所示。

图 1-7 接触网与受电弓

2. 接触轨与集电靴

接触轨是沿着走行轨布置并供给列车电能的特殊输电系统,是接触网的一种形式,又叫第三轨。其功能与架空接触网一样,通过它将电能输送给电动车组。不同点在于,接触轨是敷设在铁路旁的钢轨,电动车组伸出的集电靴(又称为受电靴)与之接触而获取电能。接触轨与集电靴如图 1-8 和图 1-9 所示。

图 1-8 接触轨    图 1-9 集电靴

接触轨系统的电压等级可采用直流 750 V 或 1 500 V。目前我国除了广州地铁和青岛地铁采用直流 1 500 V 的电压等级外，其他城市地铁车站大都采用直流 750 V 电压等级。部分城市如郑州地铁车站采用直流 1 500 V 接触网系统对电动车组进行供电。

3. 地铁车站常见低压供配电设备

地铁车站常见低压供配电设备分布在低压配电室、环控电控室、EPS 应急电源与照明配电室或动力用电设备附近，如低压配电箱、环控电控柜、抽屉式组件、EPS 应急照明设备等，通过低压电气元件组建具有一定功能的电路，从而给通风空调设备、给排水设备、自动售检票机设备、电扶梯设备、火灾报警及消防系统设备、站台门系统设备等进行供电，保证城市轨道交通车站的正常运营。

任务 1.2　安全用电

1.2.1　触电的类型

当人体触及带电体承受过高的电压而导致死亡或局部受伤的现象称为触电。触电能否对人体产生伤害以及伤害的程度如何，取决于人体电阻的大小、施加于人体电压的高低、电流通过人体的时间和途径等。常见的人体触电类型有单相触电、两相触电、跨步电压触电和接触电压触电 4 种。

微课"触电的类型及危害"

1. 单相触电

单相触电指人站在地面或接地体上，人体触及供电系统中的一相带电体。对于 380/220 V 系统，如果其中性点接地，则加于人体的电压约为 220 V，如图 1-10 所示。

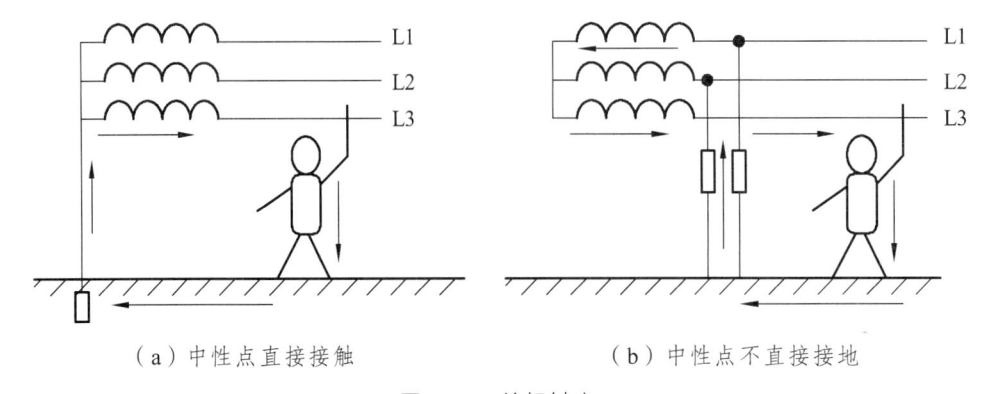

（a）中性点直接接触　　（b）中性点不直接接地

图 1-10　单相触电

2. 两相触电

两相触电指人体的不同部位同时接触供电系统两相导线或带电体,电流由一相通过人体流入另一相导体构成回路造成的触电。对于 380/220 V 系统,两相触电时加于人体的电压为 380 V。两相触电如图 1-11 所示。

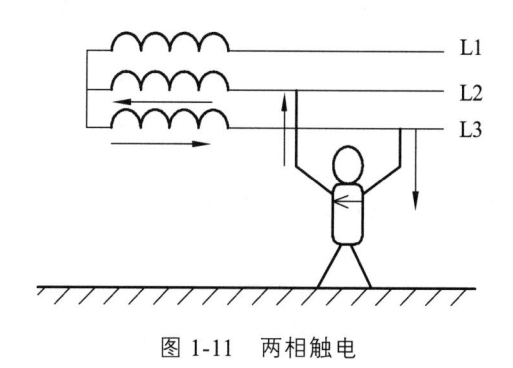

图 1-11　两相触电

3. 跨步电压触电

雷电流入地面或载流电力线(特别是高压线)断落到地面时,会在导线接地点及周围形成强电场。其电位分布以接地点为圆心向周围扩散,逐步降低而在不同位置形成电位差,当人畜跨进这个区域,两脚跨步间承受电压下的触电称为跨步电压触电,如图 1-12 所示。

图 1-12　跨步电压触电

形成跨步电压时,电流沿着人的下身,从脚经腿、胯部又到脚与大地形成通路,貌似没有经过人体的重要器官,好像比较安全,但事实并非如此。因为人受到较高的跨步电压作用时,双脚会抽筋,使身体倒在地上。这不仅使作用于身体上的电流增加,而且使电流经过人体的路径改变,完全可能流经人体重要器官,如从头到手或脚。经验证明,人倒地后电流在体内持续作用 2 s 就会致命。一般人的跨步是 0.8 m,牛、马为 1 m。人体距离接地点 20 m 以外,跨步电压约等于零。

跨步电压触电一般发生在高压电线落地时,但对低压电线落地也不可麻痹大意。试验表明,当牛站在水田里,如果前后跨之间的跨步电压达到 10 V 左右,它就会倒下,电流常常会流经它的心脏，触电时间长了，牛会死亡。当发觉跨步电压威胁时，应赶快把双脚并在一起，或尽快用一条腿跳着离开危险区。

4. 接触电压触电

接触电压触电是指由于电气设备绝缘损坏造成接地故障时，人体两个部分（如手和脚）同时接触设备外壳和地面，造成人体两部分的电位差而形成的触电。

1.2.2　触电的危害

触电对于人体的伤害主要有电击和电伤两种。电击是人体受到一定电压后，体内电阻迅速减小，电流剧增。当电流达到 20～50 mA 时，人体会发生痉挛而不能脱开电源，造成呼吸困难，以致死亡。电击多发生在对地电压为 380 V 或 220 V 的低压线路或带电设备上。电伤是由于电流的热效应、化学效应、机械效应、熔化的金属等烧伤人体局部皮肤或体内肌肉，使皮肤局部发红、起泡、烧焦或组织破坏，严重时也可危及生命。电伤的危害虽不像电击那样严重，但也不容忽视。

根据大量触电事故资料的分析和实验，证实触电所引起的伤害程度主要与以下几个因素有关。

1. 通过人体电流的大小

通过人体电流的大小，取决于外加电压和人体的电阻。人体电阻各不相同，一般情况下约为 10 000～100 000 Ω；当皮肤有损伤且潮湿时，人体电阻将降到 800～1 000 Ω。

据统计，通过人体的工频（50～60 Hz）交流电流不超过 0.01 A，直流电流不超过 0.05 A 时，对人体基本上是安全的。电流大于上述数值，会使人感觉麻痹或剧痛，呼吸困难，甚至自己不能摆脱电源，有生命危险。通过人体的电流不论是交流还是直流，大于 0.1 A 时，较短时间就会使人窒息、心跳停止，失去知觉而死亡。结合人体的电阻进行计算，在一般场所，低于 36 V 的电压对于人体才是安全的。

2. 通电持续时间

发生触电事故时，电流持续的时间越长，人体电阻降低越多，越容易引起心室颤动，即电击危险性越大。

3. 通电途径

电流通过心脏，会引起心脏震颤或心脏停止跳动，血液循环中断，造成死亡。电流通过脊髓，会使人肢体瘫痪。因此，电流通过人体的途径从手到脚最危险，其次是从手到手，再次是从脚到脚。

4. 通过的电流种类

通过人体不同频率的电流中，工频电流最为危险。20～400 Hz 的交流电流的摆脱电流值最低（即危险性较大）。低于或高于这个频段时，危险性相对较小，但高频电流比工频电流易引起皮肤烧伤，因此，不能忽视使用高频电流的安全问题。直流电的危险性相对小于交流电。

1.2.3 安全电压与安全电流

1. 感知电流

在一定概率下，通过人体引起人的任何感觉的最小电流称为感知电流。用手握住带电导体，在直流情况下能感知手心轻轻发热；在交流情况下，因神经受到刺激而感到轻微刺痛。个体的感知电流是不相同的，与个体生理特征、人体与电极的接触面积等因素有关。成年男子感知电流约为 1.1 mA，成年女子约为 0.7 mA。

2. 摆脱电流

通过人体的电流超过感知电流时，肌肉收缩增加，刺痛感觉增强，感觉部位扩展，直至电流增大到一定程度，触电者将因肌肉收缩、产生痉挛而紧抓带电体，不能自行摆脱电极。人触电后能自行摆脱电极的最大电流称为摆脱电流。由于男性和女性的差别，自行摆脱的电流值也不相同。男性的摆脱电流约为 9 mA，女性的摆脱电流约为 6 mA，国际电工委员会（IEC）将摆脱电流规定为 10 mA。

3. 安全电流

在特定时间内，通过人体未构成生命危险的电流值，称为安全电流。我国国家标准规定，一般条件下交流允许安全电流取 10 mA。在装有防止电击的速断保护装置的场合，人体允许的安全电流可按 30 mA 考虑。

4. 安全电压

安全电压指加在人体上在一定时间内不致造成伤害的电压。当电气设备采用的电压超过安全电压时，必须按规定采取防止直接接触带电体的保护措施。国家标准《安全电压》（GB 3805—83）规定我国工频电流安全电压额定值的等级为 42 V、36 V、24 V、12 V 和 6 V，应根据作业场所、操作员条件、使用方式、供电方式、线路状况等因素选用。例如：特别危险环境中使用的手持电动工具应采用 42 V 特低电压；有电击危险环境中使用的手持照明灯和局部照明灯应采用 36 V 或 24 V 特低电压；金属容器内、特别潮湿处等特别危险环境中使用的手持照明灯就采用 12 V 特低电压；水下作业等场所应采用 6 V 特低电压。如果接触电压在 36 V 以下，通过人体的电流一般不会超过 10 mA，故一般情况下安全电压通常规定为 36 V。

1.2.4　接　地

在电气设备运行过程中除了应严格遵守安全操作规程外，还要采取具体的安全措施，接地是防止间接接触导致电击的最基本的措施。

微课"低压系统的接地形式"

运行中的电气设备发生接地故障时，漏电电流或单相接地短路电流将通过接地体以半球面形状向大地流散，使其附近的地表面和土壤中各点之间出现不同的电压，如图1-13（a）所示。在距接地点20 m以外的地方，球面就相当大了，该处的电位已近似降为零，如图1-13（b）所示。这电位等于零的地方，就是我们所说的电气上的"地"。

当人体接近触地点的区域或触及与触地点相连的可导电物体时，接地电流和流散电阻产生的流散电场会对人体造成危害。

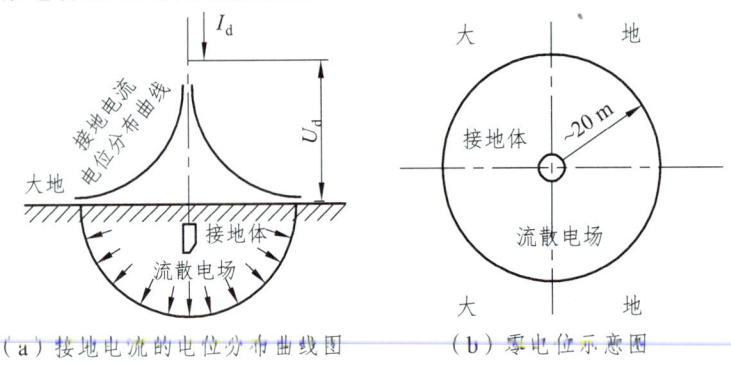

（a）接地电流的电位分布曲线图　　（b）零电位示意图

图1-13　电气上的"地"示意图

接地是经过接地装置来实现的。接地装置是接地体和接地线的总称。埋入地中并直接与大地接触的金属导体称为接地体。电气设备金属外壳与接地体相连接的金属导体称为接地线。接地体分人工接地体和自然接地体两种。因接地需要而人为装设的金属体称为人工接地体。为了其他需要而装设的并与大地可靠接触的金属桩、钢筋混凝土基础等，用来兼作接地体的装置，称为自然接地体。接地装置示意图如图1-14所示。

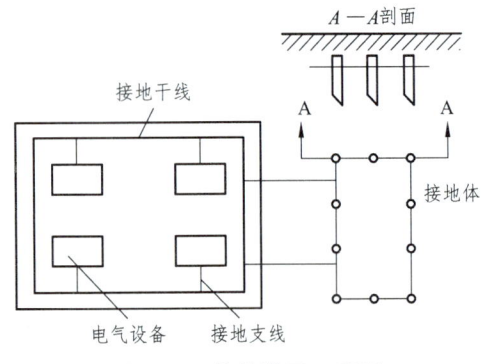

图1-14　接地装置示意图

接地装置的主要技术指标是接地电阻，它包括接地线电阻和接地体的流散电阻。工作接地、保护接地是交流供电系统中常见的接地方式。

1.2.4.1 工作接地

低压系统的工作接地，分为中性点直接接地和不接地两种方式。在具体形式上，我国等效采用国际电工委员会（IEC）标准，将工作接地和低压电气设备接地进行组合，形成了 TN、TT、IT 三种接地形式。

1. TN 系统

TN 系统指电源端有一点直接接地。电气装置的外露可导电部分通过中性导体或保护导体连接到此接地点。根据中性导体和保护导体的组合情况，TN 系统有以下三种形式。

（1）TN-S 系统：整个系统的中性导体和保护导体是分开的，如图 1-15 所示。图中，中性线 N 取自于系统变压器低压侧星形联结的三相绕组公共端，和相线一同为使用相电压的负荷提供电能，同时中性线上也流过三相系统中的不平衡电流和单相电流。保护线 PE 取自于接地点，用途是保护人身安全，一般用于连接带电负荷的金属外壳和构架等，以及平时可能不带电但发生故障时可能带电的设备外露可导电部分。在 TN-S 系统中，PE 线与 N 线分开设置，正常情况下 PE 线不流过电流，电气设备外露可导电部分不带对地电压。

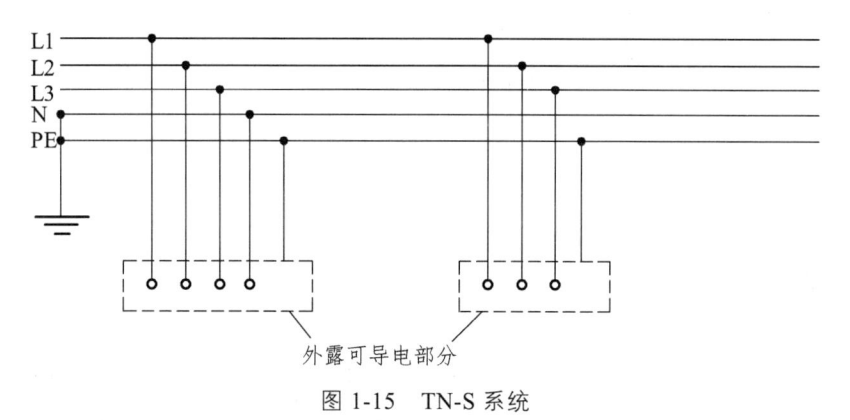

图 1-15 TN-S 系统

（2）TN-C 系统：整个系统的中性导体和保护导体是合一的，如图 1-16 所示。图中，保护中性线 PEN 为 N 和 PE 的综合，有时也被称为零线。相较 TN-S 系统，节省了 PE 线；PEN 线在引入建筑物时，需要进行重复接地，即将中性线 N 或保护中性线 PEN 的一处或多处通过接地体与大地做再一次的可靠连接。正常情况下 PEN 线流过电流，产生电压降，使设备外露可导电部分对地有电压。当系统发生接地故障时，PEN 线将传导故障电压。

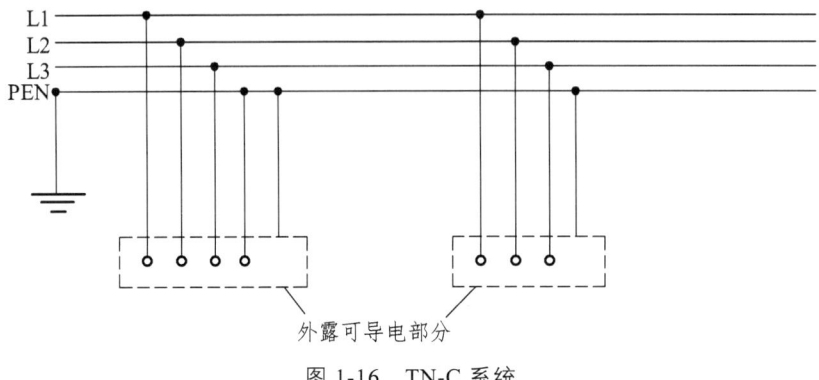

图 1-16　TN-C 系统

（3）TN-C-S 系统：系统中一部分线路的中性导体和保护导体是合一的，如图 1-17 所示。TN-C-S 系统中的中性线和保护线前部分按 PEN 导线敷设，后部分各自分开敷设，且分开后不能再合并。

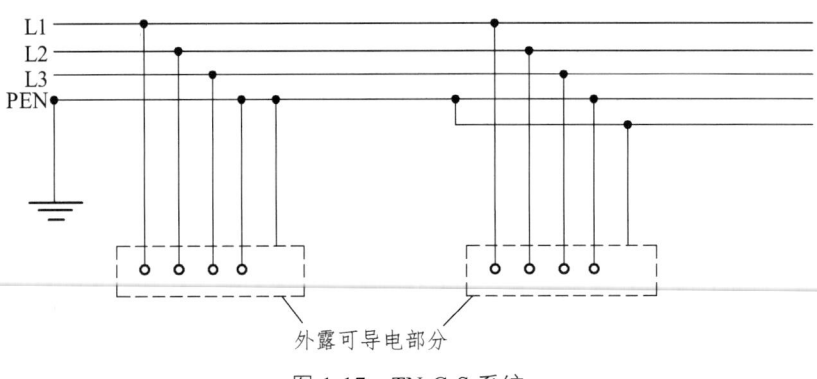

图 1-17　TN-C-S 系统

2. TT 系统

TT 系统电源端有一点直接接地，电气装置的外露可导电部分直接接地，此接地点在电气上独立于电源端的接地点。如图 1-18 所示。

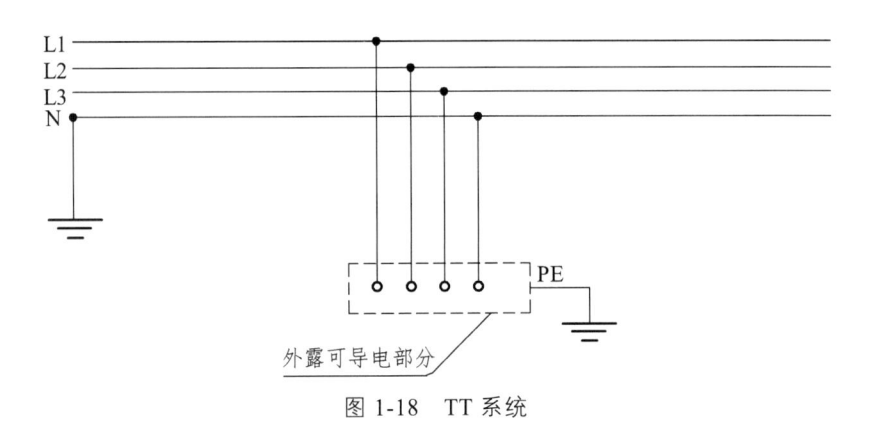

图 1-18　TT 系统

TT 系统电源接地点与设备接地点没有电气联系，电气设备外露可导电部分有独立的接地，不会传导系统故障电压。由于配电系统有两个独立接地体，发生单相接地故障时，因为电网中接地电流较小，往往不能驱动断路器或熔断器产生接地故障保护分断操作，所以 IEC 对 TT 系统最先推荐使用剩余电流动作保护装置。

3. IT 系统

电源端的带电部分不接地或有一点通过高阻抗（1000～2000 Ω）接地，电气装置的外露可导电部分直接接地，如图 1-19 所示。

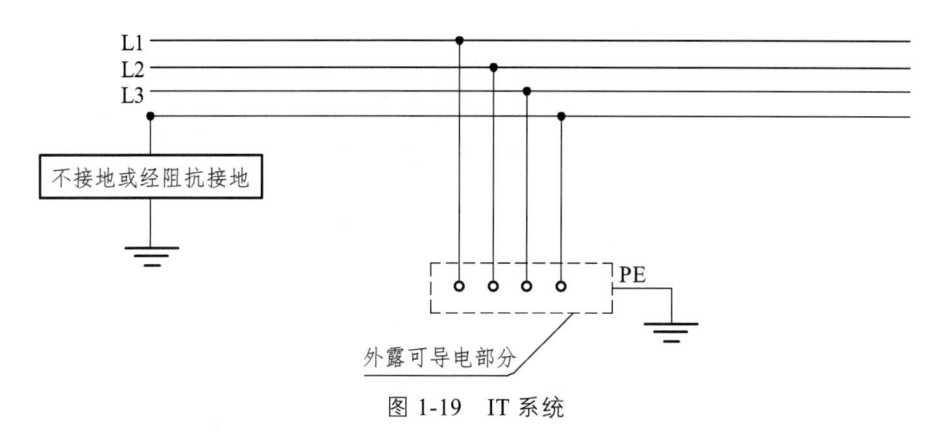

图 1-19 IT 系统

IT 系统发生单相接地的故障时，电网的接地电流很小，电力系统仍能维持正常工作状态，故一般 IT 系统多用于对不停电要求较高的场所，如矿山的提升机械、医院手术室供电等。但由于 IT 系统某相对地短路后，另外两相对地电压会升高到接近线电压，若人体触及另外任意两条相线，触电电流将流经人体和大地，再经接地相线返回电网，此电流很大，足以致命。因此 IT 系统的现场设备必须配备剩余电流动作保护装置。

城市轨道交通车站低压配电系统的接地形式一般采用 TN-S 系统，在车辆段、停车场可采用 TN-C-S 或 TN-S 系统，也可根据工程实际情况，同时采用局部 TT 系统。

1.2.4.2 保护接地

为了防止电气设备漏电或产生感应电压时威胁工作人员的人身安全，将电气设备在正常情况下不带电的金属外壳和构架，通过接地装置与大地做可靠连接，称为保护接地。

电气设备采用保护接地以后，即使因外壳绝缘不好而带电，工作人员碰到机壳就相当于人体和接地电阻并联，而人体的电阻远比接地电阻大，因此流过人体的电流很小，保证了人身安全。保护接地工作原理如图 1-20 所示。

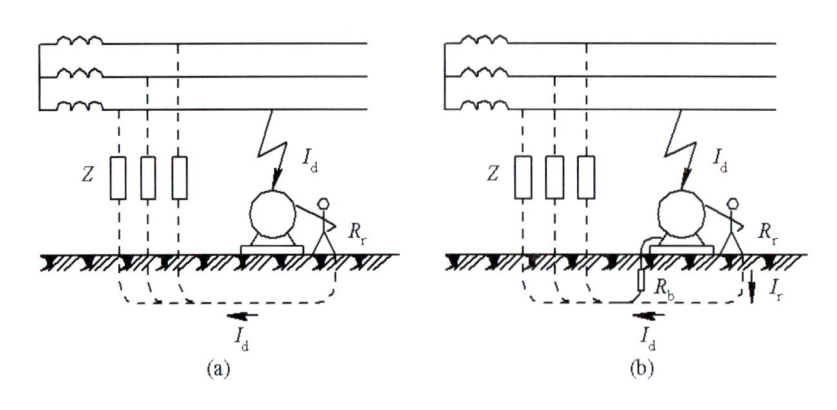

图 1-20　保护接地工作原理

保护接地时，接地电阻的数值对于保护的效果至关重要，一般设备的接地电阻应为 4 Ω、10 Ω、30 Ω左右。

可通过综合接地系统来实现供电系统和需要接地的其他设备系统的工作接地、保护接地、电磁兼容接地和防雷接地等，系统采用共同的接地装置，并实施等电位联结措施。城市轨道交通车站综合接地系统示意图如图 1-21 所示。

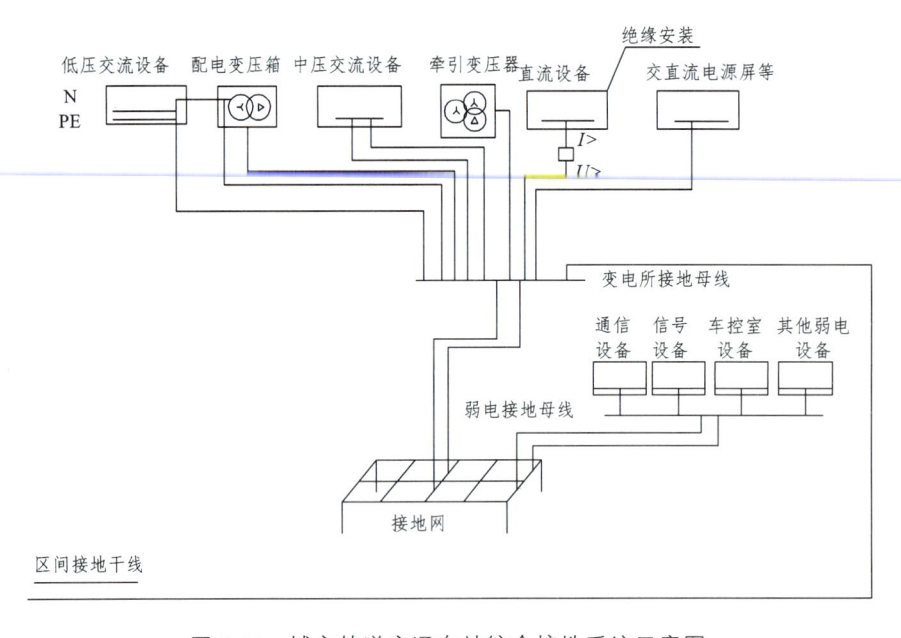

图 1-21　城市轨道交通车站综合接地系统示意图

1.2.4.3　低压配电网带电导体的分类形式

IEC 标准中按配电系统带电导体的相数和根数进行分类。其中"相"指的是电源的相数，而"线"指的是在正常运行时有电流流过的导线。由于在系统正常时，接地线 PE 是没有电流流过的，所以在 IEC 的低压配电网带电导体系统形式中接地线 PE 不属于"线"的范畴。常见低压配电网带电导体系统的形式如图1-22所示。

图1-22中（a）图和（b）图是三相四线制带电导体系统形式，这是应用最广泛的带电导体系统形式；（c）（d）和（e）图是三相三线制带电导体系统形式；（f）图是两相三线制带电导体系统形式；（g）（h）图是单相两线制带电导体系统形式；（i）图是单相三线制带电导体系统形式。

在城市轨道交通车站低压配电及照明系统中，动力负荷的配电常采用三相四线制的带电导体形式，照明负荷的配电常采用单相两线制。

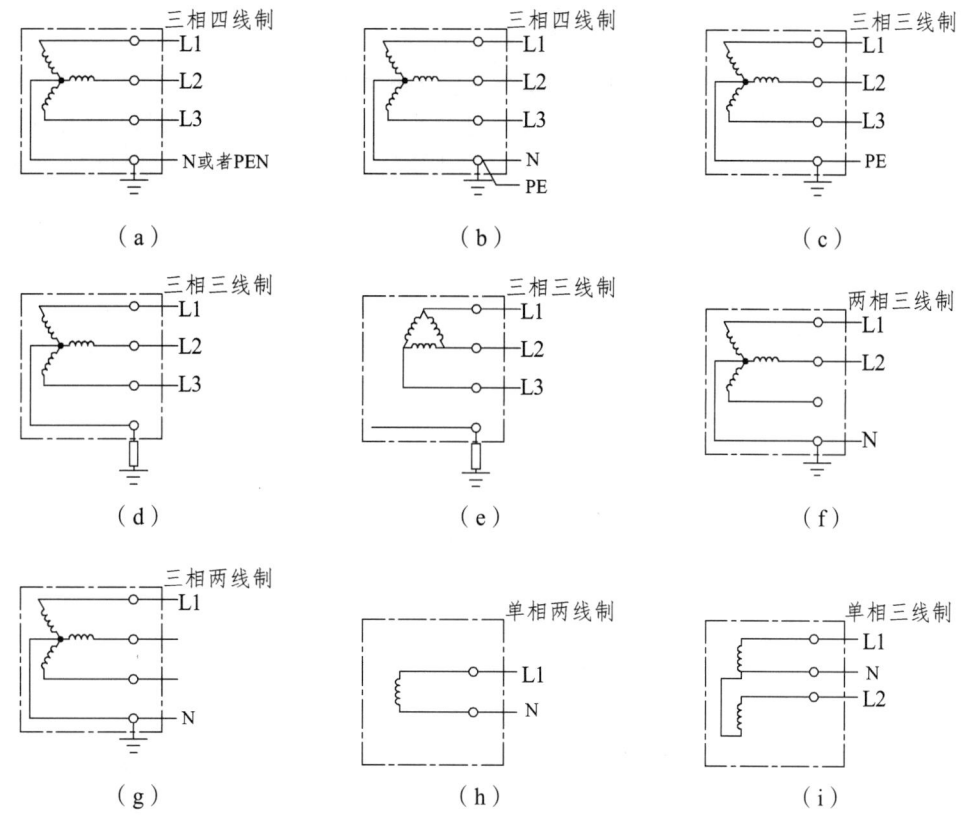

图1-22 常见低压配电网带电导体系统的形式

1.2.4.4 应接地的电气设备

电气设备的下述部位应接地：
（1）电机、变压器、电器、携带式或移动式用电器具等金属底座和外壳。
（2）配电装置的金属架构。
（3）配电盘与控制操作台的金属框架。
（4）电气设备的传动装置的金属部件。
（5）室内外配电装置的金属框架及靠近带电部分的金属围栏和金属门。
（6）仪用互感器的二次线圈。

（7）电缆的金属接头盒及电缆金属外皮。

（8）架空线路的金属杆塔及室内外配线的金属管等。

（9）手持电动工具及民用电器的金属外壳。

（10）电热设备的金属外壳。

1.2.5　预防人身触电的措施

（1）严格遵守电气作业安全的有关规章制度，提高作业人员的操作水平。

（2）不得带电检修、搬迁电气设备、电缆和电线。

（3）使人体不能触及或接近带电体。将人体可能触及的电气设备的带电部分全部封闭在外壳内，并设置闭锁机构，只有停电后外壳才能打开，外壳关闭才能上电。对于那些无法用外壳封闭的电气设备的带电部分，采用栅栏门隔离，并设置闭锁机构。将无法隔离的裸露带电导体安装在一定高度，防止人意外触及。

（4）设置保护接地。当设备的绝缘损坏，电压窜到其金属外壳时，把外壳上的电压限制在安全范围内，防止人身触及带电设备外壳而造成触电事故。

（5）在供电系统中，装设漏电保护装置，防止供电系统漏电造成人身触电或引起瓦斯及煤尘爆炸事故。

（6）采用较低的电压等级。对那些人身经常触及的电气设备（如照明、信号、监控、通信和手持式电气设备），除加强手柄的绝缘外，还必须采用较低的电压等级。

（7）进入现场维修电气装置时要使用绝缘工具，如绝缘夹钳、绝缘手套等。

（8）电气工作人员应每天进行巡视检查，发现问题及时整改，并应做好各项记录，妥善保管。

1.2.6　触电急救措施

1.2.6.1　现场抢救触电者的原则

现场抢救触电者的经验原则是八字方针：迅速、就地、准确、坚持。

微课"触电急救措施"

（1）迅速：争分夺秒使触电者脱离电源。

（2）就地：必须在现场附近就地抢救，千万不要长途送往供电部门、医院抢救，以免耽误抢救时间。据统计，从触电时算起，5 min 以内及时抢救，救生率为 90% 左右；10 min 以内抢救，救生率为 60%；超过 15 min，生存希望甚微。

（3）准确：人工呼吸法的动作必须准确。

（4）坚持：只要有百分之一希望就要尽百分之百努力去抢救。

同时及早与医疗部门联系，争取医务人员接替救治。在医务人员未接替救治前，不应放弃现场抢救,更不能只根据没有呼吸或脉搏擅自判定伤员死亡,放弃抢救。只有医生有权做出伤员死亡的诊断。

1.2.6.2 现场抢救触电者的方法

1. 脱离电源

触电急救,首先要使触电者迅速脱离电源,越快越好。因为电流作用的时间越长,伤害越重。脱离电源就是要把触电者接触的那一部分带电设备的开关、刀闸或其他断路设备断开,或设法将触电者与带电设备脱离。在脱离电源时,救护人员既要救人,也要注意保护自己。触电者未脱离电源前,救护人员不能直接用手接触伤员,因为有触电的危险;如触电者处于高处,解脱电源后会自高处坠落,因此,要采取预防措施。对各种触电场合,脱离电源采取如下措施。

1)脱离低压电源的方法

(1)如果触电地点附近有电源开关或电源插销,可立即关闭开关或拔出插销,断开电源。但应注意到拉线开关及拨动开关只能控制一根线,有可能只是切断了零线,而不能断开电源。

(2)如果触电地点附近没有开关,可用有绝缘柄的电工钳或有干燥木把的斧头切断电线,断开电源,或用干燥木板等绝缘物插入触电者身下,以隔断电流。

(3)当电源线搭落在触电者身上或被压在身下时,可用干燥的衣服、手套、绳索、木板、木棒等绝缘物作为工具,拉开触电者或挑开电源线,使触电者脱离电源。

(4)如果触电者的衣服是干燥的,又没有紧缠在身上,可以用一只手拉住他的衣服,将其拉离电源;但因触电者身体是带电的,救护人员不得接触触电者的皮肤,可站在绝缘垫或干燥木板上进行救护。

2)脱离高压电源的方法

(1)立即电话通知有关供电部门拉闸停电。

(2)如果电源开关离触电现场不远,可戴上绝缘手套,穿上绝缘靴,用相应电压等级的绝缘工具按顺序拉开开关。

(3)抛掷裸金属线使线路短路接地,迫使线路过电流保护装置动作,断开电源。注意在抛掷金属线之前,先将金属线一端可靠接地,然后再抛掷另一端,并应注意抛掷的一端不可触及触电者和其他人员。

3)架空线路上触电

(1)若触电发生在架空线杆塔上,如系低压带电线路,能立即切断线路电源的,应迅速切断电源,或者由救护人员迅速登杆,束好自己的安全皮带后,用带绝缘胶柄的钢丝钳、干燥的不导电物体或绝缘物体将触电者拉离电源。

(2)如系高压带电线路,又不可能迅速切断开关的,可采用抛挂足够大小和适当长度的金属短路线方法,使电源开关跳闸。抛挂前,将短路线一端固定在铁塔或接地引下线上,另一端系重物。抛挂时,应注意防止电弧伤人或断线危及人身安全。另外,救护人员在使触电者脱离电源时要注意防止发生高处坠落的可能和再次触及其他有电线路的可能。

4）断落在地的高压导线上触电

（1）触电者触及断落在地上的带电高压导线时，如尚未确证线路无电，救护人员在未做好安全措施（如穿绝缘靴或临时双脚并紧跳跃地接近触电者）前，不能接近断线点（8～10 m内），以防止跨步电压伤人。

（2）触电者脱离带电导线后亦应迅速带至8～10 m以外，并立即开始触电心肺复苏。只有在确定线路已经无电时，才可在触电者离开触电导线后，立即就地进行急救。

（3）要认真观察伤员全身情况，防止伤情恶化。发现呼吸、心跳停止时，应立即在现场就地抢救，用心肺复苏法支持呼吸和血液循环，对脑、心等重要脏器供氧，急救的成功条件是动作快、操作正确，任何拖延和操作错误都会导致伤员伤情加重或死亡。

5）注意事项

（1）救护人员不可直接用手或其他金属及潮湿的物体作为救护工具，必须选择适当的绝缘工具。救护人员最好用一只手操作，以防自身触电。

（2）防止触电者脱离电源后可能的摔伤和碰伤，特别是当触电者在高处的情况下，应考虑防绊措施，即使触电者在平地，也应该注意触电者倒下的方向，注意防摔或锐器碰伤。

（3）如果事故发生在夜间，应迅速解决临时照明问题，以便抢救，并避免扩大事故。

（4）触电者只要没有致命创伤，必须立即就地急救，在医生到来之前（或在送往医院途中）救护不能间断。救护过程中不准给触电者打强心针。

2. 脱离电源后的处理

1）简单诊断

触电伤员如果意识清醒，应使其就地躺平，严密观察，暂时不要站立或走动。

触电伤员如果意识不清，应使其就地仰面躺平，确保其气道通畅，并用5 s时间呼叫伤员或轻拍其肩部，以判定伤员是否意识丧失。禁止摇动伤员头部呼叫伤员。应在10 s内用看、听、试的方法，判断触电者的呼吸、心跳情况。

看——看触电者的胸部、腹部有无起伏动作。

听——用耳贴近触电者的口鼻处，听有无呼气声音。

试——试测鼻有无呼气的气流，再用两手轻试喉结旁凹陷处的颈动脉有无跳动。

触电者死亡的几个象征有：心跳、呼吸停止；瞳孔放大；尸斑；尸僵；血管硬化。这五个象征只要两个未出现，就应作假死抢救。

2）相应的急救措施

对需要抢救的触电伤员应立即就地坚持正确抢救，并设法联系医疗部门接替救治。

对"有心跳而呼吸停止"的触电者，应采用"口对口人工呼吸法"进行抢救。

对"有呼吸而心脏停搏"的触电者，应采用"胸外心脏按压法"进行抢救。

对"既无呼吸也无心跳"的触电者,应采用"口对口人工呼吸法"与"胸外心脏按压法"配合起来抢救。

1.2.6.3 现场急救方法

1. 通畅气道

若触电伤员呼吸停止,重要的是始终确保气道通畅。如发现伤员口内有异物,可将其身体及头部同时侧转,迅速用一个手指或两手指交叉从口角处插入,取出异物。操作中要注意防止将异物推到咽喉深部。

通畅气道可采用仰头抬颌法,用一只手放在触电者前额,另一只手的手指将其下颌骨向上抬起,两手协同头部推向后仰,舌根随之抬起,气道即可通畅。严禁用枕头之类物品垫在伤员头下,头部抬高前倾会加重气道阻塞,并使胸外按压时流向脑部的血流减少,甚至消失。

2. 口对口(鼻)人工呼吸

人工呼吸示意图如图 1-23 所示。用人工方法使气体有节律地进入肺部,再排出体外,使触电者获得氧气,排出二氧化碳,人为地维持呼吸功能。其要领如下:

(1)迅速解开触电者的衣扣,松开紧身的内衣、裤带等,使其胸部和腹部能够自由扩张。

(2)使触电者身体呈仰卧、颈部伸直的状态更利于急救,先掰开触电者的嘴,清除其口腔中的呕吐物,若有活动假牙则摘除。如果舌头后缩,应把舌头拉出,使呼吸畅通,然后使头部尽量后仰,让舌头根部不会阻塞气流。

(3)救护者处在触电者头部旁边,一手捏紧其鼻孔,另一手扶着下颌,使触电者的嘴张开,嘴上可盖一块洁净纱布或薄手帕。救护者做深吸气后,紧贴触电者的嘴吹气,同时观察他的胸部扩展情况以掌握吹气量,以胸部略有起伏为宜。胸部无起伏,表明吹气用力过小;胸部起伏过大,表明吹气太多,易造成肺气泡破裂。

(4)一般情况下吹气 2 s,停 3 s,5 s 为一次。成年人每分钟吹气 12~16 次,儿童每分钟吹气 18~24 次。

(5)触电者嘴部不能掰开时,用一只手封住其口部以免漏气,然后进行口对鼻吹气,方法同上。

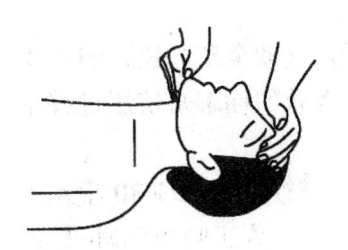

图 1-23 人工呼吸示意图

3. 胸外心脏按压法

触电者心跳、呼吸都停止时，应同时进行胸外心脏按压和口对口人工呼吸。

胸外心脏按压指有节律地按压胸骨下部，心脏在胸骨与脊柱之间被按压，排出血液，然后突然放松，让胸骨复位，心脏舒张，接受回流血液，通过人工方法维持血液循环，如图 1-24 所示。胸外心脏按压位置如图 1-25 所示，其相关知识总结见图 1-26。

图 1-24 胸外心脏按压法　　　　　图 1-25 胸外按压位置

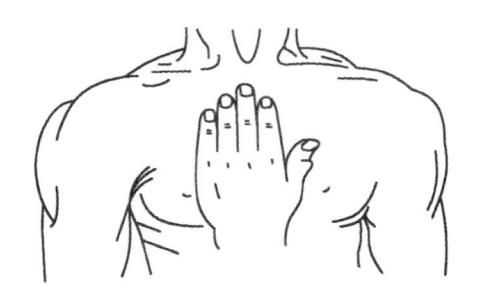

胸外心脏按压法

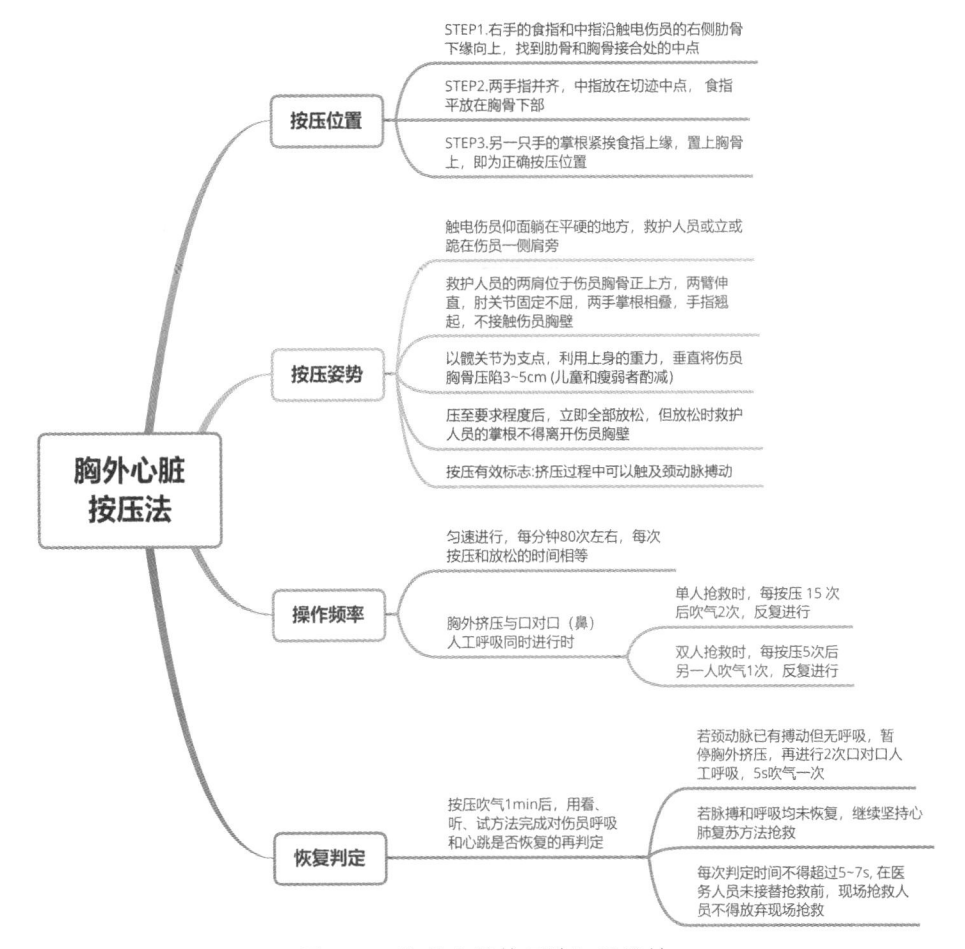

- **按压位置**
  - STEP1.右手的食指和中指沿触电伤员的右侧肋骨下缘向上，找到肋骨和胸骨接合处的中点
  - STEP2.两手指并齐，中指放在切迹中点，食指平放在胸骨下部
  - STEP3.另一只手的掌根紧挨食指上缘，置上胸骨上，即为正确按压位置

- **按压姿势**
  - 触电伤员仰面躺在平硬的地方，救护人员或立或跪在伤员一侧肩旁
  - 救护人员的两肩位于伤员胸骨正上方，两臂伸直，肘关节固定不屈，两手掌根相叠，手指翘起，不接触伤员胸壁
  - 以髋关节为支点，利用上身的重力，垂直将伤员胸骨压陷3~5cm（儿童和瘦弱者酌减）
  - 压至要求程度后，立即全部放松，但放松时救护人员的掌根不得离开伤员胸壁
  - 按压有效标志：挤压过程中可以触及颈动脉搏动

- **操作频率**
  - 匀速进行，每分钟80次左右，每次按压和放松的时间相等
  - 胸外挤压与口对口（鼻）人工呼吸同时进行时
    - 单人抢救时，每按压15次后吹气2次，反复进行
    - 双人抢救时，每按压5次后另一人吹气1次，反复进行

- **恢复判定**
  - 按压吹气1min后，用看、听、试方法完成对伤员呼吸和心跳是否恢复的再判定
    - 若颈动脉已有搏动但无呼吸，暂停胸外挤压，再进行2次口对口人工呼吸，5s吹气一次
    - 若脉搏和呼吸均未恢复，继续坚持心肺复苏方法抢救
    - 每次判定时间不得超过5~7s，在医务人员未接替抢救前，现场抢救人员不得放弃现场抢救

图 1-26 胸外心脏按压法知识总结

1.2.7 电气作业安全知识

1.2.7.1 停电作业防止触电的安全措施

停电作业是指在电气设备或线路不带电情况下,所进行的电气检修工作。停电作业分为全部停电作业、部分停电作业。全部停电作业是指室内外高压设备包括进户线全部停电的情况下作业。部分停电作业是指高压设备部分停电或室内全部停电作业。在电气设备上进行作业,一般情况下,均应停电后进行。

1. 断开电源

在检修设备时,应把电源断开,断开电源不仅要拉开开关,而且还要拉开刀闸,使每个电源至检修设备或线路至少有一个明显的断开点,对于多回路的线路,特别要防止从低压侧向被检修设备反送电。

2. 验　电

工作前,必须用电压等级合适的验电器,对检修设备的进出线两侧各相分别验电。验电时,手不得触及试电笔的前端部分,并注意人与带电体的安全距离,明确无电后,方可开始工作。

3. 装设接地线

对于可能送电到检修设备的各电源侧及可能产生感应电压的地方都要装设携带型临时接地线。装设接地线时,必须先接接地端,后接导体端,接触必须良好。拆接地线时的程序与此相反。装拆接地线均应使用绝缘杆或戴绝缘手套,人体不得碰触接地线,并在有人监护的情况下进行。接地线必须使用专用的临时接地线,它必须是多股软裸铜导线,截面积不小于 25 mm^2,有绝缘操作手柄,严禁使用不符合规定的导线作接地之用。

4. 悬挂警告牌

在断开的开关和操作手柄上悬挂"禁止合闸、有人工作"的标示牌,必要时加锁固定。对多回路的线路,更要做好防止突然来电措施。在室外地面高压设备上工作,应在工作地点四周用绝缘绳做围栏。在围栏上悬挂适当数量的"止步,高压危险!"的标示牌。严禁工作人员在工作中移动或拆除围栏及标示牌。

1.2.7.2 带电工作中的防触电措施

如因特殊情况必须在电气设备或线路上带电工作时,应按照带电工作的安全规定进行。

(1) 在低压电气设备和线路上从事带电工作时,应派有经验的电工专人监护。监护者由经过训练,考试合格,能熟练掌握带电检修技术的电工担任。

（2）工作人员应穿长袖衣，戴安全工作帽及防护手套和工作内容相应的防护用品。

（3）使用基本绝缘安全用具操作，携带试电笔，不准用无绝缘的金属工具（锯、锉、钢卷尺等）以免造成导线接地、短路及人身触电事故。

（4）杆上作业时，登杆前应检查杆基、登高工具；选好工作位置；分清相线、零线。登杆后，人体不准穿越带电导线。接线先接零线后接相线，拆线顺序相反。

（5）在低压配电装置上作业时，要防止带电体间相对地的短路，必要时可设置绝缘屏护。

（6）移动带电设备时，应先断开电源；接线时，应先接负载后接电源，拆线时顺序相反。

（7）带电检修工作时间不宜太长，以免检修人员的注意力分散而发生事故。

任务1.3　电气工作人员的基本要求和岗位职责

1.3.1　电气工作人员的基本要求

（1）电气工作人员必须精神正常，身体健康，无妨碍电气工作的病症（如高血压、心脏疾病、气管喘息、神经系统病、色盲病、听力障碍等）。

（2）电气工作人员应有良好的精神素质，包括为人民服务的思想、忠于职守的职业道德、精益求精的工作作风等，体现在工作上就是要坚持岗位责任制，工作中头脑清醒，作风严谨、文明、细致，不敷衍了事，不草率从事，对不安全的因素时刻保持警惕。

（3）电气工作人员应具备必要的电气知识和专业技能。电气工作是技术性较强，危险性较大的工作，电气工作人员应掌握安全用电知识，还应按技术等级对其进行技术理论和实际操作的培训和考核。

（4）电气工作人员必须掌握触电紧急救护法，应学会人工呼吸法和胸外心脏按压法，一旦有人发生触电事故，能够快速、正确地实施救护。

（5）新参加工作或新调入的学员，在独立担任工作以前，必须经过安全技术教育，并在熟练的工作人员指导下进行工作。

（6）电气工作人员应每年进行一次规程考试。考试合格者方可独立从事电气工作。考试不合格者，应限期补习再考，在此期间，禁止独立从事电气工作。因故间断电气工作连续三个月者，必须重新温习《规程》并经考试合格后方能恢复工作。

作为一名电气工作人员，都应明确电工的职责和应具备的条件，严格要求自己，努力学习电气知识，苦练操作技能，把自己塑造就成一名合格的电工，以便更好地履行自己的职责。

1.3.2　电气工作人员岗位职责

（1）遵守公司的各种规章制度，坚持交接班制度，坚守岗位、严格执行电力部门规定的电气安全操作规程。

（2）熟悉、掌握本公司各种电气设备的名称、性能、结构、规格、工作原理和用途等。

（3）坚持对电气设备的巡检制度，及时发现问题、解决问题，提高设备的运转率和完好率。

（4）制止违章作业及违反电气操作规程和超负荷运行，防止事故发生。

（5）认真填写各项原始记录，交接班应详细交清各项记录、电气设备各项记录，以及电气设备存在的问题。

（6）发现隐患故障时应及时处理，并汇报部门领导，定期检查电气设备和线路的安全性。

（7）认真完成本职工作任务和上级交办的临时任务，因生产需要临时改动电气设备或线路时应做好记录，并向下一班交接和汇报上级。

（8）保持电力室、电气设备整洁，无积灰、蜘蛛网，做好本岗位区域内的环境卫生。

复习思考题

1. 简述电力系统各组成部分的作用。
2. 简述电力负荷的分级原则。
3. 简述地铁车站低压配电负荷的分级。
4. 常见的人体触电有哪几种类型？
5. 了解感知电流、摆脱电流、安全电流、安全电压。
6. 使触电者脱离电源的方法有哪些？
7. 如何预防人体触电？
8. 什么叫工作接地、保护接地？
9. 工作接地有哪三种接地形式？
10. 叙述口对口人工呼吸法的操作要领。
11. 叙述胸外心脏按压法的操作要领。
12. 通过学习我国电力系统发展概况，你有哪些体会和感悟？

模块 2

低压配电常用工具和材料

知识结构

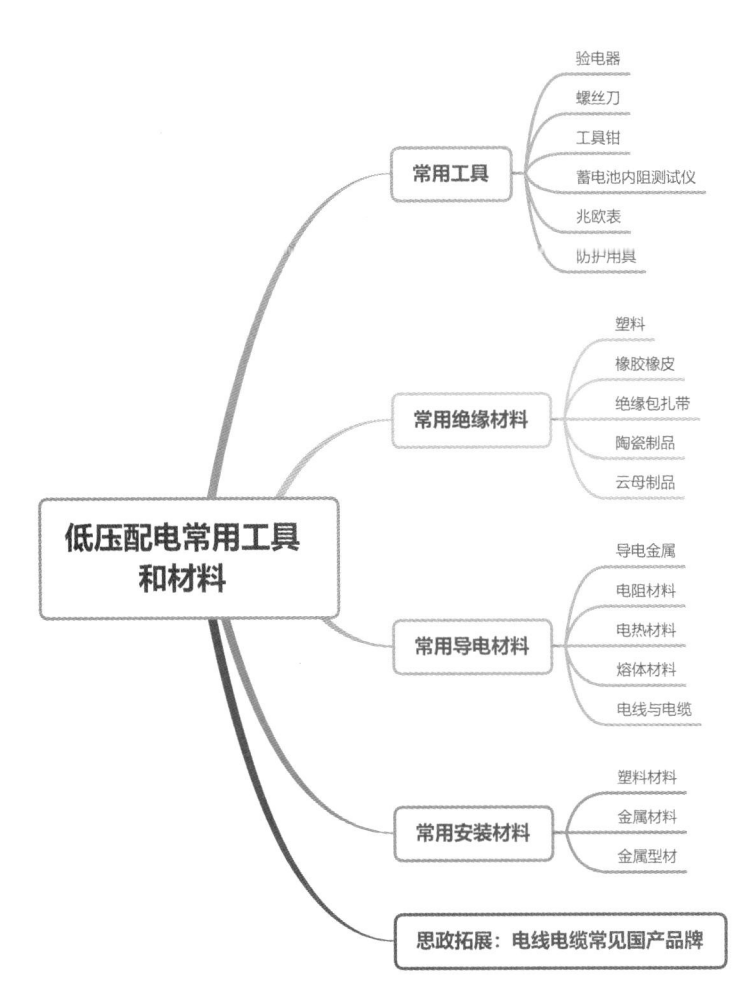

- 低压配电常用工具和材料
  - 常用工具
    - 验电器
    - 螺丝刀
    - 工具钳
    - 蓄电池内阻测试仪
    - 兆欧表
    - 防护用具
  - 常用绝缘材料
    - 塑料
    - 橡胶橡皮
    - 绝缘包扎带
    - 陶瓷制品
    - 云母制品
  - 常用导电材料
    - 导电金属
    - 电阻材料
    - 电热材料
    - 熔体材料
    - 电线与电缆
  - 常用安装材料
    - 塑料材料
    - 金属材料
    - 金属型材
  - 思政拓展：电线电缆常见国产品牌

学习目标

【知识目标】
- 熟悉验电笔、螺丝刀、工具钳的工作原理和适用场合;
- 了解常用绝缘材料、常用导电材料、常用安装材料的类型;
- 熟悉常用电线电缆的类型及使用场合;
- 了解电工常用钢材的种类和用途。

【技能目标】
- 掌握验电笔、螺丝刀、工具钳的正确用法;
- 会用蓄电池内阻测试仪测量蓄电池内阻;
- 会用兆欧表测试绝缘电阻;
- 会正确使用常用的电工防护用具。

【思政目标】
- 培养崇尚劳动、脚踏实地、认真求实的工作作风;
- 了解国产电线电缆知名品牌,培育家国情怀,树立社会责任感。

任务 2.1　低压配电常用电工工具

在低压配电设备安装和检修作业时,工作人员必须具备正确使用电工工具的技能。本模块介绍常用电工工具的结构、工作原理、功能及使用方法。低压配电常用工具有验电器、螺丝刀、工具钳、蓄电池内阻仪、兆欧表和防护用具等。

微课"低压配电常用工具"

2.1.1　验电器

验电器又称试电笔或验电笔,是用来检查线路和电器是否带电的工具。验电器分为高压验电器和低压验电器。在低压配电作业时常用低压验电器,常见的低压验电器有灯显验电器和数显验电器。

2.1.1.1　低压验电器

1. 灯显验电笔

灯显验电笔常做成钢笔式或螺丝刀式。其结构由金属探头、电阻、氖管、弹簧等组成，测量电压范围为 60～500 V，如图 2-1 所示。

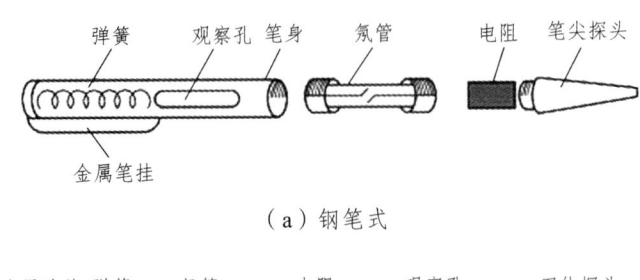

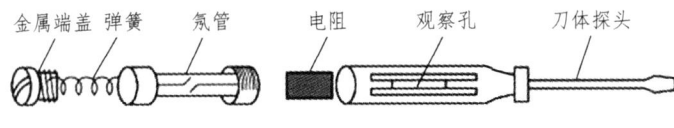

（a）钢笔式

（b）螺丝刀式

图 2-1　验电笔结构示意图

1）灯显验电笔工作原理

当用验电笔测试带电体时，试电笔末端的金属卡子与人体接触，另一端的金属探头接触带电导线或电气设备，电流由带电体、试电笔、人体到大地形成回路。当带电体与大地之间的电位差超过 60 V 时，即可使验电笔氖管发出红色的辉光，说明带电体有电。

2）灯显验电笔使用注意事项

（1）验电笔的测试电压等级应与被测带电体的电压一致，低压验电笔的检测电压范围为 60～500 V（指带电体与大地的电位差）。

（2）验电笔在使用前应在带电体上进行测试，检查验电笔氖管有无发光，确认完好后方可使用。

（3）在强光照射下要避光测试，才能看清氖管是否发光，或使用"液晶显示"的验电器。

（4）使用验电笔时要采用正确的握法，如图 2-2 所示。测试时应注意身体各部位与带电体的安全距离，防止触电事故发生。同时注意在测试时不要造成线路的短路故障。

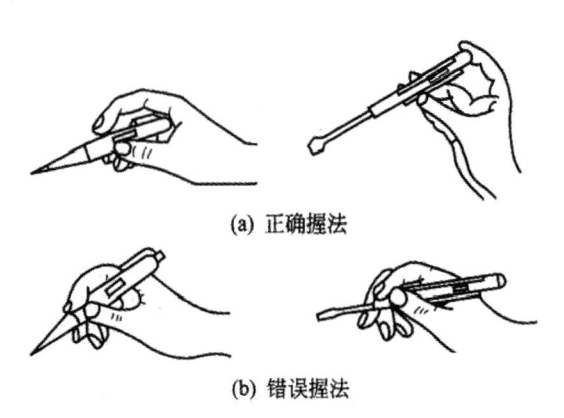

(a) 正确握法

(b) 错误握法

图 2-2　验电笔握法示意图

3）灯显验电笔的其他用途

（1）区分相线和中性线。对于三相四线制供电，氖泡发亮的是相线，不亮的是中性线。

（2）区分交流电和直流电。交流电通过氖泡时，氖泡的两极都会发光；而直流电通过时，只有一个极发光，当验电笔两端接到正负两极之间时，发亮的一端是负极，另一端是正极。

（3）判断电压高低。氖泡发暗红，轻微亮，则电压低；氖泡发黄红或很亮时，则电压高。

2. 数显验电笔

数显验电笔结构由金属探头、数显电路、感应触点等组成，其测量电压范围为 12～250 V，如图 2-3 所示。

图 2-3　数显验电笔

1）数显验电笔工作原理

数显验电笔是把连续变化的模拟量转换成数字量，通过寄存器、译码器，最后在液晶屏或数码管上显示出来。其工作电路由 A/D 转换、非线性补偿、标度变换三部分组成。能够进行电压检测和感应检测，检测范围为 12～250 V 的交流或直流电。档位有 12 V、36 V、55 V、110 V、220 V 五档。

2）数显验电笔使用注意事项

（1）使用时不需用力按压按键，测试时不能同时接触直流测试和交流测试两个测试键，否则会影响灵敏度和测试结果。

（2）测量非对地的直流电时，手应接触另一电极（正极或负极）。

（3）感应检测时，试电笔前端金属靠近检测物，若显示屏出现"高压符号"表示物体带交流电。

（4）利用"高压符号"测并排线路时要增加线间距离，可以区分相线和中性线，以及有无断线现象。

2.1.1.2 高压验电器

高压验电器是用来检验对地电压在 250 V 以上的高压电气设备。目前，使用较广泛的有发光型、声光型、风车式三种类型。

高压验电器由检测部分、绝缘部分、握柄部分三部分组成。绝缘部分为指示器下面金属衔接螺丝到罩护环部分，握柄部分为罩护环以下的部分。绝缘部分、握柄部分的长度根据电压等级的不同而不同。

图 2-4 所示为发光型高压验电器，它由手柄、护环、紧固螺钉、氖管窗、氖管和金属探头等部分组成。

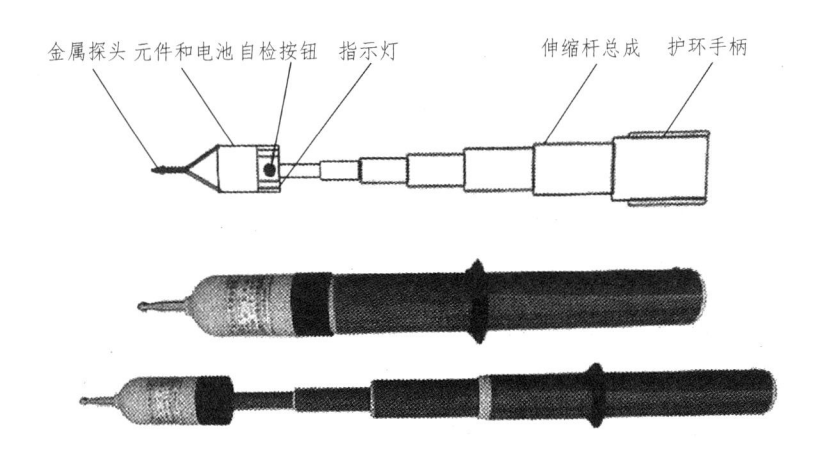

图 2-4 发光型高压验电器

在使用高压验电器时应注意以下事项：

（1）使用高压验电器进行验电时，必须执行操作监护制，即一人操作，一人监护。操作者在前，监护者在后。10 kV 以下的电压安全距离应在 0.7 m 以上。

（2）使用高压验电器时，必须确认额定电压与被测电气设备的电压等级相适应，否则可能危及操作人员的生命安全。

（3）验电时，操作人员应手握罩环以下手柄部分，先在有电的设备上进行检验。检验时，应慢慢移近带电设备直至发光或发声，以验证验电器的好坏。之后再在需要进行验电的设备上检测。

（4）同杆架设的多层线路验电时，应先验低压，后验高压，先验下层，后验上层。

（5）雨天和雪天及潮湿环境下不能使用高压验电器。

2.1.2 螺丝刀

1. 普通螺丝刀

螺丝刀又称改锥或起子，用于紧固和拆卸螺钉。它的种类很多，电工常用的普通螺丝刀有一字形和十字形两种。一字形螺丝刀是用于拧紧或拆卸一字槽的自攻螺丝、机螺丝、木螺丝等，其规格按刀体长度分别为 50 mm、75 mm、100 mm、125 mm、150 mm、200 mm 等几种。十字形螺丝刀是专用紧固和拆卸十字槽的自攻螺丝、机螺丝和木螺丝，常用的规格有四种：Ⅰ号适用于直径为 2~2.5 mm 的螺钉，Ⅱ号适用直径为 3~5 mm 的螺钉，Ⅲ号为 6~8 mm，Ⅳ号为 10~12 mm。其结构如图 2-5 所示。

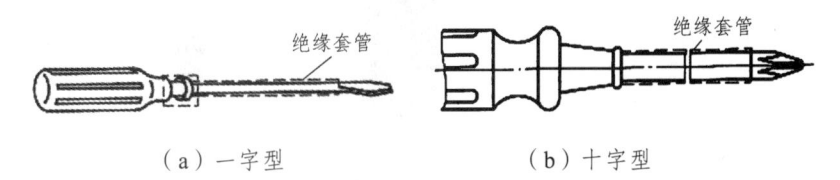

（a）一字型　　　　（b）十字型

图 2-5　螺丝刀结构示意图

使用螺丝刀的安全注意事项：
（1）电工只允许使用木柄及塑料柄的螺丝刀，不能使用通芯螺丝刀。
（2）使用螺丝刀拆卸螺钉时，手不得触及螺丝刀的金属部分，防止发生触电事故。
（3）使用时为防止触电，可在金属杆上穿套绝缘管。

2. 组合螺丝刀

组合螺丝刀按不同的头形可以分为一字形、十字形、米字形、星形、方头形、六角形、Y形、H形。组合螺丝刀的结构是一个手柄配备了多个选择刀头，其连接杆是金属的，容易脱离刀头，存在安全隐患，所以不能带电使用。其结构如图 2-6 所示。

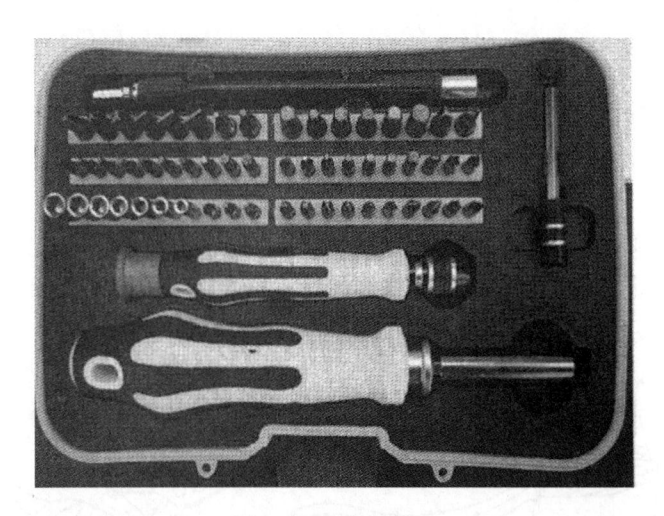

图 2-6　组合螺丝刀

3. 电动螺丝刀

电动螺丝刀以电动马达代替人手的动力来安装螺丝，有多种外观形式。如图 2-7 所示。

图 2-7 电动螺丝刀

电动螺丝刀使用注意事项：

（1）接入电源之前，检查电源开关是否在"关"的位置，检查电源电压是否适用于该工具。

（2）更换螺丝刀起子头时，应关闭电源。

（3）连续使用时间不应过长，避免马达过热烧毁。

（4）螺丝刀使用过程中，不得带电拆卸。

（5）使用完后，应妥善保管，避免摔落和撞击。

2.1.3 工具钳

1. 钢丝钳

带绝缘柄的钢丝钳是电工必备工具之一。其规格用钢丝钳的长度表示，有 150 mm、175 mm、200 mm 三种。钢丝钳的主要用途是剪切导线和其他金属丝，所以又称为克丝钳。其结构如图 2-8（a）所示。

钢丝钳的正确握法是用大拇指扣住一个钳柄，用食指、中指和无名指勾住另一钳柄外侧，并用小拇指顶住该钳柄内侧，这样伸屈手指或转动手腕，就能控制钳头的动作，如图 2-8（b）所示。

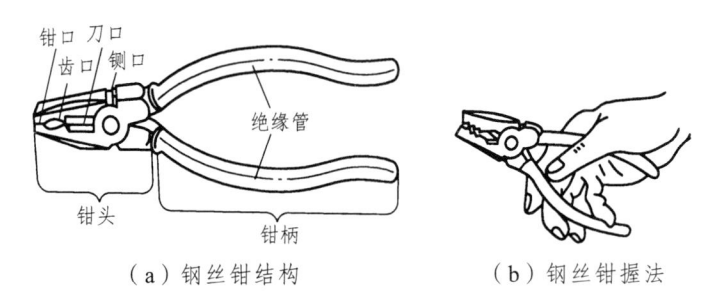

（a）钢丝钳结构　　　（b）钢丝钳握法

图 2-8　钢丝钳结构及握法示意图

钢丝钳使用注意事项：

（1）使用前确定绝缘柄的绝缘良好。

（2）带电作业时，不得用刀口同时剪切相线和中性线，以免发生短路或造成触电事故。

（3）不得用钢丝钳代替榔头敲击物件。

（4）注意防潮，钳轴要经常加油，以防止生锈。

2. 尖嘴钳

尖嘴钳的头部尖细而长，适用于在狭小的工作空间操作。电工操作选用带绝缘柄的尖嘴钳，其规格用尖嘴钳的长度表示，有 150 mm、180 mm 等，其外形如图 2-9 所示。

尖嘴钳使用注意事项：

（1）绝缘手柄损坏时，不可用来剪切带电电线。

（2）为保证安全，手离金属部分的距离应不小于 2 cm。

（3）由于钳头比较尖细，且经过热处理，所以钳夹物体不可过大，用力时不要过猛，以防损坏钳头。

（4）注意防潮，钳轴要经常加油，以防止生锈。

图 2-9　尖嘴钳外形图

3. 剥线钳

剥线钳是用来剥除小直径导线绝缘层的专用工具。它的手柄带有绝缘套，如图 2-10 所示。

使用剥线钳时，右手握住剥线钳，左手拿住导线放入剥线钳相应的卡口内，右手用力把钳口向外分开，将导线线芯与绝缘层分离即可露出相应长度的线芯。使用注意事项如下：

（1）检查剥线钳绝缘柄，确定绝缘良好。

（2）检查钳头的刀口有无变形，开关动作是否灵活。

（3）观察导线与钳口直径是否相适应，防止小刀口剪切过粗导线而伤及芯线。

（4）不要用剥线钳剪切钢丝或其他硬物。

（5）剥线钳使用后应放在规定位置。

图 2-10　剥线钳外形图

4. 断线钳

断线钳是专供剪断直径较粗的金属丝、线材及电线电缆等的工具。电工常用带绝缘柄的断线钳，如图 2-11 所示。断线钳使用注意事项：

（1）使用前根据被剪线材的直径粗细和材质，调节剪切口的开度。

（2）使用时两手把钳柄张到最大，再放入线材。

（3）切导线时，不得同时剪切相线和中性线，以免发生短路或造成触电事故。

（4）操作前应检查各部件是否松动，不得超范围使用。

（5）切线材短头时，应防止飞出的断头伤人，剪切时应保持短头朝下。

图 2-11　断线钳外形图

5. 压线钳

压线钳又称压接钳，是用来压接导线线头与接线端子连接的一种冷压工具。压线钳的类型有：手动式压线钳、电动式压线钳、气动式压线钳、液压式压线钳。操作时，先将接线端子预压在钳口腔内，将剥去绝缘层的导线端头插入接线端子的孔内，并使被压裸线的长度超过压痕的长度，将手柄压合到底，使钳口完全闭合，当锁定装置中的棘爪与齿条失去啮合，则听到"嗒"的一声，即为压接完成，此时钳口自由张开。图 2-12 所示为手动式压线钳外形图。

图 2-12　手动式压线钳

2.1.4　蓄电池内阻测试仪

蓄电池内阻测试仪又叫"蓄电池内阻仪"或"蓄电池内阻检测仪",是快速准确测量蓄电池健康状态和连接电阻参数的数字存储式测试仪器。可以通过在线测试,显示并记录单节或多组电池的电压、内阻、容量等重要参数。在城市轨道交通车站中,蓄电池内阻测试仪可用于检测 UPS(不间断电源系统)、EPS(应急电源系统)设备蓄电池的内阻,其外形如图 2-13 所示。

图 2-13　蓄电池内阻测试仪

使用蓄电池内阻测试仪时,把被测试蓄电池的正极和负极分别用测试仪的正极测试针与负极测试针上顶住,使电池的中心与测试针的中心保持一致,且电池与测试针正负极完全相接触,通过测试仪显示屏读出所测电阻的阻值。

蓄电池内阻测试仪在使用一定时间后要送到专门的仪表检修所进行校验、检修,以保证数据准确,为了避免蓄电池内阻测试仪或被测电池受到损坏,使用时要遵守以下注意事项:

(1)使用前,请先检查仪器的外壳是否有断裂或缺少配件,特别注意连接器附近的绝缘。

(2)检查测试针是否导通,如果测试针有损坏或断线现象,请更换后再使用仪器。

（3）把连线端子插入仪器端口以前，应先将仪器的电源关闭；测量时，两个测试针不得接触，以防短路。

（4）切勿在爆炸性的气体、蒸汽、酸性环境或灰尘附近使用蓄电池内阻测试仪。

（5）测量时，电池的内阻和电压必须在仪器所测量的范围之内，否则读数不准，超过额定电压会烧坏仪器。

2.1.5 兆欧表

电气设备绝缘性能的好坏，关系到电气设备的正常运行和操作人员的人身安全。为了防止绝缘材料由于发热、受潮、污染、老化等原因所造成的损坏，以及检查修复后的设备绝缘性能是否达到规定的要求，都需要测量其绝缘电阻。兆欧表是一种常用的电工仪表，用来检测电气设备或电气线路对地及相间的绝缘电阻，以保证这些设备、电器和线路工作在正常状态，避免发生触电伤亡及设备损坏等事故。

常用的兆欧表有手摇式和电子式两种类型。手摇式兆欧表如图 2-14 所示，电子式兆欧表如图 2-15 所示。

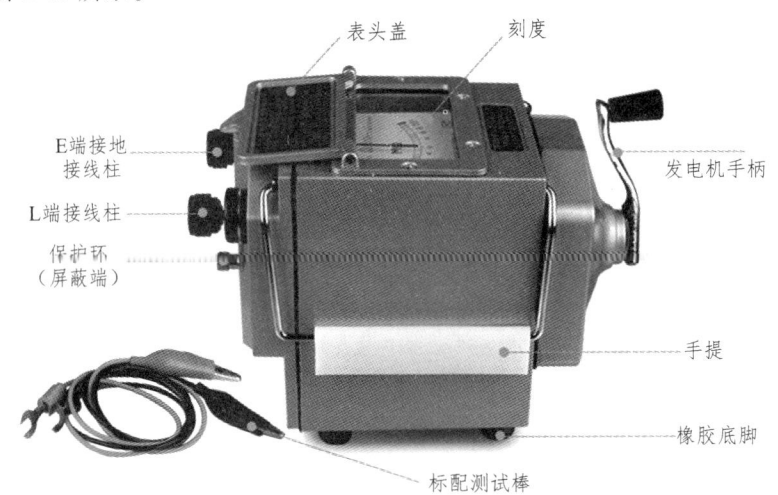

图 2-14 手摇式兆欧表

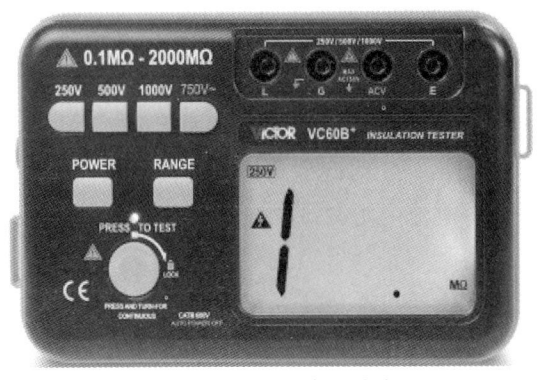

图 2-15 电子式兆欧表

兆欧表有三个接线端钮，分别标有 L（线路）、E（接地）和 G（屏蔽），当测量电力设备对地的绝缘电阻时，应将 L 接到被测设备上，E 可靠接地即可。手摇式兆欧表的使用方法和注意事项如下：

（1）开路试验：在兆欧表未接通被测电阻之前，摇动手柄使发电机达到 120 r/min 的额定转速，观察指针是否指在标度尺"∞"的位置。

（2）短路试验：将端钮 L 和 E 短接，缓慢摇动手柄，观察指针是否指在标度尺的"0"位置。

（3）确保被测设备和线路在停电的状态下进行测量。

（4）将被测设备与兆欧表正确接线，摇动手柄由慢渐快至额定转速 120 r/min。

（5）正确读取被测绝缘电阻值大小，同时，记录测量时的温度、湿度、被测设备的状况等，以便于分析测量结果。

（6）兆欧表未停止转动之前或被测设备未放电之前，严禁用手触及，防止人身触电。

2.1.6 防护用具

低压配电作业中常用的防护用具有绝缘手套、绝缘靴、绝缘垫、安全帽、安全带等。

绝缘手套是用天然橡胶制成，用绝缘橡胶或乳胶经压片、模压、硫化或浸模成型的五指手套，主要用于电工作业。绝缘手套是电力运行维护和检修试验中常用的安全工器具和重要的绝缘防护装备，如图 2-16 所示。

绝缘鞋采用特种橡胶制成，其作用是使人体与大地绝缘，防止跨步电压对人体的伤害。按要求，它的高度不小于 15 cm，必须按规定进行定期试验。绝缘鞋如图 2-17 所示。

绝缘垫是由特种橡胶制成的电工辅助安全用具。其表面有防滑槽纹，厚度不小于 5 mm，一般铺设在高、低压开关柜前，作为固定的辅助安全用具。

安全帽是指对人头部受坠落物以及其他特定因素引起的伤害起防护作用的帽子，由帽壳、帽衬、下颏带及附件等组成。电工安全帽的分类按适用范围可分为 T 类（特殊用途）和 Y 类（一般用途）两种。根据其附加功能的不同，又分为近电报警电工安全帽和普通电工安全帽。

电工安全带是电工作业时防止坠落的安全用具。高空作业时，安全带一端系在牢固的物体上，一端捆绑在作业者的腰间。

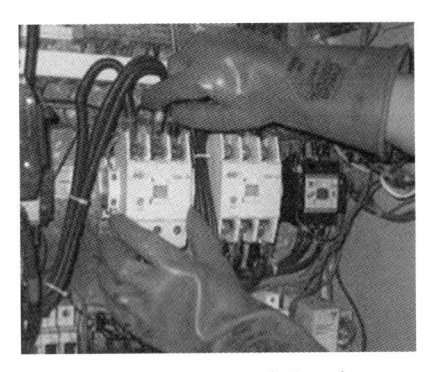

图 2-16　绝缘手套　　　　　　　　图 2-17　绝缘鞋

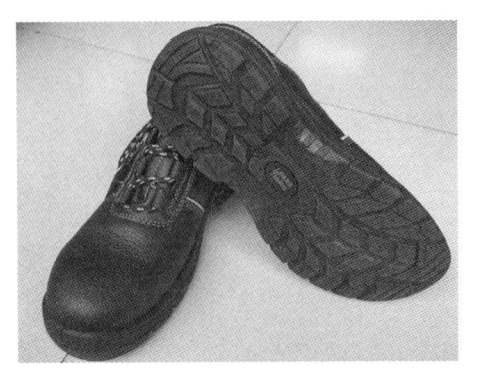

任务 2.2　低压配电常用绝缘材料

绝缘材料的主要作用是将带电体封闭起来或将带不同电位的导体隔开，保证电气线路电气设备正常工作，并防止发生人身触电事故等。各种设备和线路都包含导电部分和绝缘部分。良好的绝缘是保证设备和线路正常运行的必要条件，也是防止触电事故的重要措施。

微课"低压配电常用材料"

电阻系数大于 $10^9\ \Omega\cdot cm$ 的材料在电工技术上可当作绝缘材料。绝缘材料首先应具有良好的介电性能，即较高的绝缘电阻和耐压强度，并能避免发生漏电、爬电或击穿等事故；其次，它的耐热性能要好，不能因长期受热作用（热老化）而产生性能变化；此外，它还应具有良好的导热性、耐潮和有较高的机械强度，以及工艺加工方便等特点。

绝缘材料大部分是有机材料，其耐热性、机械强度和寿命比金属材料低得多，应根据它们的不同特性，合理地选用。

电工常用绝缘材料按其化学性质不同，可分为无机绝缘材料，有机绝缘材料和混合绝缘材料。

（1）无机绝缘材料：有云母、石棉、大理石、瓷器、玻璃、硫磺等，主要用作电机、电器的绕组绝缘、开关的底板和绝缘子等。

（2）有机绝缘材料：有虫胶、树脂、橡胶、棉纱、纸、麻、蚕丝、人造丝等，大多用于制造绝缘漆、绕组导线的被覆绝缘物等。

（3）混合绝缘材料：由以上两种材料经加工后制成的各种成型绝缘材料，用于电器的底座、外壳等。

常用绝缘材料的性能指标如绝缘耐压强度、抗张强度、密度、膨胀系数、耐热等级等。常见绝缘材料的耐热等级如表 2-1 所示。

表 2-1 绝缘材料的耐热等级

级别	绝缘材料	极限工作温度/℃
Y	木材、棉花、纸、纤维等天然的纺织品，以醋酸纤维和聚酰胺为基础的纺织品，以及易于热分解和熔点较低的塑料	90
A	工作于矿物油中以及用油或油树脂复合胶浸过的 Y 级材料，漆包线、漆布、漆丝的绝缘及油性漆、沥青漆等	105
E	聚酯薄膜和 A 级材料复合、玻璃布，油性树脂漆、聚乙烯醇缩醛高强度漆包线，乙酸乙烯耐热漆包线	120
B	聚酯薄膜、经合适树脂黏合式浸渍涂覆的云母，玻璃纤维，石棉等，聚酯漆、聚酯漆包线	130
F	以有机纤维材料补强和石带补强的云母片制品，玻璃丝和石棉，玻璃漆布，以玻璃丝布和石棉纤维为基础的层压制品，以无机材料作补强和石带补强的云母粉制品，化学热稳定性较好的聚酯和醇酸类材料，复合硅有机聚酯漆	155
H	无补强或以无机材料为补强的云母制品，加厚的 F 级材料、复合云母、有机硅云母制品、硅有机漆、硅有机橡胶聚酰亚胺复合玻璃布、复合薄膜、聚酰亚胺漆等	180
C	不采用任何有机黏合剂及浸渍剂的无机材料如石英、石棉、云母、玻璃和电瓷材料等	180 以上

常用的绝缘材料有塑料、橡胶橡皮、绝缘包扎带、陶瓷制品、云母制品等。

2.2.1 塑 料

1. 模压塑料

模压塑料主要用来做各种规格的电机、电器的绝缘零部件及电线、电缆的绝缘和防护材料。常用的模压塑料有 4013 酚醛木粉塑料、4330 酚醛玻璃纤维塑料和亚克力。其中，4330 酚醛玻璃纤维塑料具有良好的电气性能和防潮防霉性能、尺寸稳定、机械强度高，适宜做电机电器的绝缘零件。亚克力又称为有机玻璃，化学名称为聚甲基丙烯酸甲酯，它具有较好的透明性、化学稳定性和耐候性、易染色、易加工、外观优美、应用广泛等特点，广泛用于仪器仪表零件、汽车车灯、光学镜片、透明管道等。

2. 热塑性塑料

常见的热塑性塑料有 ABS 塑料和聚酰胺（尼龙）1010。

ABS 塑料是象牙色不透明体，有良好的综合性能，表面硬度较高，易于加工成形，并可在表面镀金属，但耐热性、耐寒性较差，适宜做各种结构零件，如电动工具和台式电扇外壳及出线板、支架等。

聚酰胺（尼龙）1010 是白色半透明体，常温时，具有较高的机械强度，耐油，耐磨，电气性能较好，吸水性小，尺寸稳定，适宜做绝缘套、插座、线圈骨架、接线板等绝缘材料，也可制作齿轮等机械传动零件。

2.2.2　橡胶橡皮

电工用橡胶分为天然橡胶和合成橡胶两种。天然橡胶易燃，不耐油，容易老化，不能用于户外，但它柔软，富有弹性，主要用作电线电缆的绝缘层和护套。合成橡胶使用较普遍的有氯丁橡胶和丁腈橡胶，它们具有良好的耐油性和耐溶剂性，但电气性能不高，用作电机电器中绝缘结构材料和保护材料，如引出线套管、绝缘衬垫等。

2.2.3　绝缘包扎带

绝缘包扎带主要用作包缠电线和电缆的接头，常用的有以下几种：

（1）布绝缘胶带（又称黑胶布）：适用于交流电压 380 V 以下的电线电缆包扎绝缘，在 10～40 ℃ 的温度范围内使用，有一定的黏着性。

（2）塑料绝缘胶带（聚氯乙烯或聚乙烯胶带）：适用于交流 500～6 000 V（多层绕包）的电线、电缆接头等处作包扎绝缘用，一般可在 −15～+60 ℃ 使用，其绝缘性能、耐潮性、耐腐蚀性好。电缆用的特种软聚氯乙烯带是专门用来包扎电缆接头的，有黄、绿、红、黑四种，称为相色带。

（3）涤纶绝缘胶带（聚酯胶粘带）：适用范围与塑料绝缘胶带相同，但耐压强度高，防水性能更好、耐化学稳定性好，还能用于半导体元件的密封。

2.2.4　陶瓷制品

瓷土烧制后涂以瓷釉的陶瓷制品，是不燃烧不吸潮的绝缘体，可制成绝缘子，支持固定导线。常用的有低压绝缘子、高压绝缘子等。

2.2.5　云母制品

云母的种类很多，在电工绝缘材料中占有重要地位的仅有白云母和金云母两种。白云母和金云母具有良好的电气性能和力学性能，耐热性，化学稳定和耐压性好。白云母的电气性能比金云母好，而金云母柔软，耐热性能比白云母好。合成云母耐热性优于天然云母，其他性能与白云母相似。

云母制品主要有云母带、云母板、云母箔等，均由云母或粉云母、胶黏剂和补强材料组成。不同的材料组合，可制成具有各种不同特性的云母绝缘材料。

任务 2.3 低压配电常用导电材料

导电材料主要用来输送和传递电能，一般分为低阻导电材料和高阻导电材料两类。

常用的低阻导电材料有铜、铝、铁、钨、锡等。其中铜、铝、铁主要用于制作各种导线和母线；钨的熔点较高，主要用于制作灯丝；锡的熔点低，主要用于制作导线的接头焊料和熔断器熔丝。

常用的高阻导电材料有康铜、锰铜、镍铬和铁铬等，主要用作电阻器和热工仪表的电阻元件。

2.3.1 导电金属

（1）铜：电阻率$\rho = 0.0175$（$\Omega \cdot mm^2/m$），导电性能、焊接性能及机械强度都较好，在要求较高的动力线路、电气设备的控制线和电机电器的线圈等大部分采用铜导线。

（2）铝：电阻率$\rho = 0.029$（$\Omega \cdot mm^2/m$），铝的电阻率虽然比铜大，但比重比铜小，且铝资源丰富，价格便宜，为了节省铜，应尽量采用铝导线。由于铝导线焊接工艺较复杂，使用受到限制。

（3）钢：钢的电阻率是$\rho = 0.029$（$\Omega \cdot mm^2/m$），使用时会增大线路损失，但机械强度好，能承受较大的拉力，钢资源丰富，在部分场合也被用作导电金属材料。

2.3.2 电阻材料

电阻材料是用于制造各种电阻元件的合金材料，又称为电阻合金。其基本特性是具有高的电阻率和很低的电阻温度系数。

常用的电阻合金有康铜丝、新康铜丝、锰铜丝和镍铬丝等。

康铜丝以铜为主要成分具有较高的电阻系数和较低的电阻温度系数，一般用于制作分流、限流、调整等电阻器和变阻器。

新康铜丝以铜、锰、铬、铁为主要成分，不含镍，是一种新电阻材料，性能与康铜丝相似。

锰铜丝是以锰、铜为主要成分，且有电阻系数高、电阻温度系数低及电阻性能稳定等优点。通常用于制造精密仪器仪表的标准电阻、分流器及附加电阻等。

镍铬丝以镍、铬为主要成分，电阻系数较高，除可用做电阻材料外，还是主要的电热材料，一般用于电阻式加热仪器及电炉。

2.3.3 电热材料

电热材料主要用于制造电热器具及电阻加热设备中的发热元件，作为电阻接入电路，将电能转换为热能。对电热材料的要求是电阻率要高，电阻温度系数要小，能耐高温，在高温下抗氧化性好，便于加工成型等。常用电热材料主要有镍铬合金、铁铬铝合金及高熔点纯金属等。

2.3.4 熔体材料

熔体是熔断器中关键的部分，使用时串联在电路中，电流超过允许值时，熔体中的熔丝首先被熔断，从而切断电源起到保护其他电气设备的作用。熔丝一般用低熔点的合金或金属制作。常用的材料有铅锡合金、铅锌合金。锌、铝熔体有片状，也有丝状。电流较大线路中可采用铜圆单线做熔丝。

（1）铅合金熔体：是最常见的熔体材料。如铅锑熔丝，含铅98%以上、锑0.3%～1.3%。

（2）铅锡熔体：含铅95%、锡5%或含铅75%、锡25%。在照明电路及其他一般场合使用。

（3）铋、铅、锡、镉、汞合金熔体：由以上五种材料按不同比例组合，可以得到低熔点的熔丝材料。熔点范围为20～200℃，对温度反应敏感，可用于保护电热设备。

2.3.5 导　线

导线俗称电线，用于电力系统传输电能或通信系统传输信号。导线主要分为裸导线和绝缘导线两大类。

2.3.5.1 裸导线制品

没有绝缘包层的导线称为裸导线，常见的裸导线制品有裸绞线和母线两种类型。

1. 裸绞线

裸绞线分为单股和多股两种，主要用于室外架空线路中。导线的规格、型号常用字母来表示。

T——铜；L——铝；G——钢；J——绞线；Y——硬型材料；R——软型材料。

截面面积用数字来表示。比如：LJ-50表示为铝绞线，截面面积为50 mm^2。

LGJ-35表示钢芯铝绞线，截面面积为35 mm^2。

TJ-70表示铜绞线，截面面积为70 mm^2。

TΦ4.0表示单股铜线，直径为4 mm。

2. 母　线

母线是在变配电所中，用来连接主要电力设备的导线。

母线按类型可分为硬母线和软母线。按材料可分为铜、铝及钢芯铝绞线等，截面形状有矩形、管形、槽形。一般来讲，室外多采用软母线；软母线多采用 LGJ（钢芯铝绞线）。而室内高低压配电多采用硬母线，硬母线通常叫铝（铜）母带，多采用 4 mm × 40 mm、4 mm × 60 mm、6 mm × 60 mm、8 mm × 80 mm 或 8 mm × 100 mm、10 mm × 100 mm、10 mm × 120 mm 的规格。

为了识别母线的相序，对母线要进行涂漆，A 相为黄色、B 相为绿色、C 相为红色。一般来讲，母线与电器连接处的 10 mm 以内不涂漆；连接接地线的部位不涂漆，为了使接地线不涂漆的部位有明显标志，应在母线不涂漆的两端涂黑色带，与母线相色分开。

母线涂漆除了辨别相序外，还有利于母线的散热，可容许提高 12% ~ 15%的负载，母线涂漆还可以起到防锈作用。

2.3.5.2　绝缘导线

具有绝缘包层的导线称绝缘导线。

绝缘导线按材质可分为铜芯和铝芯两种；按线芯可分为单股和多股两种；按绝缘材料可分为橡皮绝缘导线和塑料绝缘导线。

常见的 B 系列橡皮塑料电线结构如图 2-18 所示。其特点：结构简单，重量轻，价格较低，电气机械性能较好，广泛应用于各种动力配件和照明线路，并用于大中型电气装备安装线，交流工作电压 500 V；直流 1000 V；品种如表 2-2 所示。

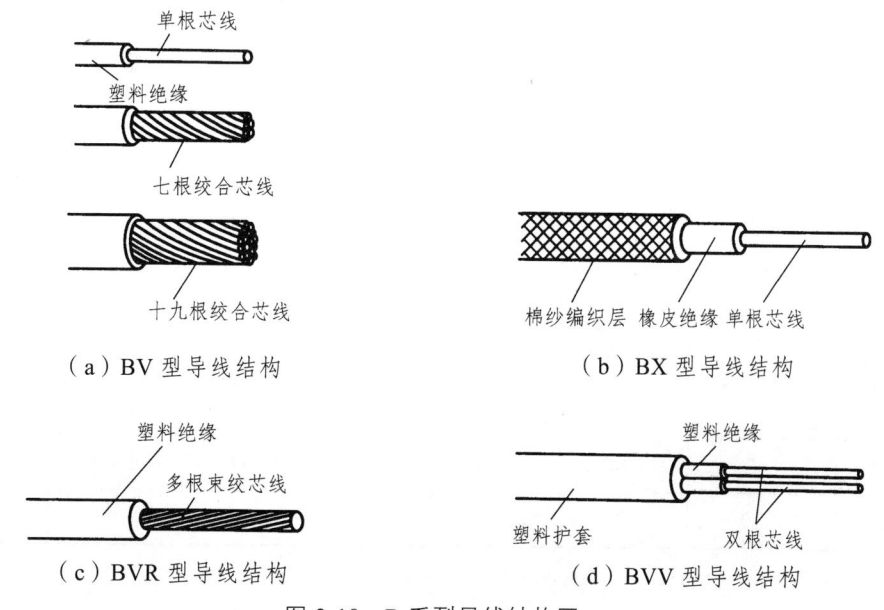

（a）BV 型导线结构　　　　　　（b）BX 型导线结构

（c）BVR 型导线结构　　　　　　（d）BVV 型导线结构

图 2-18　B 系列导线结构图

表 2-2 B 系列橡皮塑料绝缘电线常用品种

产品名称	型号 铜芯	型号 铝芯	长期最高工作温度/°C	用途
橡皮绝缘电线	BX①	BLX	65	固定敷设于室内（明敷、暗敷或穿管），可用于室外，也可作设备内部安装用线
氯丁橡皮绝缘电线	BXF②	BLXF	65	同 BX 型。耐气候性好，适用于室外
橡皮绝缘软电线	BXR	—	65	同 BX 型。仅用于安装时要求柔软的场合
橡皮绝缘和护套电线	BXHF③	BLXHF	65	同 BX 型。适用于较潮湿的场合和室外进户线
聚氯乙烯绝缘电线	BV④	BLV	65	同 BX 型。但耐湿性和耐气候性较好
聚氯乙烯绝缘软电线	BVR	—	65	同 BV 型。仅用于安装时要求柔软的场合
聚氯乙烯绝缘和护套电线	BVV⑤	BLVV	65	同 BV 型。用于潮湿和机械防护要求较高的场合，可直接埋于土壤中
耐热聚氯乙烯绝缘电线	BV-105⑥	BLV-105	105	同 BV 型。用于 45 °C 及以上的高温环境中
聚氯乙烯绝缘软电线	BVR-105	—	105	同 BVR 型。用于 45 °C 及以上的高温环境中

注：①"X"表示橡皮绝缘；②"XF"表示氯丁橡皮绝缘；③"HF"表示非燃性橡套；④"V"表示聚氯乙烯绝缘；⑤"VV"表示聚氯乙烯绝缘和护套；⑥"105"表示耐温 105 °C。

2.3.5.3 常用导线规格

常用铜、铝导线的规格见表 2-3 和表 2-4。

表 2-3 500 V 铜芯绝缘导线规格

导线截面面积/mm²	股数	单芯直径/mm	成品外径/mm	导线截面面积/mm²	股数	单芯直径/mm	成品外径/mm
1.0	1	1.13	4.4	35	19	1.51	11.8
1.5	1	1.37	4.6	50	19	1.81	13.8
2.5	1	1.7	5.0	70	49	1.33	17.3
4.0	1	2.24	5.5	95	84	1.20	20.8
6.0	1	2.73	6.2	120	133	1.08	21.7
10	7	1.33	7.8	150	37	2.24	22.0
16	7	1.68	8.8	185	37	2.49	24.2
25	19	1.28	10.6	240	61	2.21	27.2

注：① 环境温度为+30 °C；② 导电线芯最高允许工作温度为+65 °C。

表 2-4　500 V 铝芯绝缘导线规格

导线截面面积 /mm²	线芯结构 股数	单芯直径 /mm	成品外径 /mm	导线截面面积 /mm²	线芯结构 股数	单芯直径 /mm	成品外径 /mm
2.5	1	1.76	5.0	35	7	2.49	11.8
4	1	2.24	5.5	50	19	1.81	13.8
6	1	2.73	6.2	70	19	2.14	16.0
10	7	1.33	7.8	95	19	2.49	18.3
16	7	1.68	8.8	120	37	2.01	20.0
25	7	2.11	10.6	150	37	2.24	22.0

注：① 环境温度为+30 ℃；② 导电线芯最高允许工作温度为+65 ℃。

2.3.6　电　缆

电缆是一种多芯的导线，即在一个绝缘层内裹有多条相互绝缘的导线，如图 2-19 所示。电缆常用于城市地下电网、发电站的引出线路、工矿企业的内部供电及过江、过海的水下输电线。在电力线路中，电缆所占的比重正逐渐增加。

电缆的特点：一般埋设于土壤中或敷设于室内、沟道、隧道中，线间绝缘距离小，不用杆塔，占地少，基本不占地面上空间；受气候条件和周围环境影响小，传输性能稳定，可靠性高；具有向超高压，大容量发展的有利的条件，如低温，超导电力电缆等。

图 2-19　不同规格的电力电缆

2.3.6.1　电气装备用电缆

电气装备用电缆又称布电线，包括各种电气设备内部的安装连接线、电气装备与电源间连接的电线电缆、信号控制系统用的电线电缆及低压电力配电系统用的绝缘电线。

其主要特征是：外有绝缘，线径较细，品种规格繁多，应用范围广泛，使用电压在 1 kV 及以下者较多。

电缆的型号组成与顺序如下：

［1：类别、用途］［2：导体］［3：绝缘］［4：内护层］［5：结构特征］［6：外护层或派生］—［7：使用特征］

1：用途代码——不标为电力电缆，K 为控制缆，P 为信号缆；

2：导体材料代码——T 为铜，L 为铝；

3：绝缘代码——Z 油浸纸，X 橡胶，V 聚氯乙烯，YJ 交联聚乙烯；

4：内护层代码——Q 铅包，L 铝包，H 聚氯乙烯橡套，V 聚氯乙烯护套；

5：结构特征代码——B 扁平型，R 柔软，P 钢丝编织；

6：外护层代码——2 双钢带，8 铜丝编织，9 钢丝编织；

7：特殊产品代码——TH 湿热带，ZR 阻燃，NH 耐火，WDZ 低烟无卤；

8：额定电压——单位 kV。

型号中的省略原则如下：电线、电缆产品中铜是主要使用的导体材料，故铜芯代号 T 省写，但裸电线及裸导体制品除外。裸电线及裸导体制品类、电力电缆类、电磁线类产品不标明大类代号，电气装备用电线电缆类和通信电缆类也不标明，但标明小类或系列代号等。

第 7 项是各种特殊使用场合或附加特殊使用要求的标记，在"—"后以拼音字母标记。有时为了突出该项，把此项写到最前面。如 ZR（阻燃）、NH（耐火）、WDZ（低烟无卤、企业标准）、TH（湿热地区用）、FY（防白蚁、企业标准）等。

常用电缆的型号一般有：

VLV-29——铝芯聚氯乙烯铠装电力电缆；

YHHR——橡套铜芯软电缆；

KVV——铜芯聚氯乙烯电力控制电缆；

ZRYJV——阻燃交联聚乙烯绝缘聚氯乙烯护套电力电缆

NHVV——铜芯聚氯乙烯绝缘、聚氯乙烯护套耐火电力电缆

BTTZ——铜芯铜护套氧化镁绝缘重载防火电缆（矿物绝缘电缆）

比如：VLV-29-3×120+1×75 指的是铝芯聚氯乙烯铠装电力电缆，规格是 3 条相线的截面面积为 120 mm^2，中性线截面面积为 75 mm^2。

2.3.6.2　电缆的结构

电缆的基本结构由导电线芯、绝缘层、保护层三部分组成，如图 2-20 所示。

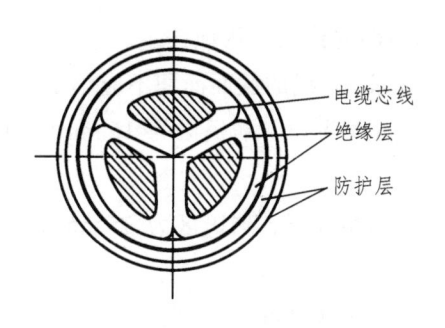

图 2-20　电线电缆剖面图

1. 电缆芯线

常采用铜和铝制成。导线的形状有圆形、半圆形（弓形）和扇形等几种。线芯有单芯、两芯、三芯、四芯和多芯等，单芯和两芯一般用来输送直流和单相交流电（35 kV 单芯电缆较多）；三芯用来输送三相交流电；四芯用于中性点接地系统的三相四线的供电系统；多芯主要用于控制电缆。

2. 绝缘层

绝缘层常采用纸、橡皮和塑料制成，使线芯之间相互绝缘。

3. 防护层

可分为内保护层和外保护层。内保护层的绝缘不能受潮，主要由屏蔽层、塑料层、铅包层和橡胶套制成；外保护层主要由钢带（铠带）、聚氯乙烯或沥青麻皮护层制成。防护层的主要作用是防止外力机械损伤和化学气体腐蚀。

2.3.6.3　电线电缆的选用

（1）低压架空配电线路导线截面面积的确定一般是先按发热条件选择，导线中通过的正常最大负荷电流不超过导线的允许载流量，通过绝缘导线与载流量的关系，可以估算出铝绝缘导线的选择规范。

截面面积为 1~10 mm^2 的铝绝缘导线，其载流量数值为截面面积的 5 倍。16~25 mm^2 的铝绝缘导线为 4 倍，35~50 mm^2 的铝绝缘导线为 3 倍，70~95 mm^2 的铝绝缘导线为 2.5 倍，120 mm^2 铝绝缘导线为 2 倍。穿管时或环境温度高于 25 ℃ 时，分别以八折和九折选用。

例如，16 mm^2 的铝芯绝缘导线，穿管敷设，环境温度超过 25 ℃，则其载流量为：16×4，即载流量为 64 A 再乘以 0.8，穿管后载流量为 48.8 A，再乘以 0.9 便是最后选用的导线允许载流量 43.92 A。

如果选用铜导线可依据铜铝导线换算方式估算其载流量，即铝导线载流量与小一级铜导线截面导线相同。例如，铝导线 4 mm^2，与铜导线 2.5 mm^2 估算相同。

（2）按允许的电压损失进行校验导线和电缆，在通过正常最大负荷电流时产生的电压损耗，不应该超过正常运行时允许的电压损耗。

（3）为满足机械强度的要求，导线的截面面积不应小于其最小允许截面。规定如下：

① 铜线在高压 10 kV 电压情况下，居民区为 16 mm²，非居民区为 16 mm²；低压 500 V 一般情况下为 2.5 mm²；

② 铝线在高压 10 kV 电压情况下，居民区为 35 mm²，非居民区为 25 mm²，低压 500 V 一般情况下为 16 mm²；

③ 钢芯铝线在高压 10 kV 电压情况下，居民区为 25 mm²，非居民区为 16 mm²，低压 500 V 一般情况下为 16 mm²。

（4）在地铁车站中，动力及照明系统一般负荷的电线、电缆可选用低烟、无卤、阻燃铜芯导线及低烟、无卤、阻燃铜芯电缆；火灾事故时仍需坚持运行的动力及照明设备的供电线缆选用低烟、无卤、耐火铜导线及低烟、无卤、耐火铜芯电缆，或者采用矿物绝缘电缆；环控消防负荷（如排热排烟风机）、消防泵、EPS、火灾自动报警系统、消防小动力配电箱进线采用矿物绝缘电缆。

思政拓展：电线电缆常见国产品牌

国产电线电缆的知名品牌有远东电缆、熊猫电线、金杯电缆、上上电缆等。其中，上海熊猫线缆股份有限公司始创于1947年，在中国电气装备用电线电缆行业中历史悠久、影响广泛。熊猫电线持之以恒地走科技创新、节能环保、质量效益型道路，在电线电缆行业创造多项首次国家专利。研发的耐高温环保汽车电线、超薄环保电缆达到国际先进水平，填补国内多项空白，多次荣获国家重点新产品奖。企业曾获得"中华老字号""联合国国际科学与和平周特别贡献奖""高新技术产业""中国轻工业百强企业""线缆行业百强企业"等荣誉。

任务 2.4　电工常用安装材料

电工常用安装材料有木质材料、塑料材料和金属材料，由于木质材料紧缺和外观因素的影响，在很多场合被塑料安装材料所取代。

2.4.1　塑料材料

塑料安装材料具有重量轻、强度高、阻燃性、耐酸碱、抗腐蚀能力强的优点，并具有优异的电气绝缘性能，产品造型美观、色彩柔和，非常适合室内布线要求。

2.4.1.1 塑料安装座

塑料安装座是用来代替木制的圆台或方木，用于安装灯座、插座、开关等电气装置。呈圆形的称为塑料圆台，呈方形的称为塑料方木，其外形如图 2-21 所示。

塑料安装座采用新型钙塑材料塑制，可以在上面钉钉子、切削、拧螺丝钉等，但塑料安装座不适宜用在高温及受强烈阳光照射的场合，否则容易老化，降低使用寿命。

（a）塑料圆台　　　　　　　　（b）塑料方木

图 2-21　塑料安装座

2.4.1.2 塑料线夹和线卡

塑料线夹和线卡的品种很多，适宜在室内一般场合用于小截面的电线布线。

1. 塑料夹板

用来固定 BV、BLV、BX、BLX 型塑料绝缘和橡皮绝缘电线，常用作室内明敷布线。塑料夹板分上下两片，呈长形，中间有穿螺丝的钉孔，下片有线槽，槽内有一条 0.5 mm 高的筋，电线嵌入后不易滑动。图 2-22 所示为单线、双线、三线塑料夹板的外形。塑料夹板适合 1.2～2.5 mm² 的电线布线，用 4×25 mm 的螺丝固定。

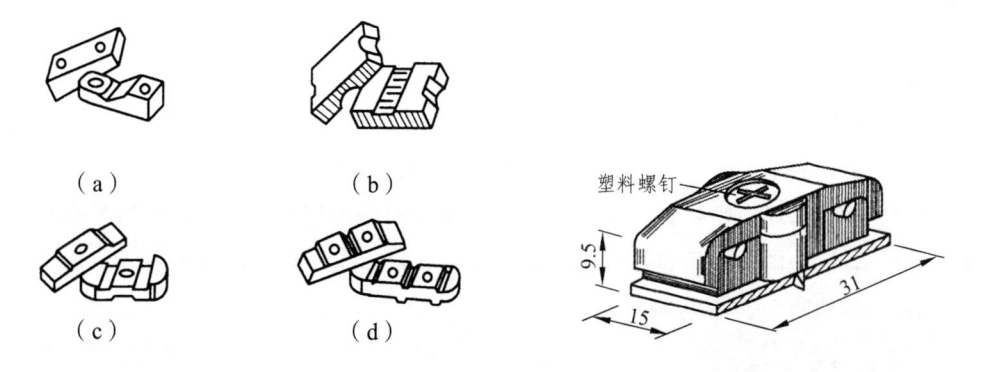

（a）　　（b）

（c）　　（d）

图 2-22　塑料线卡

2. 塑料护套线夹

塑料护套线夹采用改性聚苯乙烯材料制成，主要用来固定 BLVV、BVV 型护套线，适用于潮湿或有酸碱等腐蚀的场合。圆形塑料护套线夹如图 2-23 所示。

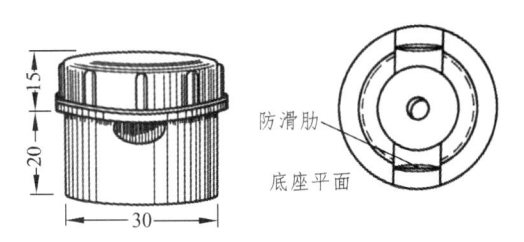

图 2-23 圆形塑料护套线夹

3. 塑料钢钉线卡

塑料钢钉线卡由塑料卡和水泥钉组成,用于一般电线电缆,电子通信用电线,作室内外明敷布线。其外形有两种,如图 2-24 所示。

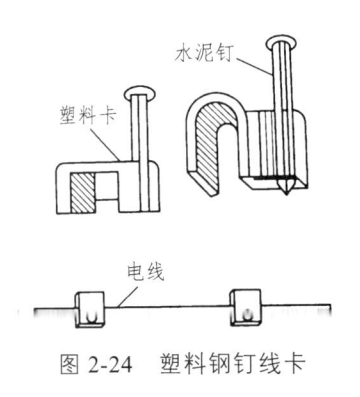

图 2-24 塑料钢钉线卡

布线时,用塑料卡卡住电线,用锤子将水泥钉钉入建筑物,用塑料电线卡布线,所用电线的外径要与塑料卡线槽相适应,电线嵌入槽内不能太松也不能太紧。

2.4.1.3 塑料电线管

电线管配线是电气线路的敷设方式之一,具有安全可靠、保护性能好、检修换线方便等优点。早期的电线管采用金属材料,随着电工材料的发展,工艺不断改进,管材也在变化和更新,出现以塑代钢的电线管,最早使用的是硬塑料电线管,之后又有加硬塑料电线管、波纹塑料电线管推出,性能有所改善,目前应用较多的有聚氯乙烯管、聚乙烯管、聚丙烯管等,其中聚氯乙烯管应用最为广泛。

1. 硬型聚氯乙烯管

这种电线管是以聚氯乙烯树脂为主,加入各种添加剂制成,其特点是在常温下抗冲击性能好,耐酸、耐碱、耐油性能好,但易变形老化,机械强度不如钢管。硬型聚氯乙烯管适合在有酸碱腐蚀的场所作明线敷设和暗线敷设,作明线敷设时管壁厚度不能小于

2 mm，暗线敷设时管壁厚度不能小于 3 mm。其外形如图 2-25 所示。

图 2-25　硬型聚氯乙烯管

2. 聚氯乙塑料波纹管

聚氯乙塑料波纹管又称 PVC 波纹管，简称塑料波纹管，是一次成型的柔性管材，具有质轻、价廉、韧性好、绝缘性能好、难燃、耐腐蚀、抗老化等优点。PVC 波纹管可以用作照明线路、动力线路作明敷或暗敷布线。其外形如图 2-26 所示。

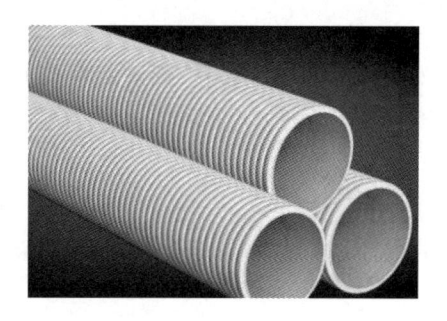

图 2-26　聚氯乙塑料波纹管

3. 半硬型聚氯乙烯管

半硬型聚氯乙烯管又称塑料半硬管或半硬管，半硬管比硬型塑料管便于弯制，适宜于暗敷布线，其价格比金属电线管低，目前民用建筑应用较多。其外形如图 2-27 所示。

图 2-27　半硬型聚氯乙烯管

4. 可弯硬塑管

可弯硬塑管又称可挠硬塑管,它采用增强性无增塑阻燃 PVC 材料制成,是一种新型电工安装材料。可弯硬塑管性能优良,具有防腐蚀、防虫害、强度高,可弯性好、安全可靠、价格便宜等特点,广泛用于工业、民用建筑中作明敷或暗敷设布线。其外形如图 2-28 所示。

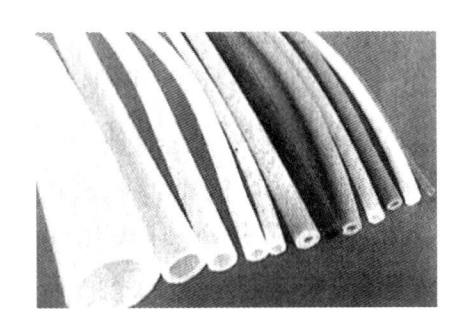

图 2-28　可弯硬塑管

2.4.2　金属材料

金属安装材料是电工安装材料的重要部分,低压配电系统中常用的金属材料有金属软管、金属电线管、金属型材等。

2.4.2.1　金属软管

金属软管是金属电线管的一种,常用的有镀锌软管和防湿金属软管。

1. 镀锌金属软管

镀锌金属软管俗称蛇皮管,为方形互扣结构,用镀锌低碳钢带卷绕而成。蛇皮管能自由地弯曲成各种角度,在各个方向上均有同样的柔软性,并有较好的伸缩性,其外形如图 2-29 所示。它主要用于路径比较曲折的电气线路作安全防护用,如用作大型机电设备电源引线的电线管。

图 2-29　镀锌金属软管

2. 防湿金属软管

这种金属软管外观上与镀锌金属软管相同，也为方形互扣结构。区别在于中间衬以经过处理的较细的棉绳或棉线作封闭填料，用镀锌低碳钢带卷绕而成，棉绳应紧密嵌入管槽，在自然平直状态下不应露线，在整根软管中，棉绳不应断线。

3. 软管接头

软管接头又称蛇皮管接头，专供金属软管与电气设备的连接之用。软管接头用工程塑料聚酰胺（尼龙）塑制而成，其一端与同规格的金属软管相配合，另一端为外螺纹，可与螺纹规格相同的电气设备、管路接头箱等连接。

2.4.2.2 金属电线管

金属电线管按其壁厚分为厚壁钢管和薄壁钢管，简称厚管和薄管，是管道配线重要的安装材料，尽管塑料电线管具有许多优点，但仍有许多场合必须选用金属电线管，以保证电气线路的防护安全。

1. 厚壁钢管

厚壁钢管又称水煤气管、白铁管。在潮湿、易燃、易爆场所和直埋于地下的电线保护管必须选用厚壁钢管。厚壁钢管有镀锌和黑色管之分，黑色管是没有经过镀锌处理的钢管。

2. 薄壁钢管

薄壁钢管又称电线管，适用于一般场合进行管道配线，也有镀锌管和黑色管之分。

3. 电线管配件

电线管配件是指管道配线所用的配件，主要有：

（1）鞍形管卡：用 1.25 mm 厚的带钢冲制而成，表面防锈层有镀锌和烤黑两种，其外形如图 2-30（a）所示，用于固定金属电线管。

（2）管箍：又称管接头，用带钢焊接而成，表面平整，防锈层有镀锌和涂黑漆两种，作连接两根公称口径相同的电线管用，管箍分薄管和厚管管箍两种，其外形如图 2-30（b）所示。

（3）月弯管接头：又称弯头，用带钢焊接而成，防锈层有镀锌和涂黑漆两种，用于连接两根公称口径相同的管，使管路作 90°转弯。其外形如图 2-30（c）所示；

（4）电线管护圈：又称尼龙护圈，用聚酰胺（尼龙）或其他塑料塑制而成，安装于电线管口，使电线电缆不致被管口棱角割破绝缘层。护圈分薄管用护圈和厚管用护圈，其外形如图 2-30（d）所示。

（5）地气扎头：又称地线接头、保护接地圈等，安装在金属电线管上，作为电线管保护接地的接线端子供连接地线，使整条管路的管壁与地妥善连接，以保证用电安全。

它用钢板冲制而成，表面镀锌铜合金防锈，其内径比同规格电线管外径略小，安装在电线管上紧密不松动，保证接触良好。其外形如图 2-30（e）所示。

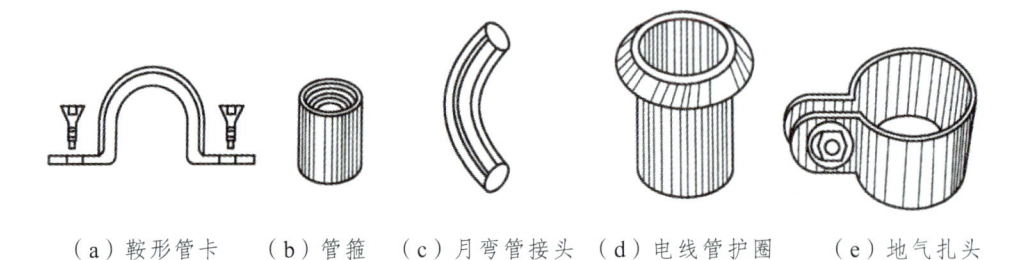

（a）鞍形管卡　（b）管箍　（c）月弯管接头　（d）电线管护圈　（e）地气扎头

图 2-30　金属电线管配件

2.4.2.3　金属型材

钢材具有品质均匀、抗拉、抗压、抗冲击等特点，且具有很好的可焊、可铆、可切割、可加工性，因此在电力内外线施工中得到广泛应用。常用的钢铁型材有扁钢、角钢、工字钢、圆钢和槽钢。其断面形状如图 2-31 所示。

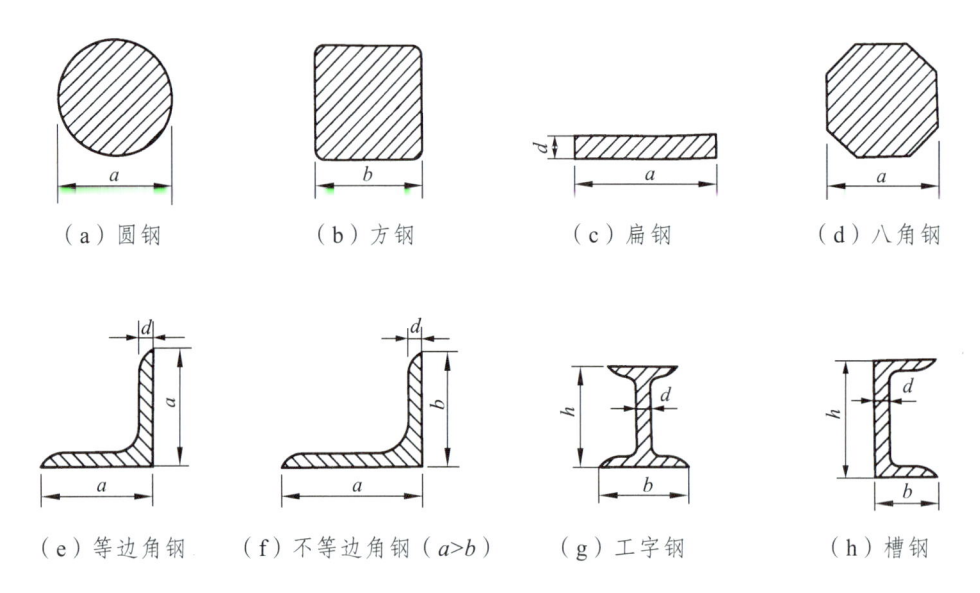

（a）圆钢　（b）方钢　（c）扁钢　（d）八角钢

（e）等边角钢　（f）不等边角钢（$a>b$）　（g）工字钢　（h）槽钢

图 2-31　电气施工常用钢铁型材的断面形状

1. 扁　钢

扁钢的断面呈矩形，有镀锌扁钢和普通扁钢之分。规格以厚度×宽度表示，如 25 mm×4 mm 表示该扁钢宽为 25 mm、厚为 4 mm。扁钢常用来制作各种抱箍、撑铁、拉铁，配电设备的零配件、接地母线和接地引线等。常用扁钢的规格如表 2-5 所示。

表 2-5 常用扁钢的规格

宽度 a/mm		12	16	20	25	30	32	40	50	63	70	75	80	100
		\multicolumn{13}{c	}{理论质量/（kg/m）}
厚度 d/mm	4	0.38	0.50	0.63	0.79	0.94	1.01	1.26	1.57	1.98	2.20	2.36	2.51	3.14
	5	0.47	0.63	0.79	0.98	1.18	1.25	1.57	1.96	2.47	2.75	2.94	3.14	3.93
	6	0.57	0.75	0.94	1.18	1.41	1.50	1.88	2.36	2.97	3.30	3.53	3.77	4.71
	7	0.66	0.88	1.10	1.37	1.65	1.76	2.20	2.75	3.46	3.35	4.12	4.40	5.50
	8	0.75	1.00	1.26	1.57	1.88	2.01	2.51	3.14	3.95	4.40	4.71	5.02	6.28
	9	—	1.15	1.41	1.77	2.12	2.26	2.83	3.53	4.45	4.95	5.30	5.65	7.07
	10	—	1.26	1.57	1.96	2.36	2.54	3.14	3.93	4.94	5.50	5.89	6.28	7.85
	11	—	—	1.73	2.16	2.59	2.76	3.45	4.32	5.44	6.04	6.48	6.91	8.64
	12	—	—	1.88	2.36	2.83	3.01	3.77	4.71	5.93	6.59	7.07	7.54	9.42
	14	—	—	—	2.75	3.36	3.51	4.40	5.50	6.90	7.69	8.24	8.79	10.99
	16	—	—	—	3.14	3.77	4.02	5.02	6.28	7.91	8.79	9.42	10.05	12.50

2. 角　钢

角钢有时称角铁，其断面呈直角形，分为镀锌角钢和普通角钢。角钢是钢结构中最基本的钢材，可单独制作构件，亦可组合使用。角钢常用来制作输电塔构件、横担、撑铁、各种角钢支架、电气安装底座和接地体等。角钢按其边宽，分为等边角钢和不等边角钢。常用等边角钢的规格如表 2-6 所示，常用不等边角钢的规格如表 2-7 所示。

表 2-6 常用等边角钢的规格

钢号		\multicolumn{2}{c	}{2}	\multicolumn{2}{c	}{2.5}	\multicolumn{2}{c	}{3}	\multicolumn{3}{c	}{3.6}	\multicolumn{3}{c	}{4}	\multicolumn{4}{c	}{4.5}
尺寸/mm	a	\multicolumn{2}{c	}{20}	\multicolumn{2}{c	}{25}	\multicolumn{2}{c	}{30}	\multicolumn{3}{c	}{36}	\multicolumn{3}{c	}{40}	\multicolumn{4}{c	}{45}
	d	3	4	3	4	3	4	3	4	5	3	4	5	3	4	5	6
理论质量/（kg/m）		0.889	1.145	1.124	1.459	1.373	1.786	1.656	2.163	2.654	1.852	2.4 钢号 22	2.976	2.088	2.736	3.369	3.985
钢号		\multicolumn{4}{c	}{5}	\multicolumn{4}{c	}{5.6}	\multicolumn{4}{c	}{6.3}				
尺寸/mm	a	\multicolumn{4}{c	}{50}	\multicolumn{4}{c	}{56}	\multicolumn{4}{c	}{63}				
	d	3	4	5	6	3	4	5	6	4	5	6	8	10			
理论质量/（kg/m）		2.332	3.059	3.770	4.465	2.624	3.446	4.251	6.568	3.9.7	4.882	5.721	7.469	9.151			
钢号		\multicolumn{4}{c	}{7}	\multicolumn{4}{c	}{7.5}	\multicolumn{4}{c	}{8}				
尺寸/mm	a	\multicolumn{4}{c	}{70}	\multicolumn{4}{c	}{75}	\multicolumn{4}{c	}{80}				
	d	4	5	6	7	8	5	6	7	8	10	5	6	7	8	10	
理论质量/（kg/m）		4.372	5.397	6.406	7.398	8.373	5.818	6.096	7.976	9.030	11.089	6.211	7.376	8.525	9.658	11.974	
钢号		\multicolumn{5}{c	}{9}	\multicolumn{6}{c	}{10}					
尺寸/mm	a	\multicolumn{5}{c	}{90}	\multicolumn{6}{c	}{100}					
	d	6	7	8	10	12	6	7	8	10	12	14	16				
理论质量/（kg/m）		8.350	9.656	10.946	13.476	15.940	9.366	10.830	12.276	15.12	17.898	20.611	23.257				

表 2-7　常用不等边角钢的规格

钢号		2.5/1.6		3.2/2		4/2.5		4.5/2.8		5/3.2		5.6/3.6	
尺寸/mm	a	25		32		40		45		50		56	
	b	16		20		25		28		32		36	
	d	3	4	3	4	3	4	3	4	3	4	3	4
理论质量/(kg/m)		0.912	1.176	1.171	1.522	1.484	1.930	1.687	2.203	1.908	2.494	2.153	2.818	3.466
钢号		6.3/4				7/4.5				7.5/5				8/5			
尺寸/mm	a	63				70				75				80			
	b	40				45				50				50			
	d	4															
理论质量/(kg/m)		3.185	3.920	4.638	5.339	3.57	4.403	5.218	6.011	4.808	5.699	7.431	9.098	5.005	5.935	6.848	7.745
钢号		9/5.6				10/6.3				10/8			
尺寸/mm	a	900				100				100			
	b	56				63				80			
	d	5	6					10					10
理论质量/(kg/m)		5.661	6.717	7.576	8.779	7.55	8.722	9.878	12.142	8.35	9.659	10.946	13.476

3. 工字钢

工字钢由两个翼缘和一个腹板构成，其规格是以腹板高度（h）×腹板厚度（d）表示，其型号是以腹高（cm）数表示。如 10 号工字钢，表示其腹高为 10 cm。工字钢常用于各种电气设备的固定底座、变压器台架等。常用工字钢的规格如表 2-8 所示。

表 2-8　常用工字钢的规格

型号	尺寸/mm			理论质量/(kg/m)
	h	b	d	
10	100	68	4.5	11.2
12	120	74	5	14.2
14	140	80	5.5	16.9
16	160	88	6	20.5
18	180	94	6.5	24.1
20a	200	100	7	27.9
20b	200	102	9	31.1
22a	220	110	7.5	33
22b	220	112	9.5	36.4
25a	250	116	8	38.1
25b	250	118	10	42
28a	280	122	8.5	43.4
28b	280	124	10.5	47.9
32a	320	130	9.5	52.7
32b	320	132	11.5	57.7
32c	320	134	13.5	62.8
36a	360	136	10	59.9
36b	360	138	12	65.6
36c	360	140	14	71.2

4. 圆 钢

圆钢的规格是以直径（mm）表示，如 $\phi 8$ 等。圆钢也有镀锌圆钢和普通圆钢之分，主要用来制作各种金具、螺栓、接地引线及钢索等。常用圆钢的规格如表 2-9 所示。

表 2-9 常用圆钢的规格

直径/mm	5	5.6	6	6.3	7	8	9	10	11	12	13
理论质量/(kg/m)	0.154	0.193	0.222	0.245	0.302	0.395	0.499	0.617	0.746	0.888	1.04
直径/mm	14	15	16	17	18	19	20	21	22	24	25
理论质量/(kg/m)	1.21	1.39	1.58	1.78	2	2.23	2.47	2.72	2.98	3.55	3.85

5. 槽 钢

槽钢规格的表示方法与工字钢基本相同。如"槽钢 120×53×5"表示其腹板高度为 120 mm、翼宽为 53 mm、腹板厚为 5 mm。槽钢一般用来制作固定底座、支撑、导轨等。常用槽钢的规格如表 2-10 所示。

表 2-10 常用槽钢的规格

型号	尺寸/mm h	尺寸/mm b	尺寸/mm d	理论质量/(kg/m)	型号	尺寸/mm h	尺寸/mm b	尺寸/mm d	理论质量/(kg/m)
5	50	37	4.5	5.44	20b	200	75	9.0	25.77
6.3	63	40	4.8	6.63	22a	220	7	7.0	24.99
8	80	43	5.0	8.04	22b	220	79	9.0	28.45
10	100	48	5.3	10.00	25a	250	78	7.0	27.47
12.6	126	53	5.5	12.37	25b	250	80	9.0	31.39
14a	140	58	6.0	14.53	25 c	250	82	11.0	35.32
14b	140	60	8.0	16.73	28a	280	82	7.5	31.42
16a	160	63	6.5	17.23	28b	280	84	9.5	35.81
16b	160	65	8.6	19.74	28 c	280	86	11.5	40.21
18a	180	68	7.0	20.17	32a	320	88	8.0	38.22
18b	180	70	9.0	22.99	32b	320	9o0	10.0	43.25
20a	200	73	7.0	22.63	32 c	320	92	12.0	43.28

复习思考题

1. 使用验电笔时应注意哪些安全事项？
2. 如何正确使用螺丝刀？
3. 最常用的金属熔体材料有哪几种？
4. 简述电气装备用电线电缆的基本结构。
5. 常用的金属安装材料有哪些类型？
6. 在电力施工中，扁钢有哪些用途？
7. 为了保证施工安全，电工作业时需要用到哪些防护用具？

模块 3

室内配线

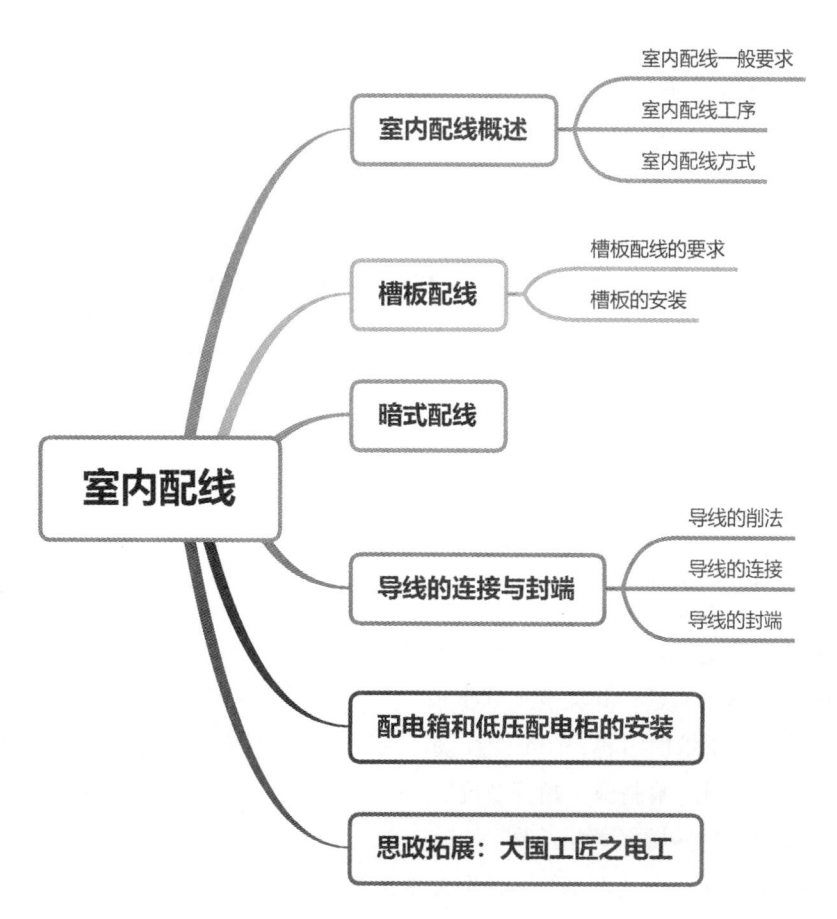

知识结构

室内配线
- 室内配线概述
  - 室内配线一般要求
  - 室内配线工序
  - 室内配线方式
- 槽板配线
  - 槽板配线的要求
  - 槽板的安装
- 暗式配线
- 导线的连接与封端
  - 导线的削法
  - 导线的连接
  - 导线的封端
- 配电箱和低压配电柜的安装
- 思政拓展：大国工匠之电工

> **学习目标**
>
> 【知识目标】
> - 了解室内配线的一般要求和工序；
> - 熟悉室内配线的方式；
> - 掌握槽板配线和暗式配线的基本要求；
> - 了解配电箱和低压配电柜安装的有关规定。
>
> 【技能目标】
> - 掌握槽板配线和暗式配线的工艺和方法；
> - 会对导线进行削剥、连接和封端；
> - 会对导线进行绝缘恢复；
> - 掌握配电箱和低压配电柜的安装方法。
>
> 【思政目标】
> - 了解大国工匠的事迹，培养脚踏实地、精益求精的职业素养，促进对高标准职业追求的思索；
> - 传承匠心，培养敬业精神，立志技能报国、科技报国。

任务 3.1 室内配线概述

室内配线指敷设在建筑内的配线，又称内线工程，是电力施工不可缺少的重要组成。

微课"室内配线概述"

3.1.1 施工前的准备

室内配线应满足传输安全可靠、线路布局合理、安装牢固、整齐美观等要求。在施工前应详细了解施工图纸，并注意下列事项：

（1）弄清设计图纸的内容，仔细阅读设计说明和施工要求，应对图中预选的电气设备主要材料进行统计，编制施工预算及施工方案，办理施工临时用电和开工手续，对施工人员进行技术培训并做好备料工作。

施工图主要包括以下几个部分：供电总平面图，变配电所（变电厅）主接线图，变配电设备平面布置图、安装图和二次接线图，动力系统和照明平面图，防雷接地系统平面图，施工说明，主要设备材料表。

施工的设计工作应根据批准的设计文件进行编制，其内容必须符合国家规定的设计标准。

（2）要考虑与主体工程（土建）和其他工程（水暖、煤气等）的配合问题，提前做好预埋工作。

（3）施工时应尽量不破坏建筑物的强度和损坏建筑物的美观。尽量考虑并弄清给排水、热力管道、通风管道、煤气管道、通信线路的布局，不要在施工时发生位置冲突，应满足相关距离要求。

（4）室内配线必须满足安全、可靠、经济和美观的原则。

（5）应按照施工规范要求进行施工。

3.1.2 室内配线工序

室内配线的一般工序如下：

（1）熟悉设计施工图，做好预留预埋工作。其主要内容有：电源引入方式及位置，电源引入配电箱的路径，垂直引上、引下及水平穿越梁柱、墙等位置和预埋保护管。

（2）确定灯具、插座、开关、配电箱及电气设备的准确位置，并沿建筑物确定导线敷设的路径。

（3）装设支持物，线夹线管及开关箱、盒等，并检查有无遗漏和错位。

（4）敷设导线。

（5）导线连接。

（6）将导线出线端与电气设备连接，进行封端。

（7）检查验收。

3.1.3 室内配线方式

室内配线一般分为明式配线和暗式配线。

采用绝缘子、板槽、穿管等方法沿墙、天花板、房梁等建筑物表面进行敷设的称为明式配线。

将导线穿在铁管或塑料管内，埋设在墙内、地坪内和装设在顶棚内等隐蔽处所敷设的称为暗式配线。

1. 220 V 单相制配线

220 V 单相制配线如图 3-1 所示，常用于小容量的住宅，如城市、农村的平房。

配线的方式可采用直接配线，从低压线路引入室内配电箱，然后从配电箱处配电。箱内可设电能表、开关（也可分几个回路）。

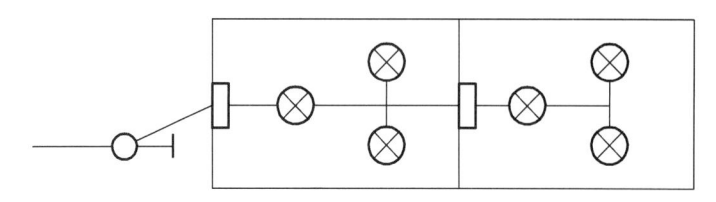

图 3-1　220 V 单相制配线方式

2. 380/220 V 三相四线制配线

对大容量负荷的建筑物，如机关办公楼、学校、宿舍、厂房、宾馆等，由于负荷容量较大，无法保证供电系统负荷平衡，因此常采用 380/220 V 三相四线制，常用的接地系统有 TT、TN-S 和 TN-C-S 系统。

城市轨道交通车站的接地系统常采用 TN-S 系统（中性线和保护线分开，俗称三相五线制），配线方式可采用总配电盘到分电箱的树干式供电方式，也可采用链式或放射式供电方式，分别如图 3-2～图 3-4 所示。

图 3-2　树干式供电方式　　　　图 3-3　链式供电方式

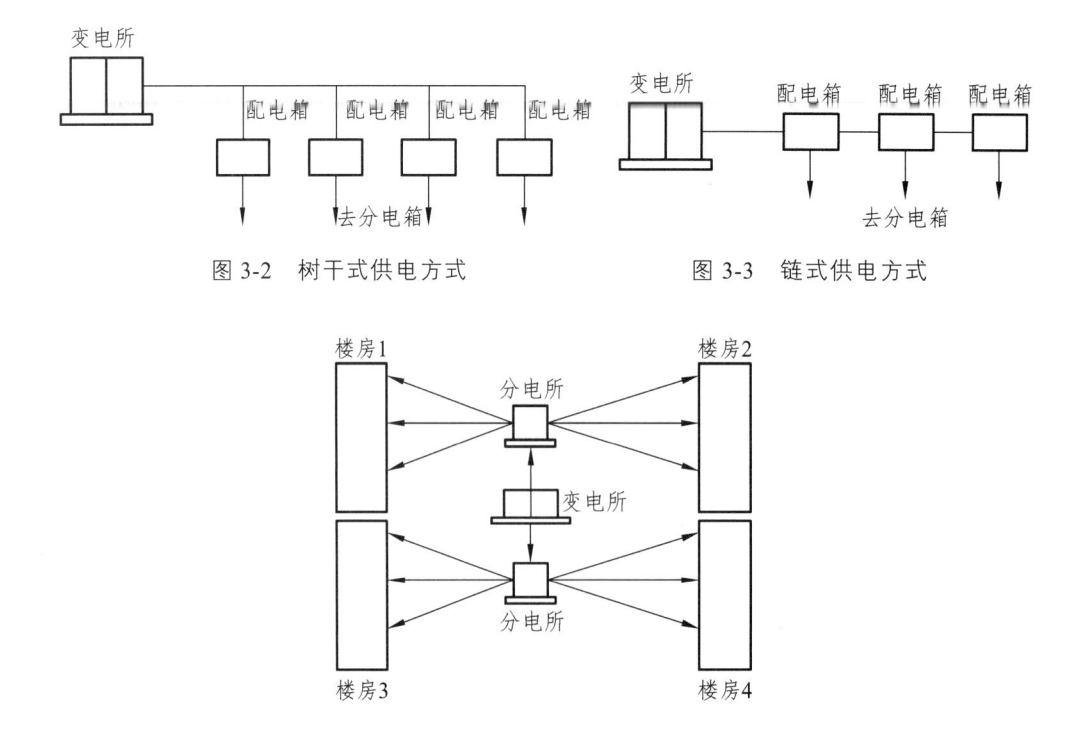

图 3-4　放射式供电方式

任务 3.2　槽板配线

槽板配线是将绝缘导线敷设在槽板内，上面用盖板把导线盖住。它适用于干燥房间内的明配线路。

槽板应使用金属槽板和阻燃槽板，这两种槽板和木线槽板不同。金属槽板和阻燃槽板没有线槽，敷设阻燃槽板的环境温度不应低于 −15 ℃。槽板配线应本着安全、整洁、美观、适用，与建筑物结构平行的原则进行。

3.2.1　槽板配线的要求

（1）阻燃槽板必须有阻燃标记和制造厂标。

（2）线槽应设在干燥、不易受机械损伤的场所，槽板内应平整光滑、无扭曲变形。

（3）槽板安装应整齐美观，槽板应紧贴在建筑物的表面敷设，敷设时应尽量沿房屋的角线、墙角、横梁等敷设，要与建筑物的线条平行或垂直；板槽不应敷设在顶棚和墙壁内。

（4）线槽连接应连续无间断，每根槽板的固定点不应少于两处，固定点的间距不应小于 500 mm 且牢固可靠；线槽接口应平直、严密；槽盖齐全平整、无翘角。

（5）固定或连接用的螺钉及其他紧固件紧固后，其端部与线槽槽底表面应光滑平整。出线口位置应正确、无毛刺。

（6）线槽安装应横平竖直，其水平和垂直偏差不应大于其长度的 2‰，全长最大偏差不应大于 20 mm；并列安装时，槽盖应便于打开。

（7）配线导线截面和数量应符合设计要求，当设计无具体规定时，导线的总截面面积不应大于线槽面积的 60%。

（8）在不可拆盖板的线槽内，导线不允许有接头；在可拆卸盖板的线槽内，导线接头处所有导线截面面积之和（包括绝缘层）不应大于线槽面积的 75%；盖板不应挤伤导线的绝缘层。

（9）金属线槽应防腐良好，并可靠接地。

3.2.2　槽板的安装

槽板配线的施工应该在土建抹灰层干透后进行，施工步骤如下：

1. 定位划线

（1）定位：首先按施工电路图在建筑物上确定并标出灯具、插座、控制电器、配电板等的位置；然后确定导线的敷设路径，穿越楼板和墙体的位置以及配线的起始、转角和终端的固定位置；最后再确定中间固定点的安装位置，槽板底板固定点距转角、终端及设备边缘的距离应在 50 mm 左右。

（2）划线：按图纸要求划出槽板的敷设路线，标明导线穿墙、穿楼板、起点、转角、分支位置及槽底板的固定位置。划线时，应考虑线路的整洁和美观，并在每个开关、灯具、插座等固定点中心画出记号。

2. 固定槽底板

用钉子、木螺钉等将槽底板固定在预埋件上，或用黏接技术将槽底板黏接在建筑物上。

（1）两块槽板的底板直线连接时，应将端口锯平或锯成 45°斜面，使两个槽口对准，盖板与底板连接处应错开 200 mm，可呈直线或 45°连接，如图 3-5 所示。

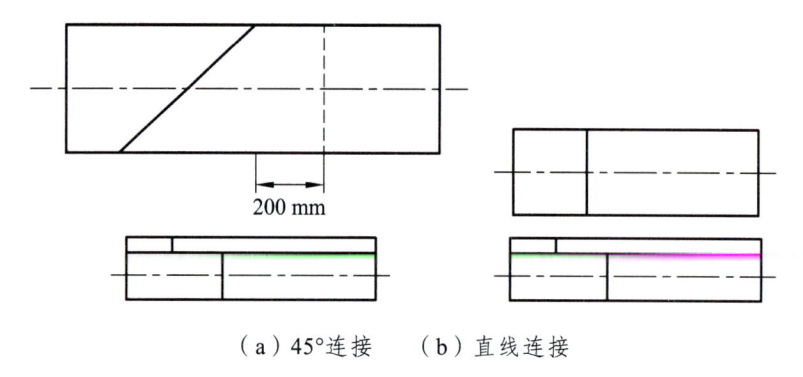

（a）45°连接　（b）直线连接

图 3-5　槽板的直线连接方式

（2）两块槽板的底板呈 90°转角连接时，应将线槽底板端口锯平或锯成 45°，盖板呈可直线或 45°连接，如图 3-6 所示。

两块槽板呈 90°转角连接时，有的槽板直接带有 90°压盖，盖板不用 45°连接，直接扣上即可，如图 3-7 所示。

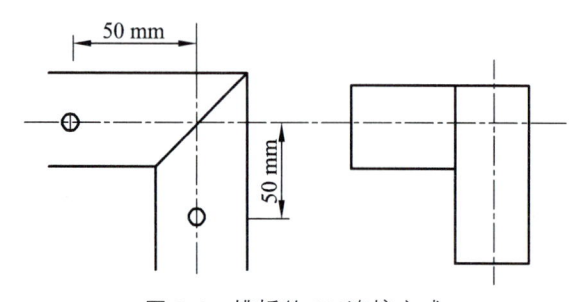

图 3-6　槽板的 90°连接方式

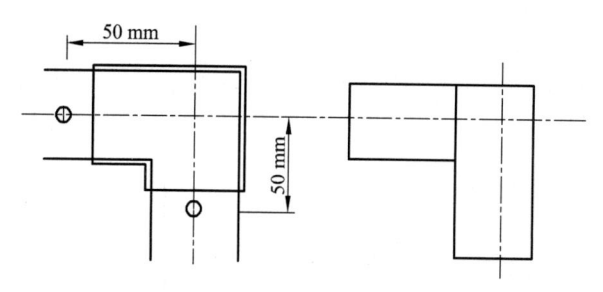

图 3-7　槽板带压盖的 90°连接

（3）两块槽板的底板做 T 形连接时，应将一个线槽底板端口锯平，另一个底板边缘锯成与线槽等边的豁口，盖板可呈直线或按图 3-8 和图 3-9 连接。

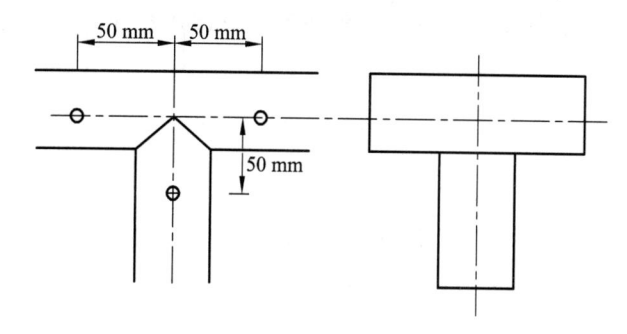

图 3-8　槽板的 T 形连接

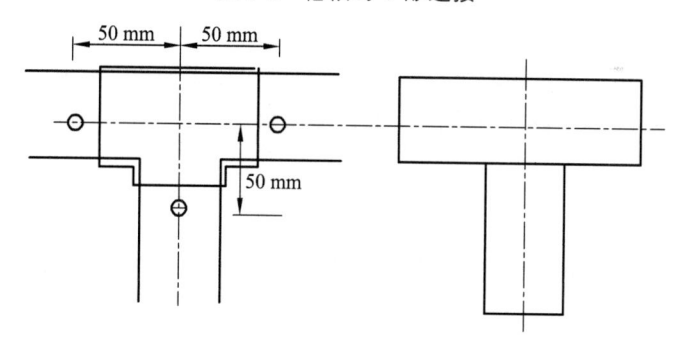

图 3-9　带 T 形后盖的连接

（4）槽板的十字连接如图 3-10 所示，带压盖的十字连接如图 3-11 所示。

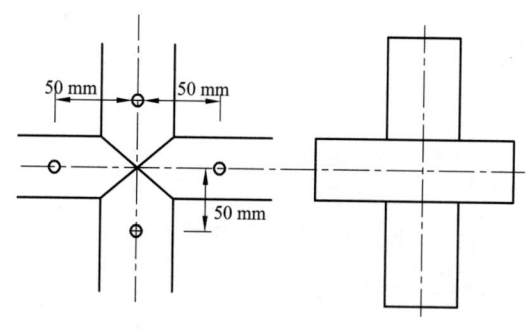

图 3-10　槽板的十字连接

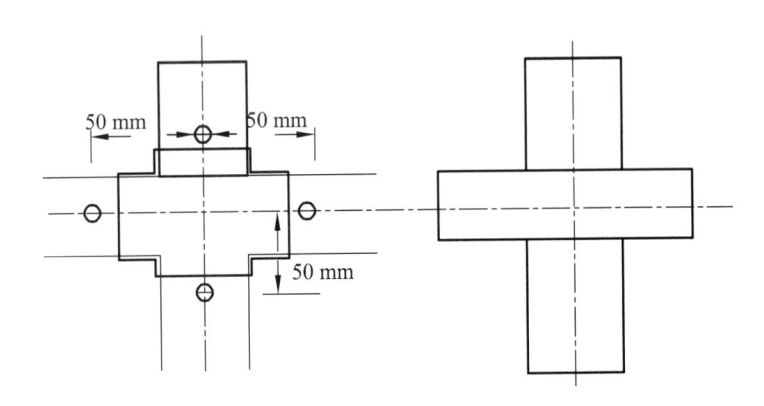

图 3-11 带压盖的十字连接

3. 敷设导线

槽板固定好后，即可沿线槽敷设导线。一条线槽内只能敷设同一回路的导线，导线不得有接头或挤压，必要时可装设接线盒。导线在灯具、开关、插座及配电箱等处，一般应留有 100 mm 的余量。

4. 固定盖板

固定盖板和敷设导线可同时进行，盖板接口处应连接紧密，不留空隙，盖板可用钉子钉在线槽的中心线上。各种图例符号如图 3-12 所示。

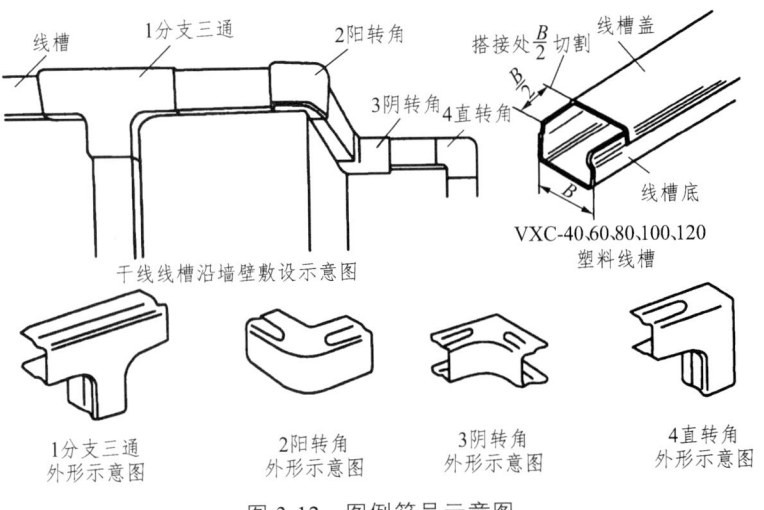

图 3-12 图例符号示意图

任务 3.3 暗式配线

将绝缘导线穿在管内沿墙壁、建筑物表面配线称暗式配线（管配线）。这种配线方式比较安全可靠，因为导线在管内受到保护，可避免多尘环境的影响、腐蚀气体的侵蚀和机械损伤，提高了供电的可靠性，施工和维护都比较方便。工厂厂房、易燃易爆场所一般采用此种配线方法。

暗式配线必须依据图纸，与土建紧密配合，预先将配线管全部预埋在建筑房屋的墙壁内或地坪内，按图纸留出分线盒、开关、灯头和插座的位置，并将所有管材的两头用物体封住，以免进去杂物阻碍穿管。

暗式配线的基本要求如下：

（1）配线时应做到横平竖直，整齐美观；水平和垂直敷设时，其敷设偏差不应超过管径的 1/2。

（2）配线管常采用铁管和阻燃塑料管（阻燃塑料管现已被广泛应用），配管排列应整齐，固定点距离应均匀，使用管卡将线管固定在墙壁上。管卡与线管的起点、终端、转弯、设备接头和分线盒边缘距离为 150～500 mm。

（3）管内所穿导线的总截面直径不应大于电线管内径的 40%，管内所穿导线不应超过 8 根。线管管径的选用通常由设计确定，可参照相关选择表进行选择。单芯绝缘导线穿管选择如表 3-1 所示。

（4）在无设计规定时，潮湿处所应选用厚壁铁管，干燥处所应选用薄壁铁管或阻燃塑料管；采用镀锌管时，镀锌层不应剥落，如锌层剥落应做防腐处理；

（5）铁管在敷设时，不应存在折扁和裂纹，管口应光滑平整、无毛刺，并应可靠接地；

（6）使用阻燃管时，阻燃管应有明显的阻燃标记和制造厂标。连接的接口处应涂专用的胶合剂，穿越有机械损伤场所时，应套装钢管保护。与供热管平行、交叉时，应距供热管道不小于 200 mm。

（7）导线在管内不允许有接头和扭结，不同回路、不同电压等级的导线不应穿在同一电线管内；导线穿入电线管内后，电线管口应装设护线箍。

（8）电线管在直线段不超过 30 m、两个转弯不超过 15 m、三个转弯不超过 8 m，超过应加装分线盒。

表 3-1 单芯绝缘导线穿管的选择

导线截面面积/mm²	线管直径/mm										
	水煤气钢管穿入导线根数				电线管穿入导线根数				硬塑料管穿入导线根数			
	2	3	4	5	2	3	4	5	2	3	4
1.5	15	15	15	20	20	20	20	25	15	15	15
2.5	15	15	20	20	20	20	25	25	15	15	20
4	15	20	20	20	20	20	25	25	15	20	25
6	20	20	20	25	20	25	25	32	20	20	25
10	20	25	25	32	25	32	32	40	25	25	32
16	25	25	32	32	32	32	40	40	25	32	32
25	32	32	40	40	32	40	—	—	32	40	40
35	32	40	50	50	40	40			40	40	50
50	40	50	50	70					40	50	50
70	50	50	70	70					40	50	50
95	50	70	70	80					50	70	70
120	70	70	80	80					50	70	80
150	70	70	80						50	70	80
185	70	80									

任务 3.4 导线的连接与封端

导线的连接与封端是内线工程中不可缺少的工序，连接与封端的技术好坏直接关系到线路及电气设备能否安全可靠地运行。对导线连接的基本要求是：连接可靠，机械强度高，耐腐性和绝缘性能好。

微课"导线的连接与封端"

3.4.1 导线的削法

导线连接前，必须把导线端的绝缘层剥去，剥去的长度根据接头方法和导线截面的不同而不同。剥削的方法通常有单层削法、分段削法和斜削法三种，如图 3-13 所示。需注意，（a）图中的单层削法不适用于多层绝缘的导线。

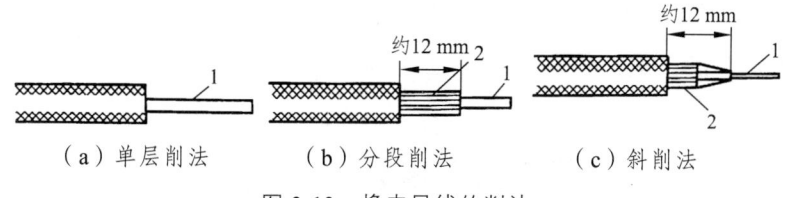

（a）单层削法　　（b）分段削法　　（c）斜削法

图 3-13　橡皮导线的削法

3.4.2　导线的连接

导线的连接有如下要求：
（1）去除氧化层；距离符合要求。
（2）接线方法正确。
（3）剥切导线规范。
（4）缠绕紧密无缝隙。
（5）不损伤导线。

以下以单股铜导线为例，说明其常用的连接方式。

1. 单股小截面直线连接

将两根待连接的导线用分段削法削好后，再把两根导线交叉旋在一起，两导线同时相绞打结，两边导线缠绕的圈数在 5 圈以上，并要求缠绕紧密，如图 3-14 所示。

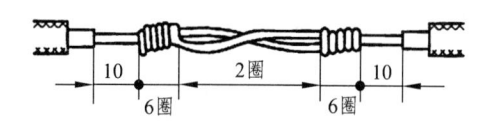

图 3-14　单股小截面直线连接

2. 单股小截面分线连接

将干线剥切一定长度，再将分支线剥削，把分支线放在干线上，线头向前绕向分支线左侧，将分支线绕在干线上，紧密缠绕共 6 圈，余线剪掉，如图 3-15 所示。

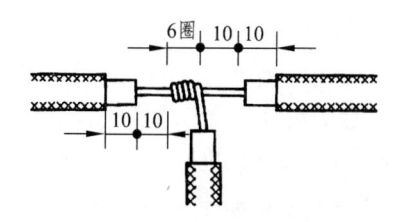

图 3-15　单股小截面分线连接

3. 单股小截面分线打结连接

将干线剥切，按分段方法削一定长度，再将分支线按分段方法削去绝缘层，将分支线放在干线上，线头向前从分支线右侧绕一圈，接着绕向分支线左侧，从干线左下方向前绕，在干线上紧密缠绕 6 圈，余线剪掉，如图 3-16 所示。

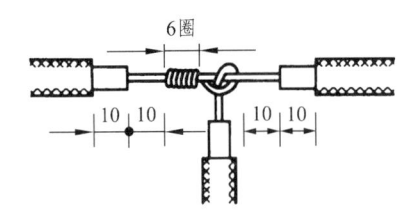

图 3-16　单股小截面分线打结连接

4. 单股小截面十字分支连接

首先将干线剥切一定长度，再将两根分支线削一定长度。连接时，先将一根分支线在距绝缘层 12 mm 处折回，使其搭在干线上，再将另一根分支线和其并行放好，然后两根分支线的线头一起同方向紧密缠绕 6 圈，余线剪掉，如图 3-17 所示。

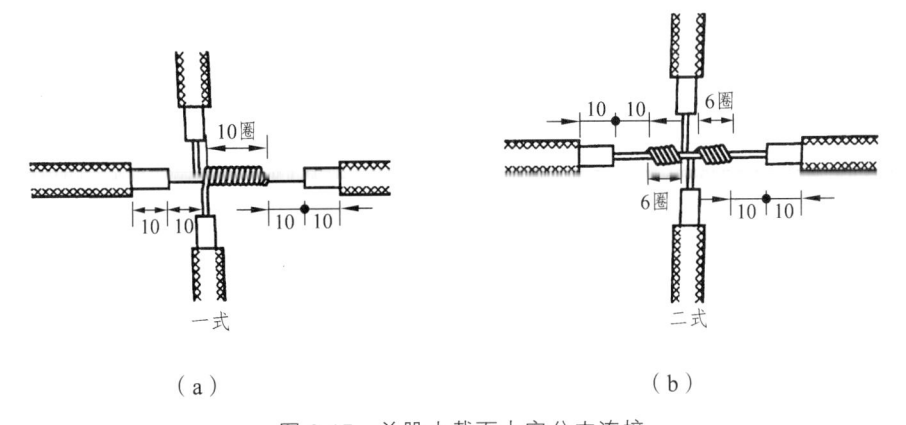

（a）一式　　　（b）二式

图 3-17　单股小截面十字分支连接

5. 单股大截面直线连接

将两根要连接的导线按分段削法削一定长度，再准备一根和连接导线同直径的辅助线，再将准备好的一根 1.5 mm² 的铜绑线从中间对折，两端盘成圆盘状。连接时，先把两根导线对齐，再把辅助线并行放在一起，3 根导线放好后，将 1.5 mm² 的铜绑线放在被连接线的中间，用绑线的一端向一侧缠绕几圈，之后再用绑线的另一端向另一侧缠绕几圈，此时应检查有无松动，如无松动，可将绑线向两侧缠绕，缠绕的距离应是导线直径的 10 倍，之后在连接处的左侧将右侧导线的线头撬起，余线留有 1 cm，压在中间的绑线处，再用绑线缠绕左侧的导线及辅助线 5 圈，之后绑线的余线与辅助线打 3~5 个结，余线剪掉。右侧同理，如图 3-18 所示。

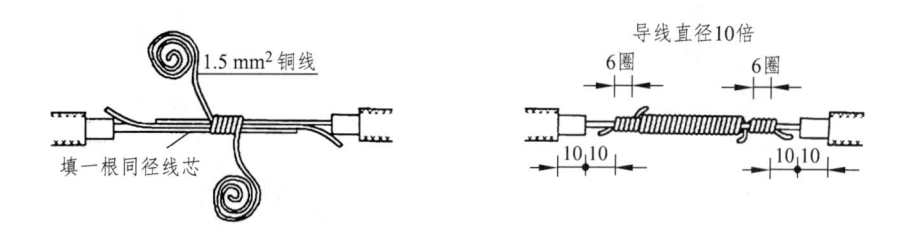

图 3-18　单股大截面直线连接

6. 单股大截面分线连接

将干线剥切一定长度,分支线削一定长度,准备一根 1.5 mm² 的绑线并盘成一个圆盘。连接时,将分支线在距绝缘层 12 mm 处折成 90°和干线放在一起,将绑线在干线左侧缠绕 6 圈,接着再缠绕干线与分支线,缠绕长度为导线直径的 10 倍,之后将支线留有 1 cm 长度剪断折回压在中间的绑线上,再用绑线缠绕 6 圈,将多余绑线剪掉,如图 3-19 所示。

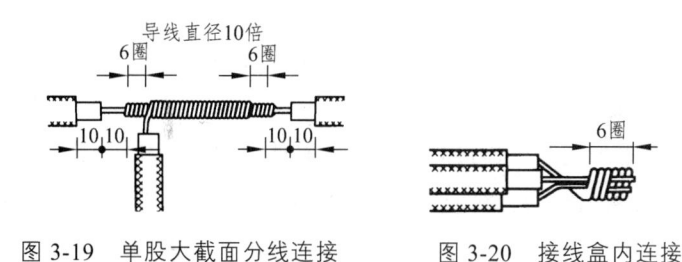

图 3-19　单股大截面分线连接　　图 3-20　接线盒内连接

7. 接线盒内连接

将 3 根导线削一定长度后并在一起,将其中最长的一根导线在另外的两根导线上缠绕 6 圈后余线剪掉,把另外的两根导线留长压 3 圈导线的距离剪掉后压在 6 圈的外 3 圈上,如图 3-20 所示。

3.4.3　导线的封端

布线时,安装的配线最终都要与电气设备相连接。对 10 mm² 及以上多股导线都必须先在导线端头做好接线端子,再与设备相连。导线可以与电气设备上的接线桩直接相连进行封端,也可以通过接线端子与接线桩相连封端。电气设备上的接线桩有针孔式、螺钉平压式、瓦形式 3 种,如图 3-21 所示。

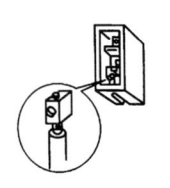

(a) 针孔式

(b) 螺钉平压式

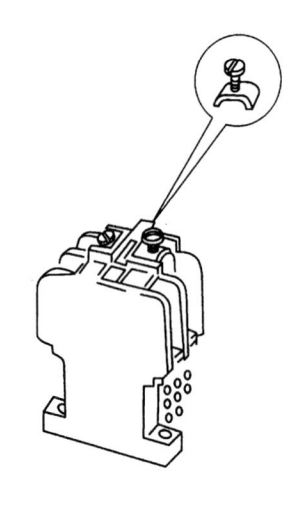

图 3-21 接线桩形式

3.4.3.1 导线与接线桩直接封端

导线与接线桩连接时的基本要求如下：

（1）多芯线头应先进一步绞紧，然后再与接线桩连接。
（2）分清导线相位后方可与接线桩连接。
（3）小截面导线与接线桩连接时，必须留有能供再剖削 2~3 次线头的余线。
（4）导线绝缘层与接线桩之间应保持适当距离。
（5）软导线线头与接线桩连接时，不允许出现松散、断股和外露等现象。
（6）线头与接线桩必须连接得平服、紧密和牢固。

导线与接线桩直接封端的方法有如下几种。

1. 线头与针孔式接线桩的连接方法

这种接线桩是依靠位于针孔顶部的压紧螺钉压住线头来完成电连接的，电流容量较小的接线桩有一个压紧螺钉，电流容量较大的接线桩通常有两个压紧螺钉，连接时操作要求和方法如下。

1）单股芯线线头的连接方法

在通常情况下，芯线直径小于钉孔直径，可直接插入钉孔。当芯线直径小于钉孔直径的 1/2 时，可把线头的芯线折成双股并列后插入针孔，并使压紧螺钉顶在双股芯线的中间，如图 3-22 所示。

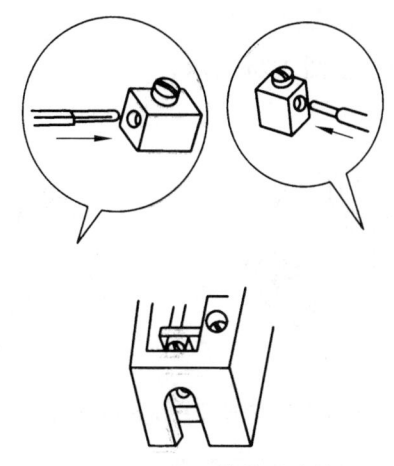

图 3-22 单股芯线的连接

2）多股芯线线头的连接方法

连接时，必须把多股芯线按原拧紧方向进一步绞紧。由于多股芯线的载流量较大，针孔上往往有两个压紧螺钉，连接时应先拧紧第一个螺钉（靠近端部的一个），再拧紧第二个。多股芯线线头三种工艺处理方法如图 3-23 所示。

（1）芯线直径与针孔大小较匹配时，把芯线绞紧后插入针孔，如图 3-23（a）所示。

（2）针孔过大时，可用一根单股芯线在已绞紧的芯线线头上紧密排绕一层，如图 3-23（b）所示。

（3）针孔过小时，可把多股芯线剪掉几根。7 股芯线剪去中间一根，19 股芯线剪去中间 1~7 根，然后绞紧进行连接，如图 3-23（c）所示。

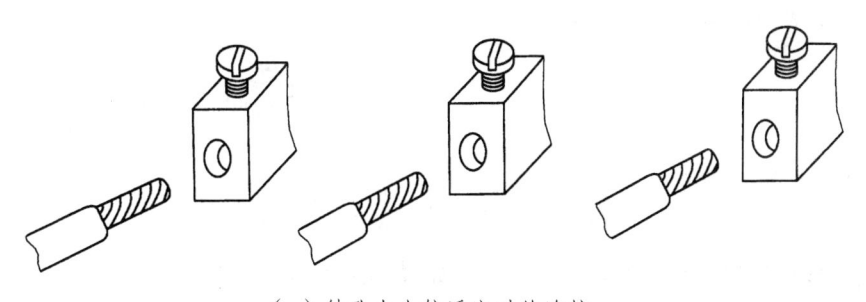

（a）针孔大小较适宜时的连接

（b）针孔过大时的连接　　（c）针孔过小时的连接

图 3-23 多股芯线的连接

2. 线头与平压式接线桩的连接方法

（1）单股芯线的操作方法如图3-24所示。

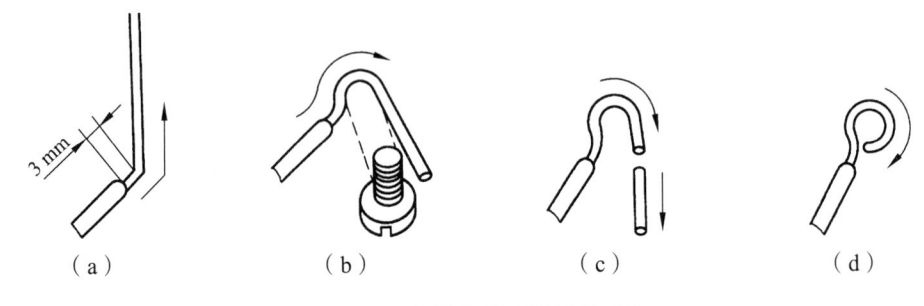

(a)　　(b)　　(c)　　(d)

图3-24　单股芯线压接圈的弯法

（2）7股芯线压接圈操作方法如图3-25所示。

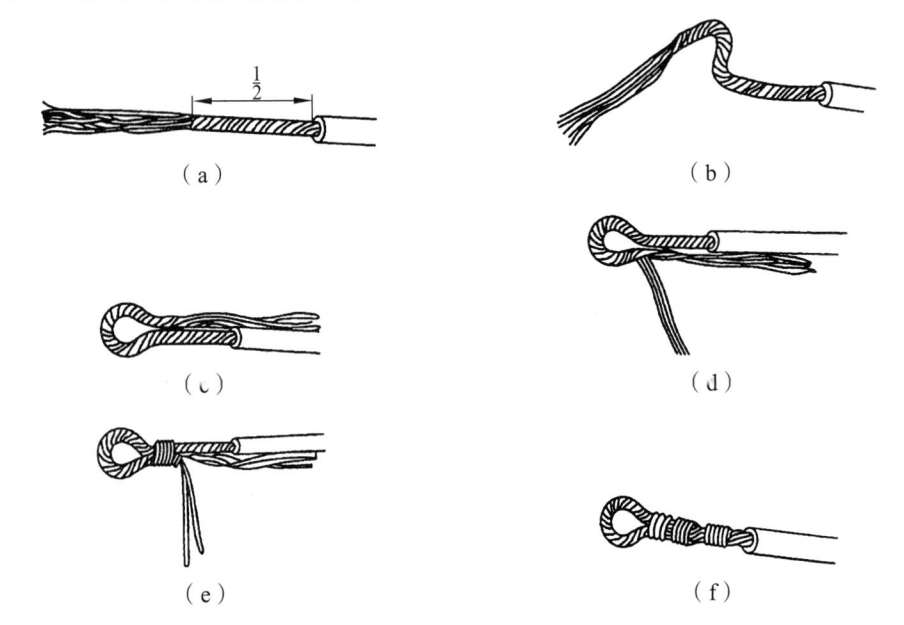

(a)

(b)

(c)

(d)

(e)

(f)

图3-25　7股芯线压接圈操作方法

（3）软导线线头与接线桩的连接方法如图3-26所示。

（a）围绕螺钉自缠　　（b）自缠一圈将端头压入螺钉

图3-26　软导线的连接

3. 线头与瓦形（或桥形）接线桩的连接方法

为了防止线头脱落，在接线时将芯线按如图 3-27（a）所示的方法处理。如果有两个线头时，应按图 3-27（b）所示方法进行处理。

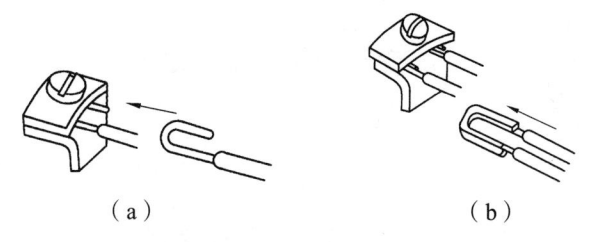

图 3-27　导线线头与瓦形接线桩的连接

3.4.3.2　导线通过接线端子与接线桩封端

接线端子与接线桩封端的基本要求如下：

（1）导线截面面积大于 10 mm^2 的多股铜线或铝线必须先做好接线端子后，再与接线桩连接。

（2）自制接线端子时，要避免出现裂缝。

（3）导线绝缘层不能压入接线端子。

（4）搪锡的接线端子与接线头连接要避免虚焊。

导线通过接线端子与接线桩封端的方法如下。

1. 锡焊法

先把导线表面和接线端孔内清除干净，再涂上无酸焊锡，将芯线搪一层锡，再把接线端子用喷灯加热，把锡熔化在端子孔内，把搪好锡的芯线插入孔内，继续加热，直到焊锡完全渗透化在芯线缝隙中，方可停止加热。

2. 压接法

压接前，剥削导线绝缘层，除掉导线表面和接线端子孔内氧化层，涂上石英粉、凡士林，再将芯线插入接线端子内，用压接钳进行压接。压接时，先压靠近端子口处的第一个坑，然后再压第二坑。

3.4.3.3　导线绝缘的恢复

导线绝缘层被破坏或连接以后，必须恢复其绝缘性能。恢复后绝缘强度不得低于原有绝缘层，其恢复方法通常采用包缠法。

绝缘材料有黄蜡带、涤纶薄膜带和胶带，绝缘带的宽度为 15~20 mm。

包缠方法：从完整绝缘层上开始包缠，包缠两根带宽后方可进入连接处的芯线部分；包至另一端时，也需同样包入完整绝缘层上两根带宽的距离，如图 3-28（a）所示。包缠时，绝缘带与导线应保持 55°的倾斜角，每圈包缠压带的一半，如图 3-28（b）所示，或用绝缘带自身套结扎紧，方法如图 3-28（c）所示。

（a） （b） （c）

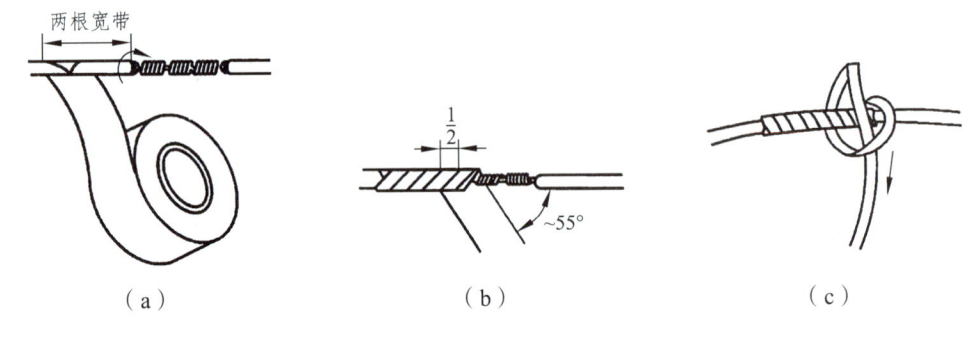

图 3-28　绝缘带的包缠方法

导线绝缘的恢复方法如下：

（1）220 V 线路上的导线恢复绝缘层时，先包缠一层黄蜡带或涤纶薄膜带，然后再包缠一层黑胶带。

（2）380 V 线路上的导线恢复绝缘层时，先包缠 2～3 层黄蜡带或涤纶薄膜带，然后再包缠两层黑胶带。

任务 3.5　配电箱和低压配电柜的安装

3.5.1　认识配电柜与配电箱

微课"配电箱"　　动画"配电箱"

配电柜和配电箱、配电盘、配电屏、电气柜等，都是集中安装开关、仪表等设备的成套装置。配电柜（箱）是按电气接线要求，将开关设备、测量仪表、保护电器和辅助设备组装在封闭或半封闭金属柜（箱）中或屏幅上，所构成的低压配电装置。在系统正常运行时，可借助手动或自动开关接通或分断电路；系统故障或不正常运行时，借助保护电器切断电路或发出报警信号。通过测量仪表可显示运行中的各种参数，如电压、电流等，还可对某些电气参数进行调整，对偏离正常工作状态进行提示或发出信号。配电柜（箱）的使用，使得电路方便停、送电，便于电能的管理和计量，在电路发生故障时利于检修。

按照结构特征和用途，配电柜（箱）常见的类别有：固定面板式开关柜、防护式开关柜、抽屉式开关柜及动力、照明配电控制箱。

1. 固定面板式开关柜

常称开关板或配电屏。它是一种有面板遮拦的开启式开关柜，正面有防护作用，背面和侧面仍能触及带电部分，防护等级低，只能用于对供电连续性和可靠性要求较低的工矿企业，作变电室集中供电用。

2. 防护式（即封闭式）开关柜

指除安装面外，其它所有侧面都被封闭起来的一种低压开关柜。这种柜子的开关、保护和监测控制等电气元件，均安装在一个用钢或绝缘材料制成的封闭外壳内，可靠墙或离墙安装。柜内每条回路之间可以不加隔离措施，也可以采用接地的金属板或绝缘板进行隔离。通常门与主开关操作有机械联锁。地铁车站 400 V 系统进线柜与母联柜、环控电控室进线柜与软启动柜等，均属于防护式开关柜。

3. 抽屉式开关柜

这类开关柜采用钢板制成封闭外壳，进出线回路的电器元件都安装在可抽出的抽屉中，构成能完成某一类供电任务的功能单元。功能单元与母线或电缆之间，用接地的金属板或塑料制成的功能板隔开，形成母线、功能单元和电缆三个区域。每个功能单元之间也有隔离措施。抽屉式开关柜有较高的可靠性、安全性和互换性，是比较先进的开关柜，目前生产的开关柜，多数是抽屉式开关柜。它们适用于要求供电可靠性较高的企业，作为集中控制的配电中心。地铁车站中 400V 系统馈线柜、环控电控柜中的普通风机与风阀柜均属于抽屉式开关柜。

4. 动力配电箱

主要用来对交流 500 V 以下三相四线动力控制，具有结构紧凑、检修方便、线路方案灵活组合的优点，装备断路器、熔断器、交流接触器、热继电器等自动化元件，对生产过程中的各种动力设备供电并实施保护。如风机就地控制箱、水泵就地控制箱、AFC 配电箱、电扶梯配电箱等。

5. 照明配电箱

内部安装断路器、熔断器、中间继电器、智能照明系统设备等，实现照明系统的配电与控制。负荷较小，多为单相供电，总电流一般小于 63 A，单出线回路电流一般小于 15 A。

配电箱为地铁车站一、二、三类负荷设备提供电源，同时将开关的闭合状态及各类故障反馈至上位机监控系统。其主要技术参数有：

（1）额定电流≤400 A；系统电压 AC380 V/220 V；额定频率 50 Hz。

（2）箱体提供独立 N 线和 PE 线。

（3）系统接地方式：中性点直接接地。

3.5.2 配电箱的安装

配电箱是连接电源与用电设备的中间装置，它除了分配电能外，还具有对用电设备进行控制、测量、指示及保护等功能。

配电箱可分为室内和室外两种。室内配电箱适用于办公及生产场所，室外配电箱适用于变压器台、灯塔、灯桥等处所。配电箱主要有悬挂式、嵌墙式和落地式三种安装方式，安装时应符合配电箱的基本安装要求。

（1）室内配电箱和室外配电箱均应采用铁制配电箱，铁制配电箱应采用 2 mm 厚的铁板制成，配电箱的长度在 600 mm 及以上时，应采用双开门，室内配电箱的安装方式有暗式和明式（老式房屋）两种。

（2）铁制配电箱的箱体安装前应做防腐处理，先涂一道底漆，后涂二道灰色油漆。

（3）铁制配电箱内应有接地端子，配电箱门应向外开，箱门应加锁，室外配电箱应封闭良好，并有防尘、防雨措施。

1. 配电箱的制作及有关规定

（1）室内、外配电箱均应在电度表前装设总开关，表后配出一般不超过 4 个回路，每个回路应装设分开关，仅有一个回路时，表后可不设开关。

（2）负荷电流超过 15 A 时，一般应装设电流互感器，电流互感器的准确等级为 0.5 级以上，电流互感器应安装在配电板的后面。

（3）电流互感器、总开关、电度表、各回路的分开关可装设在一个配电箱内，不同电价的负荷应单独装设电度表。

（4）配电板上的开关、电度表、熔断器等设备应垂直安装，上端接电源，下端接负荷，且相序应一致，从左至右分别为 A、B、C 或 AN、BN、CN，各回路应标明回路名称、一次系统图及包检者姓名。

（5）变压器台下的配电箱应制成两侧开门（所有配电箱的门均应向外开），为了便于检修，配电箱应安装在托架上，配电箱底面距地面的高度不应小于 1.2 m，配电箱的引入、引出线（最好采用电缆）应穿管，保护管应排列整齐，并涂黑油，在保护管上标明电缆走向。

（6）配电箱内配电板上的各种电器均应布置整齐，各元件间的最小净距离不应小于表 3-2 所示的规定。

表 3-2　配电板上各元件间的距离

电器名称		距离/mm	电器名称	距离/mm
电流互感器与电度表间		60	开关 400 A 以上	140
并列开关或熔断器间		30	电表配线瓷管头至电表下沿	60
开关引出线瓷管头至开关上下沿间距离	10～15 A	30	上下排列电器瓷管头间	25
	20～30 A	50	管头至盘边	40
	60 A 以上	80	开关至盘边	40
	100 A 以上	100	电表至盘边（至箱顶）	60
	200 A 以上	120		
	300 A 以上	130		

（7）总配电箱制作加工（两分路）：总配电箱设置总隔离开关（含总熔断器）A、分路隔离开关 A1、总电度表、分路漏电断路器 D、工作零线端子排 N、保护零线端子排 PE 和三相四线接线端子 T。总配电箱接线原理如图 3-29 所示。

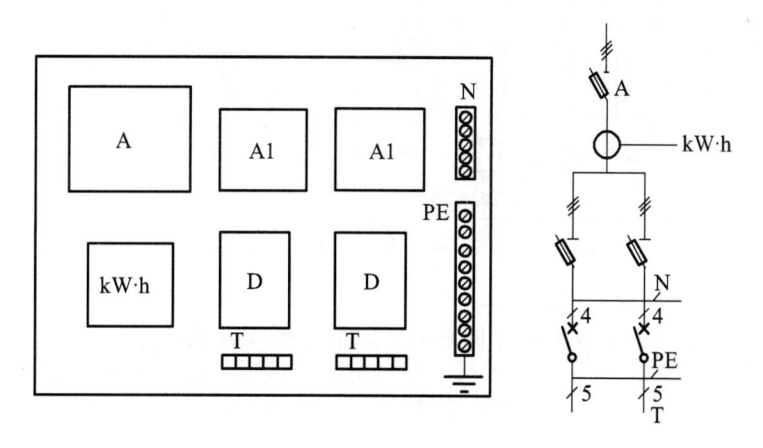

A—隔离开关；A1—隔离开关；D—漏电断路器；kW·h—电度表；M—工作零线端子排；
PE—保护零线端子排；T—三相四线接线端子。

图 3-29　总配电箱（两分路）接线原理

（8）分配电箱制作加工（多分路）：分配电箱设置总隔离开关（含总熔断器）A、分路漏电断路器 D、设置工作零线端子排 N、保护零线端子排 PE 和三相四线接线端子 T。分配电箱接线原理如图 3-30 所示。

（9）开关箱制作加工（380/220 V）。开关箱设置总熔断器 FU，总隔离开关 A，分路熔断器 FU_1，FU_2；分路断路器 D_1，D_2；三相四线插座 S_1 和单相三线插座 S_2。设置工作零线端子排 N 和保护零线端子排 PE。开关箱（380/220 V）接线原理如图 3-31 所示。

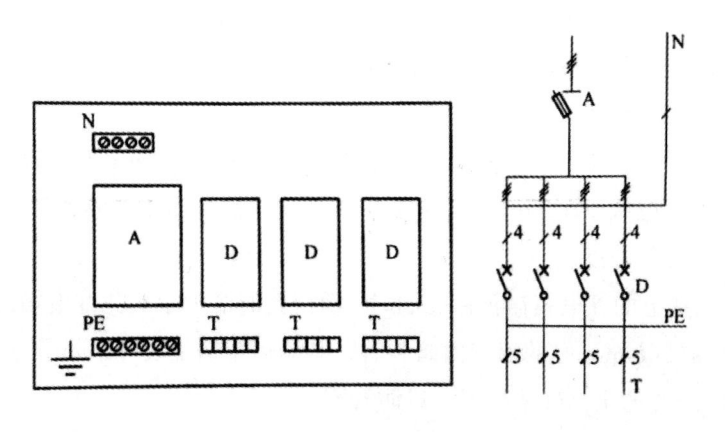

图 3-30　分配电箱接线原理

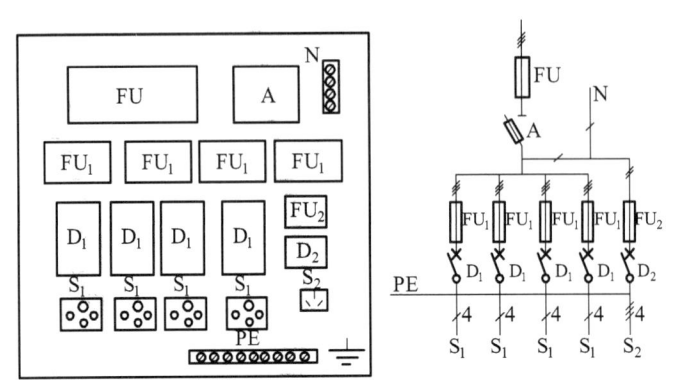

图 3-31　开关箱（380/220 V）接线原理

2. 配电箱的配线及安装要求

（1）所选用的导线截面面积应满足设备容量、安全载流量的要求，铜导线不应小于 1.5 mm²，铝导线不应小于 2.5 mm²。10 mm² 以下的导线应采用独股线，箱内二次线不应有接头；

（2）配电箱配线一般采用板后配线，导线引出盘面时应套绝缘管，各回路应排列整齐，布线美观，导线端部在剥开绝缘时，不应损伤线芯，导线和设备连接时一般采用接线端子，最好采用母线配线。严禁在导线本身接线。

（3）导线穿管时，导线的总截面直径不应超出保护管内径的 40%，管内不准有接头，穿线时导线不得有损伤，同一保护管内不允许穿入不同回路的导线。

（4）保护管进入箱体内，端头应设护线箍，保护管不准有接头。电缆引入（出）时，保护管的内径应大于电缆外径的 1.5 倍。

（5）室内配电箱应安装在干燥、明亮，不易受损、受振，便于抄表、操作和维修的地方，不得安装在潮湿处所。并尽可能靠近负荷中心。不得安装在水池、水门的上下侧（如必须安装在水池或水门的上下侧或左右侧时，其净距不应小于 1 m）；固定的螺栓直径不应小于 10 mm。

（6）配电箱的安装高度应按设计要求确定。如无规定时，墙上明装或暗装配电箱底边距地面的高度不应低于 1.2 m；配电箱安装的垂直、水平偏差不应大于 3 mm。同一建筑物内配电箱安装的高度应一致。

（7）嵌在墙壁上的配电箱需预留孔洞时，预留孔洞的大小应比配电箱的外形尺寸大 20 mm 左右；在 240 mm 厚的墙壁内暗装时，其墙后壁需加装 10 mm 厚的石棉板外加钢丝网，再用 1∶2 的水泥砂浆抹平，以防开裂。

（8）配电箱的金属构件、铁制盘面及电器的金属外壳均应有良好的接地或重复接地。

（9）配电箱安装完毕后，应进行绝缘电阻测试，其绝缘电阻不应小于 0.5MΩ。

3. 落地式配电箱的安装

落地式配电箱和高、低压开关柜的安装基本相似。依据图纸制作底座或预埋机械螺栓，然后组装。具体安装步骤如下：

（1）在设计好的电缆沟上预埋槽钢或地脚螺栓。

（2）测量工字钢的水平、垂直度。

（3）将配电箱吊到工字钢上，操平找正（不平安装时需要加垫片调整）、固定。

（4）将电缆沟中的进出电缆制作电缆头并与配电箱中的设备进行连接。

（5）清扫配电箱，检查隔离开关、熔断器、操作机构、小母线、仪表等是否合格。

（6）装饰配电箱，必要时重新喷漆。标明柜内电器名称及编号。

3.5.2 低压配电柜的安装

1. 低压配电柜的结构及布置

低压配电柜属于成套的电气产品，它将各种单个电气元件根据设计要求集装在金属的柜型箱体中，在交流额定电压 1 000 V 以下的配电系统中，作动力、照明及配电的电能转换及控制之用。配电柜具有整齐美观、操作和检修简便以及安全可靠等优点。

常见低压配电柜的结构如图 3-32 所示。

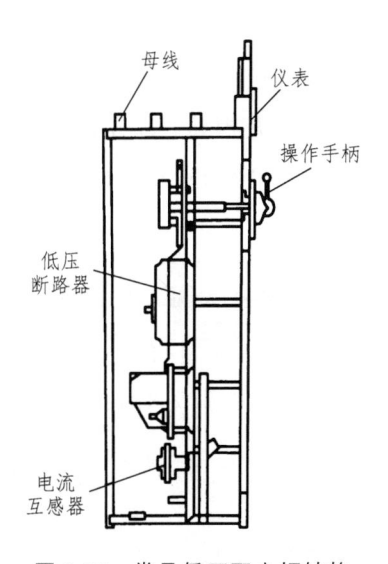

图 3-32 常见低压配电柜结构

低压配电柜应安装在专用的配电室内。一般的配电柜正面为操作面，背面为维修面，安装时应留出前后两个通道，正面为操作通道，背面为维修通道。配电柜的安装形式分单列布置和双列布置两种，如图 3-33 所示。

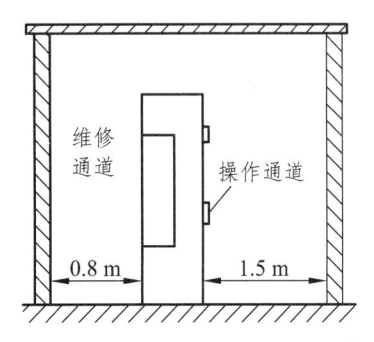

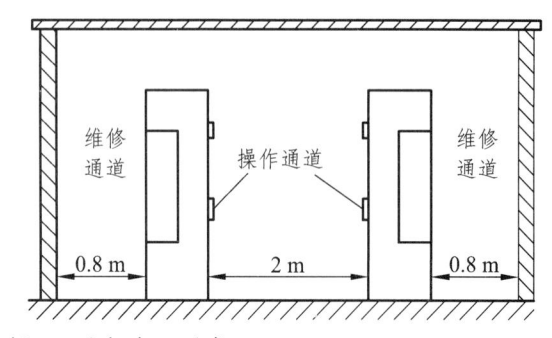

图 3-33　低压配电柜布置形式

2. 低压配电柜的安装要求

（1）操作通道：单列的净宽不应小于 1.5 m；双列的净宽不应小于 2 m。

（2）跨越操作通道的裸导电部分，高度不应低于 2.5 m。

（3）维修通道的净宽不应小于 0.8 m，但在建筑物的个别结构凸出的部分，净宽允许减为 0.6 m。

（4）通道的净高不应低于 1.9 m。

（5）如果通道的一面放置有设备，且未加遮护的裸导电部分离地高度低于 2.2 m 时，则裸导电部分与对面建筑面之间的距离不应小于 1 m。

（6）如果通道的两面放置有设备，且未加遮护的裸导电部分离地高度低于 2.2 m 时，则裸导电部分与建筑面之间距离不应小于 1.5 m。

（7）配电设备的裸导电部分离地高度低于 2.2 m 时，应加装遮护或护罩，以保证安全。遮护体离地高度不应低于 1.7 m，离裸导电部分的距离不应小于 100 mm。遮护体可用铁丝网，其网孔应不大于 20 mm × 20 mm 或用无孔低碳钢板或绝缘板构成。凡由金属材料构成的遮护体，必须可靠接地。

思政拓展：大国工匠之电工

技术工人队伍是支撑中国制造、中国创造的重要力量。在电气工程领域中，有这样一群人，他们用勤劳的双手和无数次的操作，推进自主创新，为中国制造和中国创新增添新动力。

1. 与时代同行的电工：王亮

"工匠精神就是自强不息的创造精神和奉献精神，三百六十行，这种精神都必不可少。如果自己是一支蜡烛，就让这支蜡烛为企业的发展充分燃烧，为实现自我价值毫无保留地释放自身的能量。"

——王亮

大国工匠之电工（一）

2. 小电工到大工匠 游弋：创新只有起点没有终点

　　游弋，从当年的小木匠转行成为机电工，再到如今成长为一名拥有众多专利和创新成果的电工高级技师，更被中国能源化学地质工会推选为首批28名"大国工匠"之一。游弋说："专心、专注、专业，一丝不苟；做成、做好、做精，追求极致。这就是我心中的工匠精神。"

大国工匠之电工（二）

3. "全国最美职工" "大国工匠" 黄金娟

　　2000多个日夜，她咬定青山不放松，持续改进、精益求精，成功研发世界首套大规模电能表自动化检定系统，将人均检定效率提高了58倍，检定数据信息准确率100%，人员精简90%以上，推广应用创造的经济效益显著……

大国工匠之电工（三）

4. 王斌俊：从小电工到大工匠的"机电神医"

　　"大夫是给人看病，我是给机器看病，人不舒服能说出来，机器'病'了，只能用经验和技术去感受。"王斌俊说，为了大幅度降低井下机电设备故障率，提高开机率，他和团队成员每月都要对20多台大型采掘设备进行2次的预防性检修。

大国工匠之电工（四）

5. 最美奋斗者：窦铁成

　　"世界上没有两个完全一样的工程，不同的地点、不同的时间就要用不同的办法来施工，可以说每个工程都要创新。在这个过程中，施工技术人员因地制宜将知识、技术创造性地用于工程，解决难题，就会从中享受到快乐。"这是窦铁成秉承的，也是他坚持的。参加工作以来，他勤于思考，善于结合，攻关新课题，解决新难题，累计为企业创造和节约成本浪费近1 800万元。

大国工匠之电工（五）

复习思考题

1. 室内配线有哪几种方式？
2. 导线连接的基本要求是什么？
3. 简述导线的单股小截面直线连接方法。
4. 简述导线的单股大截面直线连接方法。
5. 简述导线与接线桩直接封端的方法。
6. 简述导线绝缘恢复的包缠方法。
7. 配电箱安装有哪些要求？
8. 低压配电柜的安装有哪些要求？
9. 谈谈你对"工匠品质"的理解。

模块 4

城市轨道交通低压配电系统设备

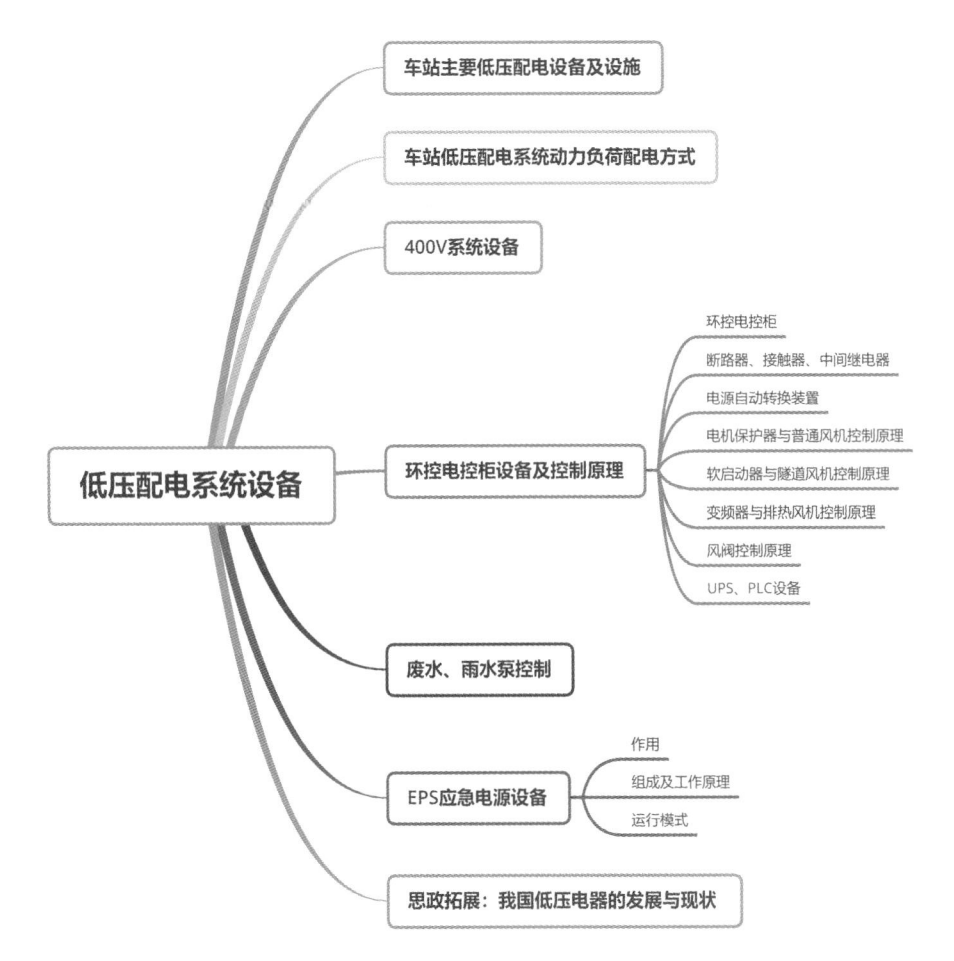

知识结构

- 低压配电系统设备
  - 车站主要低压配电设备及设施
  - 车站低压配电系统动力负荷配电方式
  - 400V系统设备
  - 环控电控柜设备及控制原理
    - 环控电控柜
    - 断路器、接触器、中间继电器
    - 电源自动转换装置
    - 电机保护器与普通风机控制原理
    - 软启动器与隧道风机控制原理
    - 变频器与排热风机控制原理
    - 风阀控制原理
    - UPS、PLC设备
  - 废水、雨水泵控制
  - EPS应急电源设备
    - 作用
    - 组成及工作原理
    - 运行模式
  - 思政拓展：我国低压电器的发展与现状

学习目标

【知识目标】

- 熟悉车站低压配电系统动力负荷的三级分类；
- 掌握车站低压配电系统动力负荷的配电方式；
- 熟悉400 V开关柜的类型及作用；
- 熟悉环控电控柜设备的种类、工作原理及用途；
- 掌握EPS应急电源设备的作用、组成。

【技能目标】

- 会分析双电源切换线路的工作原理；
- 会操作环控电控柜设备；
- 会分析普通风机、隧道风机、组合空调机组和风阀的电气控制线路；
- 会分析EPS应急电源设备的工作原理；
- 会操作EPS应急电源设备。

【思政目标】

- 了解我国低压电器行业发展现状，培养心系中华的爱国情怀和居安思危的家国记忆；
- 激发不断创新、科技报国的进取精神，树立正确的价值体系。

低压配电与照明系统在城市轨道交通中占有举足轻重的地位，它的可靠性、安全性决定了通信、信号、站台门、综合监控、自动售检票、电扶梯、火灾报警以及消防等系统的运行质量，尤其体现在非正常工作状态下。它是地铁正常运营不可缺少的重要保障。

低压配电系统设备的设计、制造、安装、试验和验收应符合《地铁设计规范》（GB 50157—2013）、《供配电系统设计规范》（GB 50052—2009）、《电力装置的继电保护和自动装置设计规范》（GB/T 50062—2008）、《低压配电设计规范》（GB 50054—2011）、《电气简图用图形符号》（GB/T 47286）、《民用建筑电气设计规范》（JGJ 16—2008）、《建筑照明设计标准》（GB 50034—2013）、《城市轨道交通照明》（GB/T 16275—2008）等相关国家标准。此外，还应符合轨道交通行业低压配电系统的其他地方标准及行业标准。

任务 4.1　车站主要低压配电设备及设施

4.1.1　400 V 开关柜

400 V 开关柜是由一个或多个低压开关设备和与之相关的控制、测量、信号、保护、调节等设备，用结构部件完整组装为一体的组合型低压开关柜。400 V 开关柜设置于车站、段场或 OCC（控制中心）变电所内，用于车站低压用电的分配和计量。

微课"轨道交通车站常见低压配电设备"

4.1.2　环控电控柜

环控电控柜安装于环控电控室，为通风空调设备如隧道风机、排热风机、组合式空调机组、送风机、排风机、排烟风机、电动风阀等设备提供电源，实现设备的远距离操作及智能控制，如图 4-1 ~ 图 4-3 所示。

图 4-1　环控电控柜总图　　图 4-2　环控柜风机抽屉柜　　图 4-3　环控柜风阀抽屉柜

4.1.3　通风空调设备就地控制箱

通风空调设备就地控制箱安装于设备房各通风空调设备附近，用于各通风空调设备维修调试时的就地控制操作，如图 4-4 所示。

图 4-4　风机就地控制箱

4.1.4　雨水泵控制箱

安装于地下隧道入口、风亭处，用于地下隧道入口、风亭处雨水泵的控制。

4.1.5　废水泵、污水泵、消防泵控制箱

废水泵、污水泵、消防泵控制箱安装于废水泵、污水泵、消防泵用电设备附近，用于废水泵、污水泵、消防泵运行控制。

4.1.6　应急电源设备

应急电源设备（Emergency Power Supply，EPS），在车站两端各设置有一套，为车站提供应急照明。从变电所两段低压母线各引一路电源至应急照明电源室，并在末端切换。正常情况下，由变电所提供的交流 220/380 V 电源承担应急照明用电，蓄电池处于浮充状态，在两路电源均失去的情况下，蓄电池组投入工作，通过逆变器承担应急照明用电。

4.1.7　电源配电箱、双电源切换箱

电源配电箱、双电源切换箱安装于各动力用电设备附近，提供设备所需 400 V 电源。

4.1.8 区间维修电源箱

区间维修电源箱安装于正线区间隧道内，每两台间隔约 100 m，提供隧道内设备维修作业时所需的电源，如图 4-5 所示。

图 4-5 区间维修电源

任务 4.2 车站低压配电系统动力负荷配电方式

地铁车站动力系统采用 380 V 三相四线制、220 V 单相两线制方式供电。主要为车站、车辆段、控制中心、停车场等场所的环控、给排水、电扶梯、屏蔽门、消防、自动售检票及通信、信号等系统设备提供动力电源。

微课"车站低压配电系统动力负荷及配电方式"

4.2.1 动力负荷分类及配电方式

根据用电设备的不同用途和重要性，《地铁设计规范》（GB 50157—2013）里将地铁车站用电负荷分为三级。

1. 一级负荷

通信、信号、火灾自动报警系统（FAS）、环境与设备监控系统（BAS）、自动售检票系统（AFC）、站台门、电扶梯（火灾时仍需运行的）、气体灭火、废水泵、雨水泵、应急照明电源装置（EPS）、隧道风机、排热风机、排烟风机、消防水管路中的电动蝶阀等为一级负荷。

根据国标要求，一级负荷需要双电源供电，地铁车站一级负荷由变电所 400 V 开关柜两段独立母线分别馈出一路电源，在末端配电箱设置自动切换功能，为设备提供电源。

2. 二级负荷

出入口扶梯、站内直梯、卷帘门、维修插座箱、污水泵、出入口潜污泵、除一级负荷外的风机、风阀等为二级负荷。

二级负荷供电有多种可选择的方案，有条件时采用双电源供电。可按一级负荷的供电方案进行双电源供电；也可由变电所 400 V 开关柜馈出单回路供电电源至末端配电箱或设备；或者由 400 V 开关柜其中一段母线馈出一路电源至设备附近的电源配电箱后再馈出给设备，当该段母线失压后，母线分段断路器（母联断路器、连接两段母线）自动合闸，由另一段母线继续供电。

3. 三级负荷

冷水机组、冷冻泵、冷却泵、冷却塔风机、三级小动力（含电开水器、清洁插座、设备房插座等）等为三级负荷。

三级负荷单电源供电即可。可由变电所 400 V 开关柜馈出单回路供电电源至末端配电箱或设备。当供电系统为非正常运行方式时，可率先切除三级负荷。

4.2.2 车站低压配电系统的控制方式

4.2.1.1 400 V 开关柜配电控制方式

400 V 开关柜配电控制方式指对于通信、信号、废水泵、站台门、自动售检票机等由 400 V 系统直接供配电的各系统设备，系统提供电源至各设备附近的双电源切换箱或配电箱，操作人员可在 400 V 系统配电柜或设备附近的双电源切换箱或配电箱上对各设备作电源通断或切换操作控制。

4.2.2.2 环控电控柜配电控制方式

环控电控柜配电控制方式指对于环控电控室直接控制的设备（如空调机组、风机、风阀）等采用三级控制方式，即就地控制（设备附近）、环控控制（环控电控室）、BAS 控制（车站控制室或控制中心）。

1. 就地级控制

各设备附近都设有就地控制箱，通过操作就地控制箱可控制相应设备。

2. 环控控制

环控电控室设有环控电控柜,通过抽屉式组件上的开关和按钮远程控制相应设备的启动或停止。

3. BAS 控制

在 BAS 系统上可监控车站、控制中心等动力设备的工作状态,可以远程控制设备的启、停。正常情况下,环控电控柜所有开关应全部合上,转换开关应在 BAS 位,以便通过 BAS 集中控制相应设备及工作模式。

任务 4.3　400 V 开关柜设备

地铁车站 400 V 开关柜一般位于车站降压变电所低压室内。车站变电所 AC 35 kV 的电压经过降压变压器降为 AC 400 V,通过 400 V 开关柜各开关给车站、车厂、控制中心的一、二、三类负荷进行供电。400 V 开关柜主要由进线开关柜、母联开关柜、馈线柜、有源滤波柜和两段母线等设备组成,其外形如图 4-6 所示。

微课"400 V 系统及设备"

动画"400 V 电控柜"

图 4-6　某地铁车站 400 V 开关柜

4.3.1　400 V系统主接线与运行方式

4.3.1.1　400 V系统主接线形式

400 V配电系统直接面向车站、区间的低压用户，从用电设备负荷分类来讲，一、二级负荷占绝大多数，对低压电源的可靠性要求高。主变电所、中压网络等输变电环节采取了一系列措施以提高供电系统的可靠性，在400 V配电系统这一环节采用分段单母线接线，设母联开关（母线分段开关），如图4-7所示。

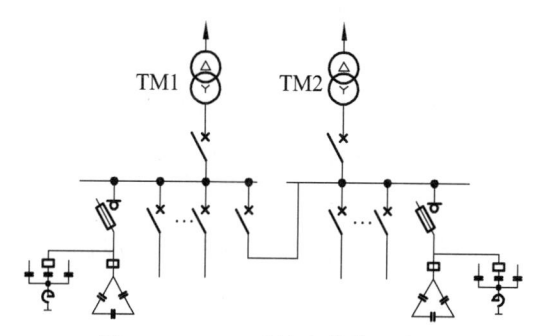

图4-7　400 V系统主接线示意图

两段低压母线上的负荷应尽量均衡分配，与配电变压器安装容量相匹配。

4.3.1.2　400 V系统主接线运行方式

正常运行时，两个独立的低压进线电源同时供电，两端母线分列运行。当一个低压进线电源失电时，进线开关与母线分段开关可以采用"自投自复、自投手复、手投手复"等运行方式。

1. 自投自复

当一个低压进线电源失压跳闸时，母联开关自动投入，另一个低压进线电源向两段母线供电。该低压进线电源恢复供电时，母联开关自动分闸，该低压进线开关自动合闸，恢复正常运行方式。该方式属于常用的一种运行方式。

2. 自投手复

当一个低压进线电源失压跳闸时，母联开关自动投入，另一个低压进线电源向两段母线供电。该低压进线电源来电时，母联开关手动分闸，该低压进线开关手动合闸，恢复正常运行方式。

3. 手投手复

当一个低压进线电源失压跳闸时，母联开关手动投入，另一个低压进线电源向两段母线供电。该低压进线电源来电时，母联开关手动分闸，该低压进线开关手动合闸，恢复正常运行方式。

4.3.2 400 V 开关柜类型

变电所 400 V 开关设备典型基本布局：2 台进线开关柜，1~6 台三级负荷开关柜，1~3 台母联开关柜，若干面馈线抽屉开关柜。某地铁车站部分 400 V 系统如图 4-8 所示。

1. 各开关柜用途

（1）进线开关柜：进线端为两个车站降压变压器二次绕组出线端，为两段 400 V 母线提供两路电源。

（2）三级负荷开关柜：为车站三级负荷提供电源。

（3）母联开关柜：对于车站二级负荷，当一路电源进线失电时，母联开关合闸，由另一路担负本段负荷用电电源。

（4）有源滤波柜：将电路中的谐波与基波分离，通过内部电路生成与电网谐波电流幅值相等、极性相反的补偿电流注入电网，对谐波电流进行补偿或抵消，消除电网中谐波的影响。

2. 400 V 开关柜一般要求

400 V 开关柜内部组件有：交流框架式主断路器、塑壳式馈线断路器、主母排、软母排、控制保护元器件、馈出电缆等。地铁车站对 400 V 开关柜的一般要求如下：

（1）进线开关柜、母联开关柜、三级负荷开关柜采用框架式断路器。框架式断路器一般具有工作位、试验位、隔离位三个位置。

（2）其余抽屉馈线开关柜可采用塑壳断路器。

（3）开关柜根据具体功能可设置过电流保护、速断电流保护、过负荷保护、接地保护、低压保护、过电压保护等保护配置。

（4）通过开关柜的控制面板可以实现断路器的电气分合闸操作、控制模式切换、实时数据监控、合闸分闸指示等。

（5）抽屉塑壳式断路器应具有工作位、试验位、隔离位、允许抽入抽出位。只有在工作位或试验位时才可以对开关进行分合闸操作。

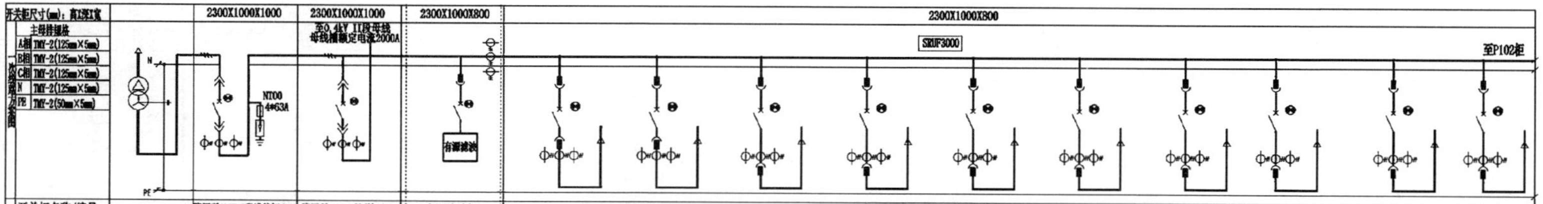

开关柜名称/编号		降压所400V I段进线柜/801	降压所 400V 母联柜/803	有源滤波柜	降压所 400V I段馈线柜/P101									
回路/开关编号		801	803		P101-1	P101-2	P101-4	P101-5	P101-6	P101-7	P101-8	P101-9	P101-10	P101-11
回路名称	ST1	进线1	母联	APF1	A端环控消防负荷进线1/B	备用	变电所交流屏/B	变电所直流屏/A	A端站厅层应急照明柜/A	备用	安检电源/B	FAS电源2/B	站台层A端区间照明配电箱/B	站台层B端区间照明配电箱/A
负荷等级					一级		一级	一级	一级		一级	一级	一级	一级
消防负荷					是		是	是	是		否	是	否	否
设备容量	1250kVA			120A	143		30	30	10		10	5	2	2
计算电流	1804.2				271.6		57	57	16.9		19	9.5	3.4	3.4
型号		MT-25-H1b-4P-D	MT-20-H1b-4P-D	NSX160N/3P	NSX630N/3P	NSX630N/3P	NSX160N/3P	NSX160N/3P	NSX160N/3P	NSX100N/3P	NSX100N/3P	NSX100N/3P	NSX100N/3P	NSX100N/3P
脱扣器/额定电流In		MIC6.0P/2500A	MIC6.0P/2000A		MIC2.3/630A	MIC2.3/630A	MIC2.2/160A	MIC2.2/160A	MIC2.2/160A	TMD/50A	TMD/50A	TMD/40A	TMD/25A	TMD/25A
Io					500		125	125	63					
长延时Ir/tr(s)		0.8In/12s	0.8In/8s		0.9Io		0.9Io	0.9Io	1.0Io		40	32	20	20
短延时Isd/tsd(s)		2.5/0.2s	2/0.1s		8Ir		3Ir	3Ir	3Ir					
瞬时Ii/ti(s)		4/固定	4/固定											
接地保护Ig/tg(s)		E/0.2s												
电压U</t</U>		100/4/280												
分励脱扣器					MX	MX	MX	MX	MX	MX	MX	MX	MX	MX
操作机构		电动	电动		电动	电动								
电流互感器		3(LMK2-0.66 2000/1)	3(LMK2-0.66 1500/1)	3(LMK2-0.66 2000/1)	3(LMK2-0.66 400/1)	3(LMK2-0.66 600/1)	仪表配套CT20 100/20mA*1	仪表配套CT20 100/20mA*1	仪表配套CT20 50/10mA*1	仪表配套CT20 50/10mA*1	仪表配套CT20 50/10mA*1	仪表配套CT20 50/10mA*1	仪表配套CT20 50/10mA*1	仪表配套CT20 50/10mA*1
仪表		YD2045Q-W	YD2045Q-W		YD2045Q-W	YD2045Q-W	YD2045Q-W	YD2045Q-W	YD2045Q-W	YD2045Q-W	YD2045Q-W	YD2045Q-W	YD2045Q-W	YD2045Q-W
转换开关		1	2											
按钮/指示灯		2/4	3/4		2/2	2/2	/2	/2	/2	/2	/2	/2	/2	/2
浪涌保护器		iPRF1 12.5r 3P+N												
剩余电流互感器											SRTC-YS25		SRTC-YS25	SRTC-YS25
小室规格		35M	35M	35M	4M	4M	3M	3M	3M	3M	3M	3M	3M	3M
电缆规格					BTTZ[4×(1X240)]		5×25	5X25	4X16		5×16	4×16	5×16	5×16
电缆编号							SYD1	SYD2	EPS-1A		AT-AJ	AT-FAS2	ALQ-A21	ALQ-B21

图 4-8　某地铁车站部分 400 V 系统

4.3.3 智能化断路器

随着电气设备的智能化发展，对低压断路器的性能有了更高的要求，新型智能化的断路器成为发展趋势。传统断路器的保护功能是利用热效应或电磁效应原理，通过机械结构动作来实现的。智能化的断路器采用了以微处理器或单片机为核心的智能控制器（智能脱扣器），它不仅具有普通断路器的各种保护功能，同时还具有实时显示电路中各种电气参数（如电流、电压、功率因数等），对电路进行在线监测、试验、自诊断和通信等功能；能够对各种保护功能的动作参数进行显示、设定和修改。将电路动作时的故障参数存储在非易失存储器中以便查询。智能化断路器的原理框图如图 4-9 所示。

微课"认识智能化断路器"

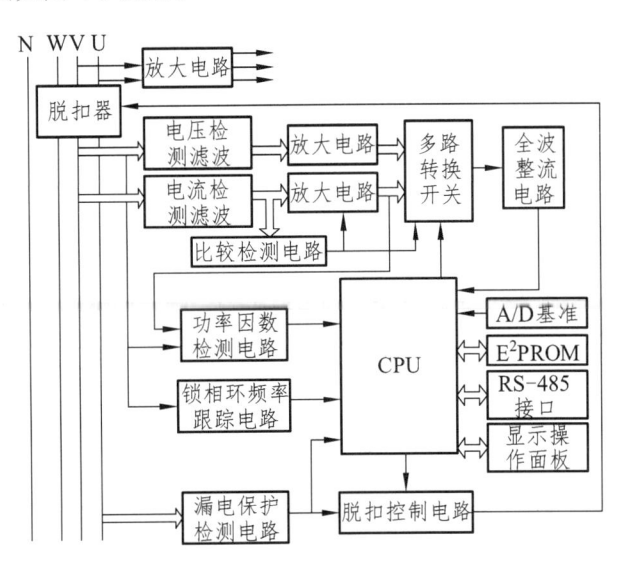

图 4-9 智能化断路器原理框图

目前国内生产的智能化断路器有框架式和塑料外壳式两种。框架式断路器主要用于智能化自动配电系统中的主断路器。塑料外壳式断路器主要用在配电网络中分配电能和作为线路及配电设备的控制和保护，也可用作三相笼型异步电动机的控制。

1. 低压交流框架式断路器

框架断路器是一种能接通、承载以及分断正常电路条件下的电流，也能在规定的非正常电路条件下接通、承载一定时间和分断电流的一种机械开关电器。低压交流框架式断路器主要用于主进线、馈出回路等电流大于 400 A 的回路。

框架式断路器控制单元应不需要辅助电源，功能包括：可调整长延时保护、可调整短延时保护、可调整瞬时脱扣及零序保护。在短延时保护和接地保护时应具有区域选择性闭锁功能,具有额定电流值插件和合闸就绪按钮,还应具有电流测量、故障显示和自检功能。低压交流框架式断路器应符合下列主要技术要求:

(1)满足系统电压、电流、频率以及分断能力的性能水平要求。

(2)断路器应为抗湿热型产品,且具有故障诊断功能,可快速确定故障类型,以最短时间隔离开关受故障影响的范围。

(3)断路器与智能仪表配合使用,能与上位监控系统进行双向通信。框架断路器可接收监控系统发送的开启或闭合命令,并动作断路器;接收监控系统发送的电流设定值、保护设定值、单元配置参数等。系统可以向监控系统传送断路器位置状态、运行状态和储能装置状态、保护动作、参数设定值、电流值、电压、功率因数、有功电度、无功电度、谐波量等。

(4)断路器有容易操作的人机界面,便于进行参数设定、查看有关历史记录、显示运行参数及测量数值等,具有编辑、记忆、显示、预告、报警等功能。

常用的低压交流框架式断路器如图4-10所示。

图4-10 常用低压交流框架式断路器

2. 低压交流塑壳式断路器

低压交流塑壳式断路器主要用于额定电流小于400 A的固定(抽插分隔)柜及抽屉柜的馈出回路电源开关,实现过载、短路、漏电保护。塑壳式断路器应符合下列主要技术要求:

(1)满足系统电压、电流、频率以及分断能力的性能要求。

(2)断路器应为模块化结构设计、安装方便,并可在不拆卸塑壳断路器外壳的情况下加装各种附件(如分励脱扣器、辅助触头、报警触头)而无须改变断路器结构和低压开关柜结构,同时面板、附件应为标准化设计。

(3)塑壳断路器应为抗湿热型产品。

(4)塑壳式断路器保护功能应包括:长延时保护,过载、短路、漏电瞬时脱扣等。

常用的低压交流框架式断路器如图4-11所示。

图 4-11　常见塑壳式断路器

动画"塑壳式断路器"

任务 4.4　环控电控柜设备及控制原理

4.4.1　环控电控柜

地下车站一般在站厅层两端各设置一座环控电控室，电控室内设环控电控柜，作为接受和分配 400 V 系统的电能，负责通风空调设备，如空调机组的送风机、排风机、电动风阀、制冷机组、冷却/冷却水泵、冷却塔等空调设备的集中供电和智能控制。实物如图 4-12 所示。

微课"环控电控柜"

动画"环控电控柜"

图 4-12　环控电控室

环控电控柜根据功能分为进线柜、馈线柜、软启动柜、变频柜。进线柜主要用于电控柜控制设备的供电，零部件主要有双电源自动转换装置；软启柜主要用于隧道风机的配电及控制，零部件主要有软启动器；变频柜主要用于轨道排风机、组合式空调机、回排风兼排烟风机的配电及控制，零部件主要有变频器；馈线柜主要用于其他风机、风阀的配电及控制，零部件主要有可编程控制器（以下简称 PLC）、马达保护器。

环控电控柜按结构又分为抽插分隔固定柜和抽屉柜。抽插分隔固定柜内的主要零部件为断路器、接触器、电流互感器、智能元件（智能电力测控仪表等）、数字监控仪表、智能接口模块、不间断电源（Uninterruptible Power System，UPS）、按钮/信号灯、电力测控仪表等。抽屉柜内的主要零部件为断路器、快速熔断器、电流互感器、软启动器、接触器、表计、智能元件。智能元件主要包括电机保护控制模块、小型 PLC 或智能 I/O、现场总线、网关等。

环控电控柜结构紧凑、安全可靠，完全采用标准化和模数化的模块构成，检测与维护轻松方便。各种模块可灵活组合，以满足各种不同的要求。

1. 环控电控柜主要参数

环控柜成套装置为框架结构柜体，柜体采用冷轧钢板，厚度 2 mm，外表表面防护采用环氧树脂粉末高温聚合、涂层均匀，附着力强，耐磨性好。其基本技术参数见表 4-1，主要电气参数见表 4-2。

表 4-1 环控电控柜基本技术参数

序号	项目	内容
1	污染等级	3
2	额定冲击耐受电压	≥8 kV
3	电气间隙	≥10 mm
4	爬电距离	≥12 mm
5	隔离距离	应符合《低压空气式隔离器断路器、隔离断路器及熔断器组合电源》（JB 4012—85）的有关要求，同时考虑到制造公差和由于磨损而造成的尺寸变化
6	耐压水平	2.5 kV，50 Hz，1 min

表 4-2 环控电控柜主要电气参数

序号	项目	内容
1	额定电压	0.4 kV
2	额定绝缘电压	690 V
3	水平母线最大工作电流	5000 A
4	垂直母线最大工作电流	1500 A
5	水平母线额定短时耐受电流（1 s）	100 kA
6	水平母线额定峰值耐受电流	220 kA
7	垂直母线额定短时耐受电流（1 s）	50 kA
8	垂直母线短时峰值电流	105 kA
9	辅助回路的额定电压	AC 220 V 或 DC 24 V

2. 环控电控柜架结构

环控柜为柜式结构,常见的外形参考尺寸为宽:400 mm、600 mm、800 mm、1 000 mm;深:1 000 mm;高:2 200 mm。柜架结构由骨架和外壳组成,骨架可以是焊接式或螺钉连接式;外壳由顶板、底板、后板、侧板、隔板、柜门等组成。以 ABB 公司 MNS2.0 型号环控电控柜为例,其结构如图 4-13 所示。

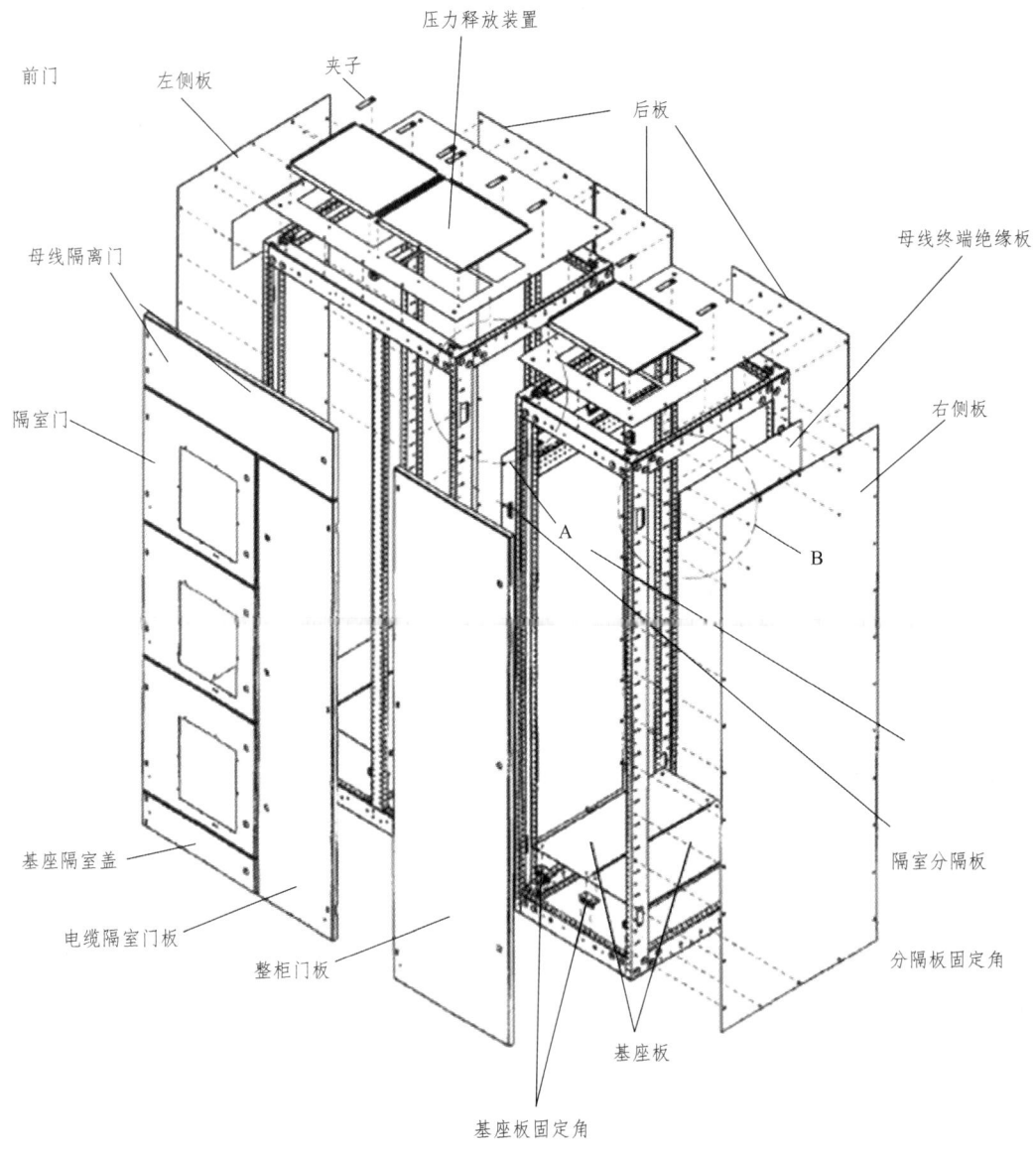

图 4-13 环控电控柜结构图

3. 抽屉式组件

环控电控柜柜体可安装不同尺寸规格的抽屉式组件,以及风机、风阀等环控设备的相关控制线路。低压环控抽屉式馈电柜如图 4-14 所示。

图 4-14　环控电控柜抽屉式馈电柜

抽出式组件由组件本身和组件安装小室两部分组成,动力单元和控制单元的组件为抽出式安装,标准规格为 8E/4、8E/2、4E、8E、12E、16E、20E、24E。4 个 8E/4 或 2 个 8E/2 组件可以水平安装在 600 mm 宽的装置小室内,组件高度为 8E(200 mm)。4E、8E、12E、16E、20E、24E 的单个组件就需要 600 mm 宽的装置小室,组件的高度就是组件规格所标注的尺寸。抽出式组件作抽出操作时,开关柜的主电源不必切断。在相邻组件不断电的情况下操作组件插入/抽出,不会发生触电的危险。

8E/4、8E/2 装置小室包括底板、导轨、前档和插头转接组件。动力和控制回路与配电母线、组件与电缆小室之间的电气连接由插头转接件来完成。进、出线电缆的连接侧位于抽出式插头组件内,并有抗故障电弧保护功能。实物如图 4-15 所示。

图 4-15　某地铁车站环控电控柜抽屉式组件

常用的环控电控柜的抽屉功能单元有五个位置：合闸位置、分闸位置、试验位置抽出位置、隔离位置。主开关的操作由安装在仪表板上的手柄来实现，该手柄具有电气及机械联锁功能，电气联锁采用带一个常开一个常闭触点的微动开关来完成。操作手柄向里按动后，方能从 0 位置向 I 位置。常见的开关手柄位置说明如表 4-3 所示。

表 4-3　开关手柄位置

图例	位置说明	功能说明
	工作位置	主开关合闸，控制回路接通，组件锁定
	分闸位置	主开关断开，控制回路断开，组件锁定
	试验位置	主开关分闸，控制回路接通，组件锁定
	抽出位置	主回路和控制回路均断开
	隔离位置	抽出 30 mm 距离，主回路及控制回路均断开，完成隔离

装有电动机和馈电回路的抽出式开关柜在安全和灵活的前提下，通过抽出式设计，可实现方便快速的更换和调整，也就是说在操作期间，可对每一模块进行增补、更换或对隔室进行转换。

4.4.2　接触器、中间继电器

在地铁车站环控电控柜中，交流接触器用来实现通风空调系统风机、给排水系统冷却、冷冻水泵电动机的频繁接通或断开，是实现远距离控制的重要电器元件。

在环控电控柜中，中间继电器的主要作用是增加电路中触头个数，采集风机、风阀抽屉式控制柜控制线路的馈出信号，并反馈给信号采集和通信系统。

常用交流接触器和中间继电器外形如图 4-16、图 4-17 所示。

图 4-16　交流接触器　　　　　　　　图 4-17　中间继电器

4.4.3　电源自动转换装置

电源自动转换装置（ATSE）是由两个或几个转换开关电器以及其他必需的联锁、控制设备组成，用于监视电源，并在特定条件下将负载设备从一个电源自动转换到另一个电源的电气设备。

微课"双电源转换开关"

根据 IEC-60947-6 国际标准规定，自动转换装置可分为 PC 级或 CB 级两个级别。按照转换控制电器的不同分为电磁继电器和数字控制器。

PC 级指能够接通、承载但不用于分断短路电流的自动转换装置。CB 级指采用断路器并配备过电流脱扣器的自动转换装置，它的主触头能够接通并用于分断短路电流。因此，只有转换开关电器采用了断路器，能够在短路情况下分断短路电流，才称为 CB 级自动转换装置；其余不采用断路器，不能分断短路电流的，都称为 PC 级。

电源自动转换装置由开关电器本体和转换控制器组成。CB 级电源自动转换装置由两台或以上断路器和机械联锁机构组成，具有过载、短路保护功能，其体积较大，切换时间一般为 1.5 s 以上。PC 级开关电器为一体式结构（二进一出），其体积小，转换速度较快，一般为 0.2~1.3 s。

1. 双电源自动转换开关

在地铁车站中，双电源自动转换开关作为电源引入开关，使地铁车站变电所 0.4 kV 开关柜或低压配电室引出的两段电源实现自动切换功能，提供给要求双电源供电的一级负荷用电设备，如通信设备、自动售检票系统、电扶梯、自动灭火系统等。

双电源自动转换开关应具备可靠的机械、电气双重联锁机构，具备三个可靠的工作位置，且"常、备用电源双分"位置可以实现可靠的、机械的保持，确保人员及设备的安全。

双电源自动转换开关应具备自动、手动两种操作方式，具备自投自复及自投不自复两种功能，还具有互为备用的功能，且三种功能现场可调。能实现双电源的手、自动切换和安全隔离。

自投自复是指主、备两路电源，当主电源正常有电时，主电源自动投入，备用电源备用；当主电源故障或失电时，备用电源投入；如果主电源恢复正常时，自动停备用电源，再切换到主电源供电。

自投不自复是指主、备两路电源，当主电源正常有电时，主电源自动投入，备用电源备用；当主电源故障或失电时，备用电源投入；如果主电源恢复正常时，不再自动切换到主电源供电，只有当人为切换或备用电源故障或失电时才能切换到主电源供电。

双电源自动转换开关应满足以下要求：

（1）满足配电系统电压、电流、频率等要求。

（2）符合国家标准 GB/T 14048.11 及国际电工标准 IEC 60947.6.1。

（3）具备可靠的机械、电气双重联锁机构，两路电源均能独立灭弧，零飞弧。

（4）具备"常用电源合、备用电源分""常用电源分、备用电源合""常用、备用电源双分"三个可靠的工作位置，符合隔离标准，以保证检修时人员及设备的安全。

（5）最短切换时间（即全程动作时间）不大于 0.2 s。

（6）装置可实时监测两路电源的电压、电流等参数，并现场可调。

图 4-18 所示为某品牌 PC 级双电源自动转换开关的外形，其显示面板如图 4-19 所示。

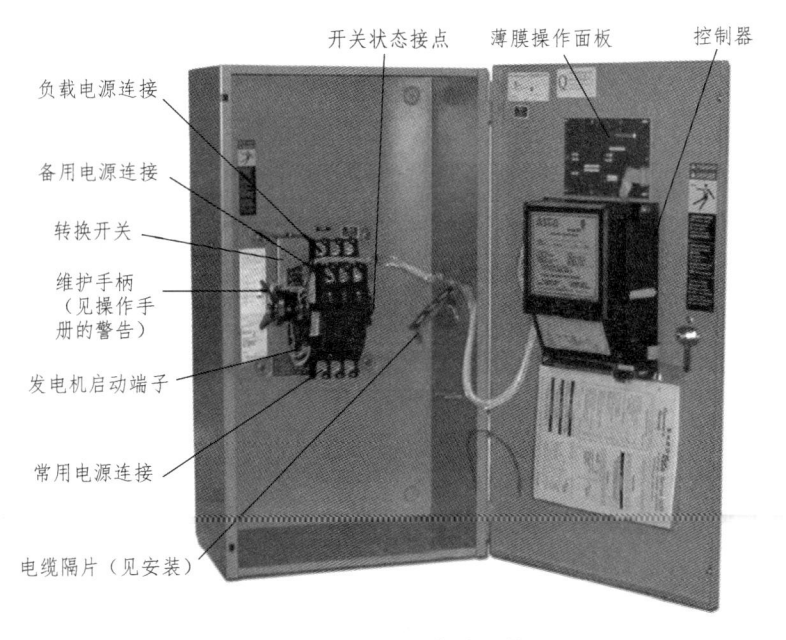

图 4-18　PC 级双电源自动转换开关

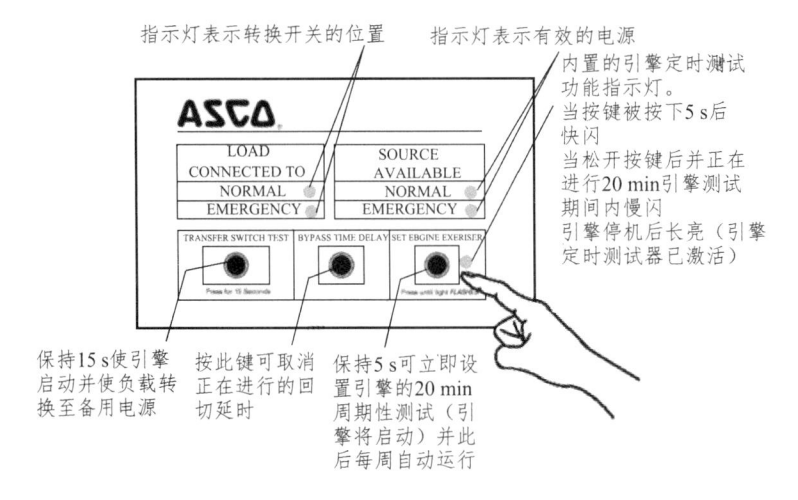

图 4-19　双电源自动转换开关显示面板

2. 双电源切换箱

双电源切换箱安装在设备房或公共区，主要给地铁车站电梯电扶梯、AFC 系统、通信/信号系统、FAS 系统、综合监控等较为重要的一类负荷提供电源。箱内主要有双电源切换装置、断路器、中间继电器、接触器和熔断器等，箱体安装有各类指示灯、按钮，用于电源切换操作和指示。

动画"双电源切换装置"

电源切换箱（环控柜、EPS 除外）适用于交流 50HZ、额定电压 400V 的两路电源（主用电源和备用电源），因一路电源发生故障（过压、欠压、缺相或高低频等）而将一个或几个负载自动转换到另一电源的场合。常见的双电源切换箱如图 4-20 所示。

图 4-20 双电源切换箱

3. 基于交流接触器的双电源自动切换

由传统的交流接触器等构成的转换控制器的优点是成本低，但性能单一、体积较大。其工作原理如图 4-21 所示。

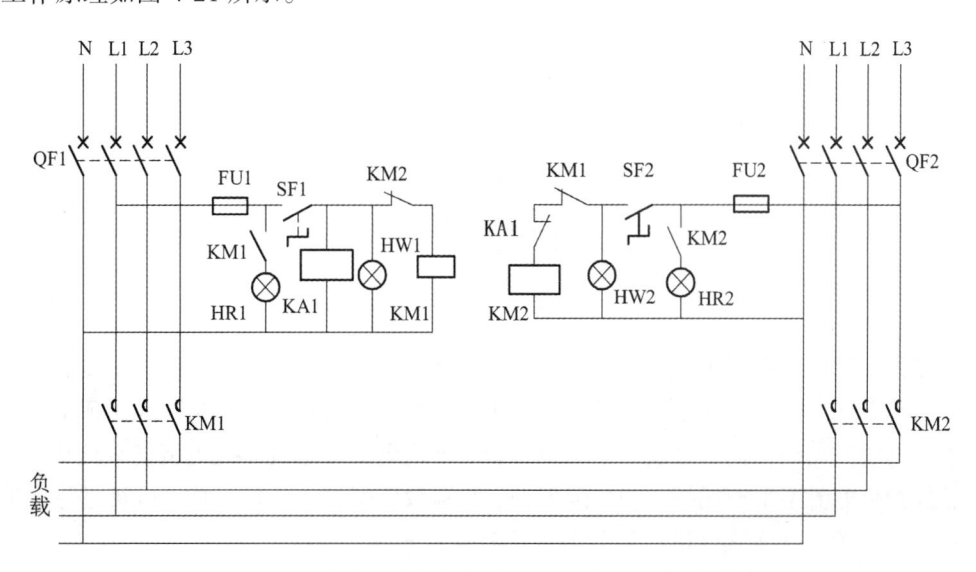

图 4-21 基于交流接触器的双电源自动切换原理图

工作过程如下：

合上主电源进线开关 QF1 和备用电源进线开关 QF2，合上开关 SF1 和 SF2→中间继电器 KA1 线圈得电→KA1 常闭触头断开→KM2 线圈不得电→KM2 常闭触点闭合→交流接触器 KM1 线圈得电→KM1 主触点闭合，主电源给负载供电

主电源失电时，KA1 和 KM1 线圈均失电→KA1 常闭触点和 KM1 常闭触点复位闭合→交流接触器 KM2 线圈得电→KM2 主触点闭合，备用电源给负载供电

主电源恢复供电时，中间继电器 KA1 线圈得电→KA1 常闭触头断开→KM2 线圈失电→KM2 常闭触点复位闭合→交流接触器 KM1 线圈得电→KM1 主触点闭合，主电源给负载供电。

4.4.4 电机保护器与普通风机控制原理

4.4.4.1 电机保护器

电机保护器又称马达保护器，在地铁车站中主要用于隧道风机、射流风机、双速风机及其他风机，对其电动机实施实时保护，并且将电机的运行状态、故障、电流及电压等参数通过网络上传至综合监控系统。

图 4-22 所示为某品牌电机保护器外形。

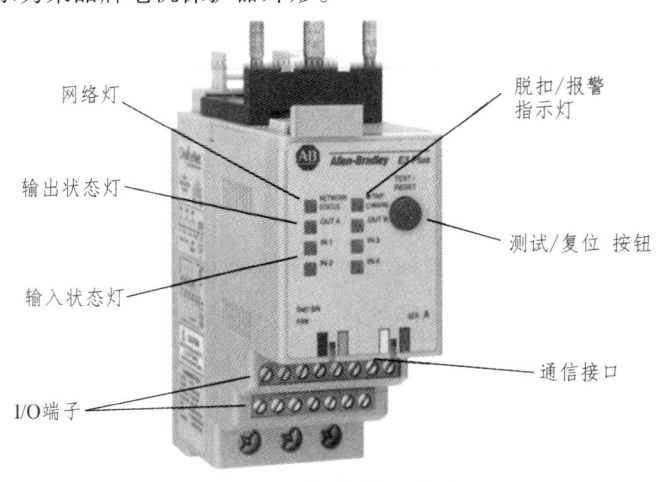

图 4-22 电机保护器外形图

电机保护器基本要求如下：

（1）通过内置或外置电流互感器自动采集电机一次侧电流，包括每相电流值、每相电流对电机额定电流的百分比、平均电流值、平均电流对电机额定电流的百分比。具有过载保护、电流不平衡保护、相故障保护、接地故障保护、堵转保护、电机过热保护等各种保护功能，并实现电机运行状态显示和故障显示。

（2）通过网络总线将电机运行状态、运行电参数、运行时间以及控制状态、故障记

录等参数传送通信管理器 PLC 和 BAS 系统。

（3）不同风机不可共用电机保护器，采用独立配置电机保护器，双速风机需配置两个电机保护器。

（4）有自动复位和远方复位功能、故障自动诊断功能。

（5）需要时可进行现场就地及通过总线的远方维护、参数设置。

4.4.4.2 基于电机保护器的普通风机控制原理

地铁车站普通风机按要求可以实现三地控制，即就地控制、环控电控室控制、车控室 BAS 系统控制。基于电机保护器的普通风机控制原理如图 4-23 所示。

1. 就地控制

就地起动：连锁风阀打开，KA1 常开触点闭合→风机设备房就地控制箱，将 SA2 打至"就地"→按动起动按钮 SB2→交流接触器 KM 线圈得电，HR1、HR2 指示灯亮→
- KM 辅助常开触头闭合，完成自锁。
- KM 辅助常闭触头断开。
- KM 主触头闭合→风机电机主电路串电机保护器起动。

就地停止：按动按钮 SB4→交流接触器 KM 线圈失电，HR1、HR2 指示灯灭→
- KM 辅助常开触头复位断开。
- KM 辅助常闭触头复位闭合→HG1、HG2 指示灯亮。
- KM 主触头复位断开→风机电机失电。

2. 远程控制：环控

（1）环控起动：连锁风阀打开，KA1 常开触点闭合→风机设备房就地控制箱，将 SA2 打至"远程"→将环控室选择开关 SA1 打至"环控"→按动按钮 SB1→交流接触器 KM 线圈得电，HR1、HR2 指示灯亮→
- KM 辅助常开触头闭合，完成自锁。
- KM 辅助常闭触头断开。
- KM 主触头闭合→风机电机主电路串电机保护器起动。

环控停止：按动按钮 SB3→交流接触器 KM 线圈失电，HR1、HR2 指示灯灭→
- KM 辅助常开触头复位断开。
- KM 辅助常闭触头复位闭合→HG1、HG2 指示灯亮。
- KM 主触头复位断开→风机电机失电。

3. 远程控制：BAS

风机设备房就地控制箱，将 SA2 打至"远程"→将环控室选择开关 SA1 打至"BAS"→通过电机保护器的常开触点实现车控室 BAS 系统控制。

当电机保护器检测到过载、电流不平衡、相故障、接地故障、堵转等故障现象时，其常闭触点断开，切断风机控制电路。

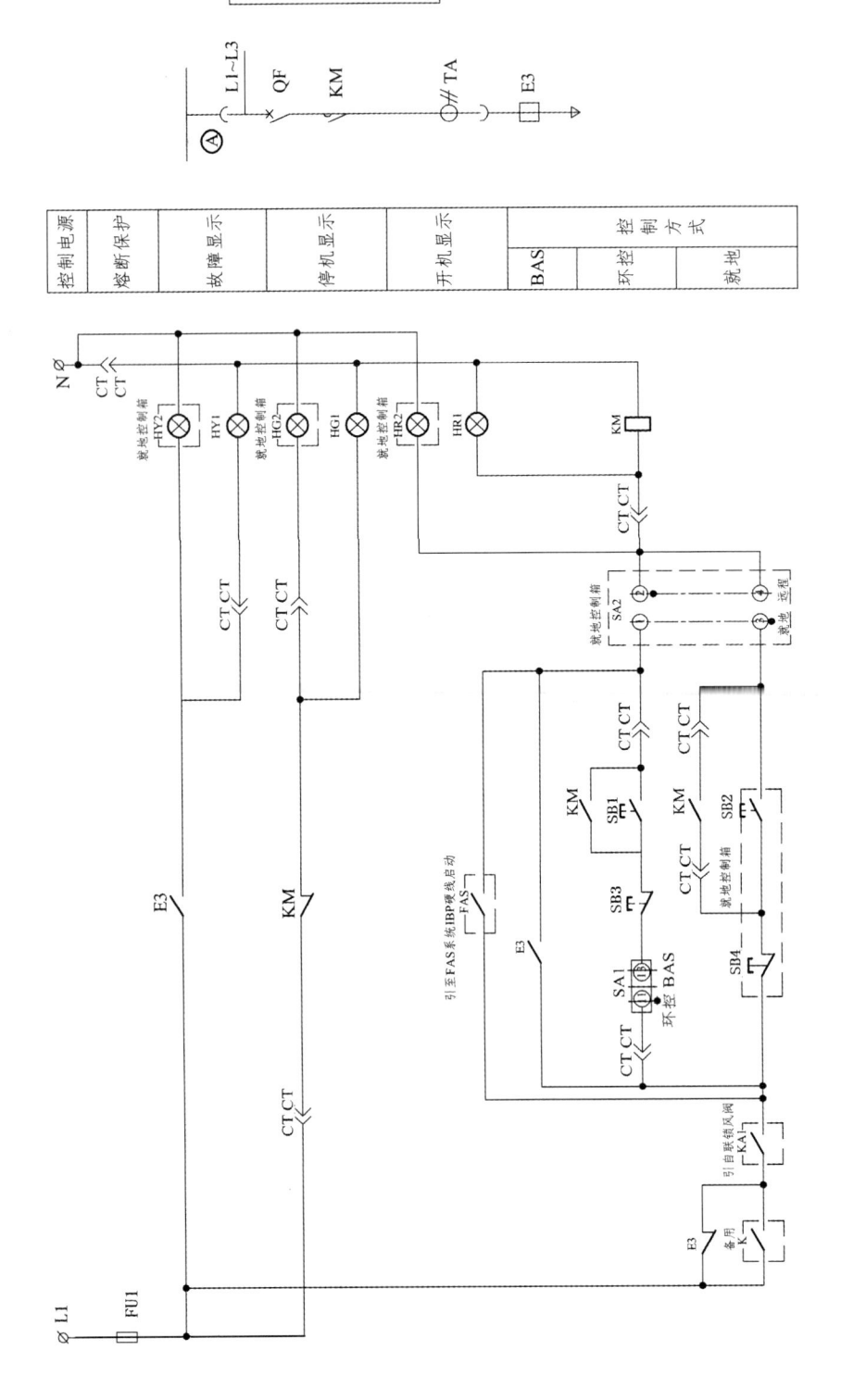

图 4-23 某地铁车站普通风机控制原理图

4.4.5　软启动器与隧道风机控制原理

4.4.5.1　软启动器

三相异步电动机的起动方式有直接起动（全压起动）和间接起动（减压起动）两种方式。直接起动时起动电流较大，往往达到电动机额定电流的 5~7 倍，易使得供电系统和串联的开关设备过载，影响接在同一电网上其他电气设备正常工作。另一方面，直接起动也会使电动机产生较高的峰值转矩，这种冲击不但会对驱动电动机产生冲击，而且也会使机械装置受损。因此，对于功率较大的电动机，应该采用间接起动即减压起动的方式。

微课"软启动器与隧道风机控制原理"

三相异步电动机减压起动方式有定子电路串电阻减压起动、"Y-Δ"减压起动、自耦降压器减压起动、软启动器减压起动等方法。软启动器是一种集电机软启动、软停车、多种保护功能于一体的新颖电机控制装置，是在电动机起动或停车时通过改变加在电机上的电源电压，以减小起动电流和起动转矩来实现电动机的软启动和软停止。软启动器外形如图 4-24 所示。

图 4-24　软启动器

软启动器采用三相反并联晶闸管作为调压器，将其接入电源和电动机定子之间。使用软启动器起动电动机时，利用晶闸管的移相控制原理，改变晶闸管的触发角，起动时电机端电压随晶闸管的导通角从零逐渐上升，晶闸管的输出电压逐渐增加，电动机逐渐加速，直到晶闸管全导通。电动机工作在额定电压的机械特性上实现平滑起动，降低起动电流，避免起动过流跳闸。

待电机达到额定转速时，起动过程结束，可通过与软启动器并联的旁路接触器取代已完成任务的晶闸管，为电动机正常运转提供额定电压，以降低晶闸管的热损耗，延长软启动器的使用寿命，提高其工作效率。

此外，软启动器还可以实现软停车。停车时先切断旁路接触器，然后软启动器内晶闸管导通角逐渐由大减小，使三相供电电压逐渐减小，电机转速逐渐由大减小到零，停车过程完成。软启动器工作原理如图4-25所示。

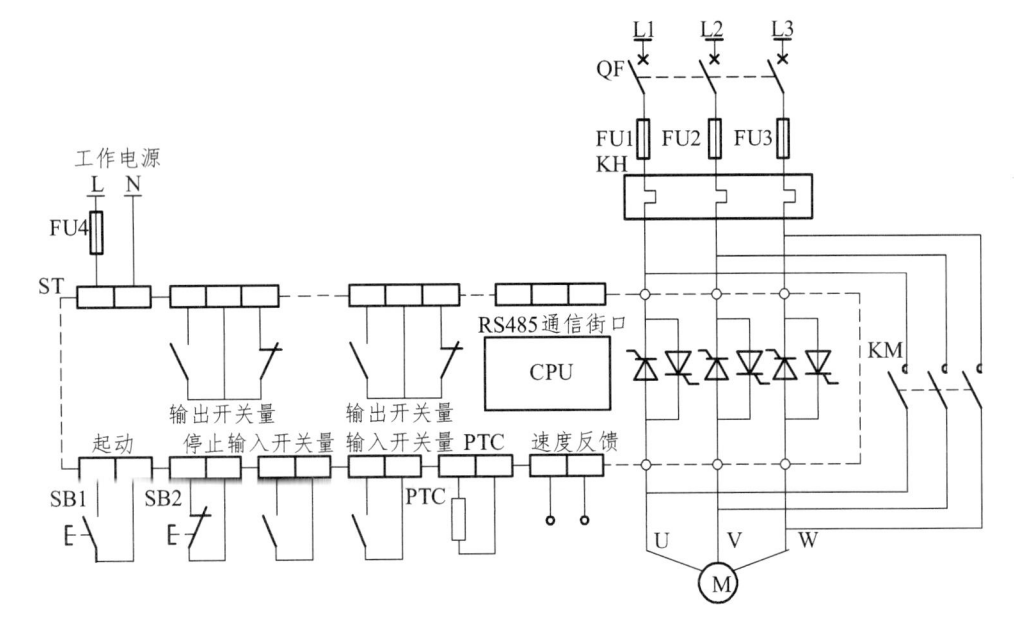

图 4-25 软启动器工作原理

软启动器除了具备常规电机保护功能外，还具有高级保护功能，如过载保护、电流不平衡保护、相故障保护、接地故障保护、堵转保护、电机过热保护等多种保护功能，并能实现电机运行状态显示和故障显示。

在地铁车站中，软启动器主要用于电动机容量大于或等于75 kW的隧道风机电机，用于检测隧道风机的运行状态、故障、电流、电压，远程控制风机的起动、停止，并通过网络将风机的运行状态上传至综合监控系统。

在地铁车站中，一般要求软启动器能够实现平滑的起动曲线，保证设备在连续两次起动后继续运行（正转起动—自由停车—反转起动—连续运行）。同时具有紧急制动功能，能在紧急情况下快速停车，满足小于60 s制动停车功能，使得隧道风机在60 s内完成从正转到反转（正转额定转速—关—反转起动—反转额定转速）的切换要求。

4.4.5.2 隧道风机控制原理

使用软启动器进行起动控制的隧道风机控制原理如图 4-26 所示，其控制原理如下。

1. 就地控制

（1）正转起动：联锁风阀开启到位，KA5 常开触头闭合→将设备房就地控制箱选择开关 S1 打至"就地"→按动启动按钮 SB1→交流接触器 KM1 线圈得电→KM1 常开触头闭合、常闭触头断开、主触头闭合→风机电机主电路串接软启动器正转起动

（2）正转停止：按动按钮 SB3→交流接触器 KM1 线圈失电→KM1 触头复位→风机电机主电路失电

（3）反转起动：联锁风阀开启到位，KA5 常开触头闭合→将设备房就地控制箱选择开关 S1 打至"就地"→按动启动按钮 SB2→交流接触器 KM2 线圈得电→KM2 常开触头闭合、常闭触头断开、主触头闭合→风机电机主电路串接软启动器反转启动

（4）反转停止：按动按钮 SB3→交流接触器 KM2 线圈失电→KM2 触头复位→风机电机主电路失电。

2. 远程控制：环控

（1）正转起动：联锁风阀开启到位，KA5 常开触头闭合→将设备房就地控制箱选择开关 S1 打至"远程（环控/BAS）"→将环控柜选择开关 SA 打至"环控"→按动启动按钮 SB4→交流接触器 KM1 线圈得电→KM1 常开触头闭合、常闭触头断开、主触头闭合→风机电机主电路串接软启动器正转起动。

（2）正转停止：按动按钮 SB6→交流接触器 KM1 线圈失电→KM1 触点复位→风机电机主电路失电。

（3）反转起动：联锁风阀开启到位，KA5 常开触头闭合→将设备房就地控制箱选择开关 S1 打至"远程（环控/BAS）"→将环控柜选择开关 SA 打至"环控"→按动启动按钮 SB5→交流接触器 KM2 线圈得电→KM2 常开触头闭合、常闭触头断开、主触头闭合→风机电机主电路串接软启动器反转起动。

（4）反转停止：按动按钮 SB6→交流接触器 KM2 线圈失电→KM2 触头复位→风机电机主电路失电。

3. 远程控制：BAS/屏控

联锁风阀开启到位，KA5 常开触头闭合→将设备房就地控制箱选择开关 S1 打至"远程（环控/BAS）"→将环控柜选择开关 SA 打至"环控/屏控"→通过软启动器提供的触头实现正/反转交流接触器线圈 KM1 和 KM2 的得电和失电，从而实现风机电机的正/反转起动与停止的控制。

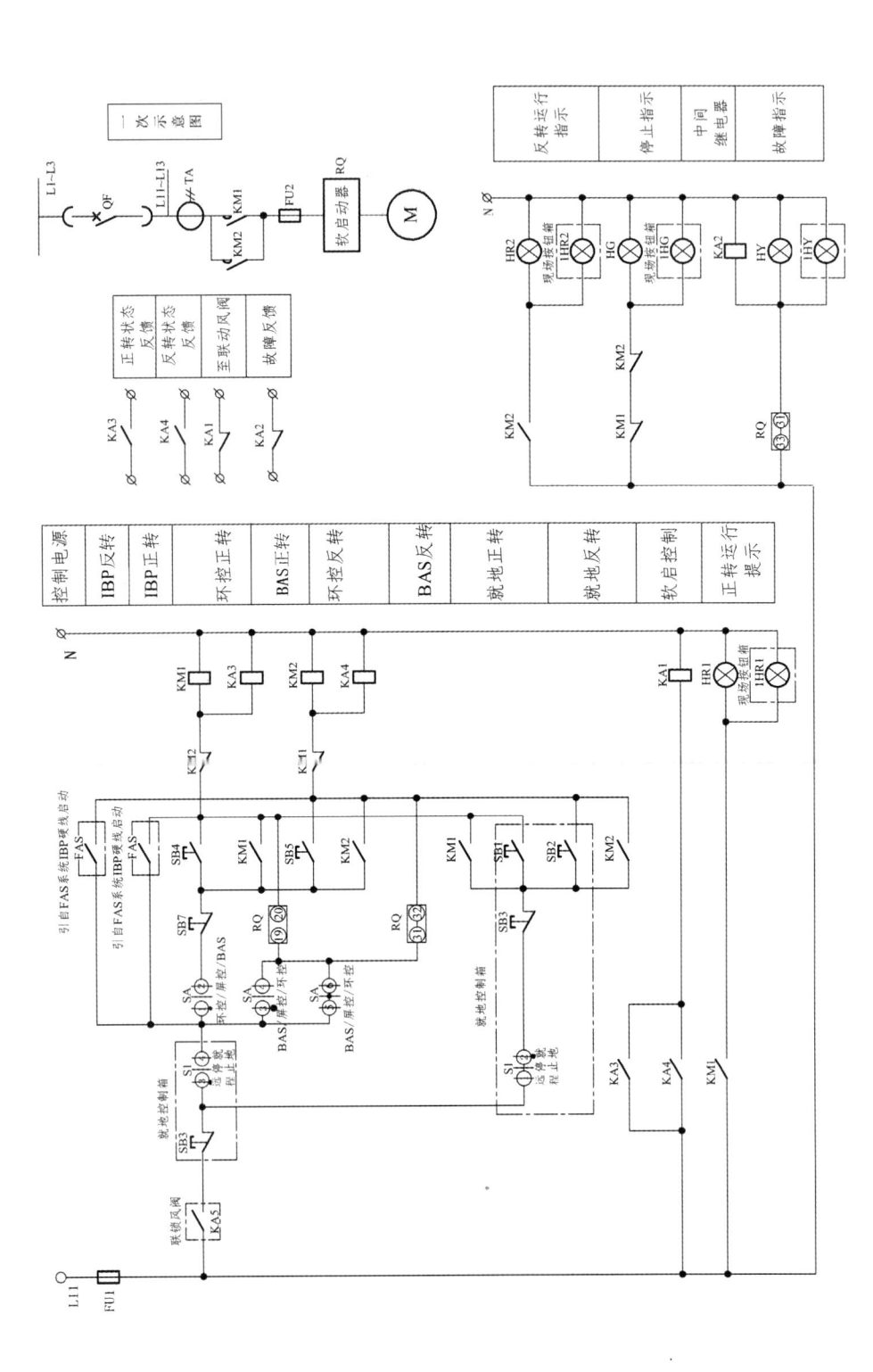

图 4-26 某地铁车站隧道风机控制原理图

4.4.6 变频器与组合空调机组变频控制原理

4.4.6.1 变频器

根据异步电动机的基本原理可知，交流电动机转速公式如下：

$$n = (60f/p)(1-s) \qquad (4-1)$$

式中　p——电动机极对数；
　　　f——供电电源频率；
　　　s——转差率。

微课"变频器与组合空调机组控制原理"

由式（4-1）分析，改变异步电动机的供电频率，即可平滑地调节同步转速，实现调速运行。利用电动机的同步转速随频率变化的特性，通过改变电动机的供电频率进行调速的方法即变频调速。在交流异步电动机的诸多调速方法中，变频调速的性能最好，调速范围大，稳定性好，运行效率高。采用通用变频器对异步电动机进行调速控制，由于使用方便、可靠性高且经济效益显著的特点，因此逐步得到推广应用。

变频器的基本结构由主电路、内部控制电路板、外部接口及显示操作面板组成，其软件丰富，各种功能主要靠软件来完成。变频器主电路分为交-交和交-直-交两种形式。交-交变频器可将工频交流直接变换成频率、电压均可控制的交流，又称直接式变频器。而交-直-交变频器则先把工频交流通过整流器变成直流，然后再把直流变换成频率、电压均可控制的交流，又称间接式变频器。目前常用的通用变频器就属于交-直-交变频器，以下简称变频器。变频器的基本结构原理如图 4-27 所示。由图 4-27 可见，变频器主要由主回路，包括整流器、中间直流环节、逆变器和控制回路组成。

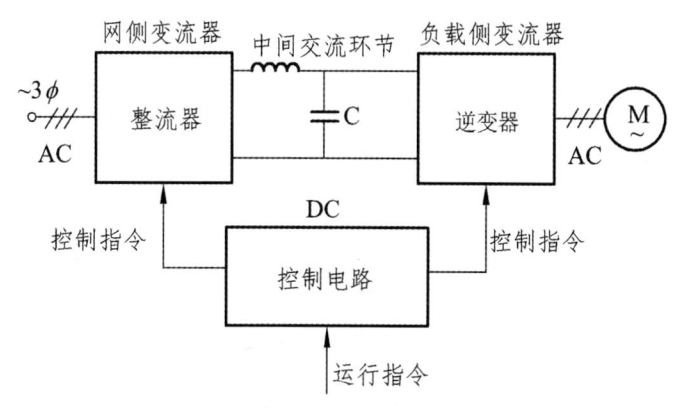

图 4-27　变频器的基本结构

在地铁车站环控系统中，变频器主要用于排热风机、组合空调机组、回排风机供电回路，对所供电电机实施实时保护，同时将电机运行的各种参数通过网络上传至 BAS 系统，并可在上一级 BAS 系统主机上通过网络对变频器的参数进行在线修改和整定。变频器种类繁多，图 4-28 所示为常见变频器外形图。

图 4-28　常见变频器外形图

变频器的一般技术要求如下：

（1）考虑到风机功率较大，为保证变频器可靠运行，应按照比所配电的电机功率放大一级配置。

（2）为了避免空调、风机系统制动时因过电压而跳闸或损害变频器，变频器应具有直流母线电压波动的缓冲正常运行功能。

（3）变频器柜带相位检测装置，确保在变频器出现故障时能及时切换到工频。

（4）BAS 系统设置的程序根据各种运行模式表通过网络自动控制变频器的输出功率，改变通风风量及方向，并能够在车站控制室内对变频器参数进行修改。

（5）变频器具备间断自动跳跃功能，在某些可能发生故障（如共振、电压波动等）的频率处，可以自动跳过，保护设备。

（6）变频器具有完善保护功能，如缺相、短路、过载、主电源过压、欠压、中间直流电压过高/低、变频器冷却风扇故障、变频器温升过高、通信超时等故障保护功能。

4.4.6.2　组合空调机组变频控制原理

地铁车站中，利用变频器实现组合空调机组变频控制原理如图 4-29 所示。

1. 就地控制

（1）工频启动：联锁风阀开启到位，KA7 常开触头闭合→将设备房就地控制箱选择开关 SA1 打至"就地"，选择开关 SA2 打至"工频"→按动启动按钮 SB1→交流接触器 KM2 线圈得电→KM2 常开触头闭合、常闭触头断开、主触头闭合→风机电机主电路接通工频电流，电机工频起动。

（2）工频停止：按动按钮 SB2→交流接触器 KM2 线圈失电→KM2 触头复位→风机电机主电路失电。

（3）变频启动：联锁风阀开启到位，KA7 常开触头闭合→将设备房就地控制箱选择开关 SA1 打至"就地"，选择开关 SA2 打至"变频"→交流接触器 KM1 线圈得电→KM1 常开触头闭合、常闭触头断开、主触头闭合→风机电机主电路串接变频器，电机变频起动。

（4）变频停止：选择开关 SA2 由"变频"打至"工频"→交流接触器 KM1 线圈失电→KM1 触头复位→风机电机主电路失电。

2. 远程控制：环控

（1）工频启动：联锁风阀开启到位，KA7 常开触头闭合→将设备房就地控制箱选择开关 SA1 打至"远程"，将环控电控柜选择开关 SA3 打至"环控"，将选择开关 SA4 打至"工频"→按动启动按钮 SB3→交流接触器 KM2 线圈得电→KM2 常开触头闭合、常闭触头断开、主触头闭合→风机电机主电路接通工频电流，电机工频起动

（2）工频停止：按动按钮 SB4→交流接触器 KM2 线圈失电→KM2 触头复位→风机电机主电路失电。

（3）变频启动：联锁风阀开启到位，KA7 常开触头闭合→将设备房就地控制箱选择开关 SA1 打至"远程"，将环控电控柜选择开关 SA3 打至"环控"，将选择开关 SA4 打至"变频"→交流接触器 KM1 线圈得电→ KM1 常开触头闭合、常闭触头断开、主触头闭合→风机电机主电路串接变频器，电机变频起动。

（4）变频停止：选择开关 SA4 由"变频"打至"工频"→交流接触器 KM1 线圈失电→KM1 触头复位→ 风机电机主电路失电。

3. 远程控制：BAS/屏控

（1）工频控制：联锁风阀开启到位，KA7 常开触头闭合→将设备房就地控制箱选择开关 SA1 打至"远程"，将环控电控柜选择开关 SA3 打至"BAS/屏控"→在 BAS/屏控系统进行相关操作操作，使得中间继电器 KA5 线圈得电/失电→KA5 常开触头闭合/断开→中间继电器 KA1 线圈得电/失电→KA1 常开触头闭合/断开→交流接触器 KM2 线圈得电/失电→KM2 触头动作/复位→风机电机主电路接通工频电流/失电，电机工频起动/停止

（2）变频控制：联锁风阀开启到位，KA7 常开触头闭合→ 将设备房就地控制箱选择开关 SA1 打至"远程"，将环控电控柜选择开关 SA3 打至"BAS/屏控"→在 BAS/屏控系统进行相关操作操作，使得交流接触器 KM2 线圈得电/失电→KM2 主触头闭合/断开→风机电机主电路接通工频电流/失电，电机变频启动/停止

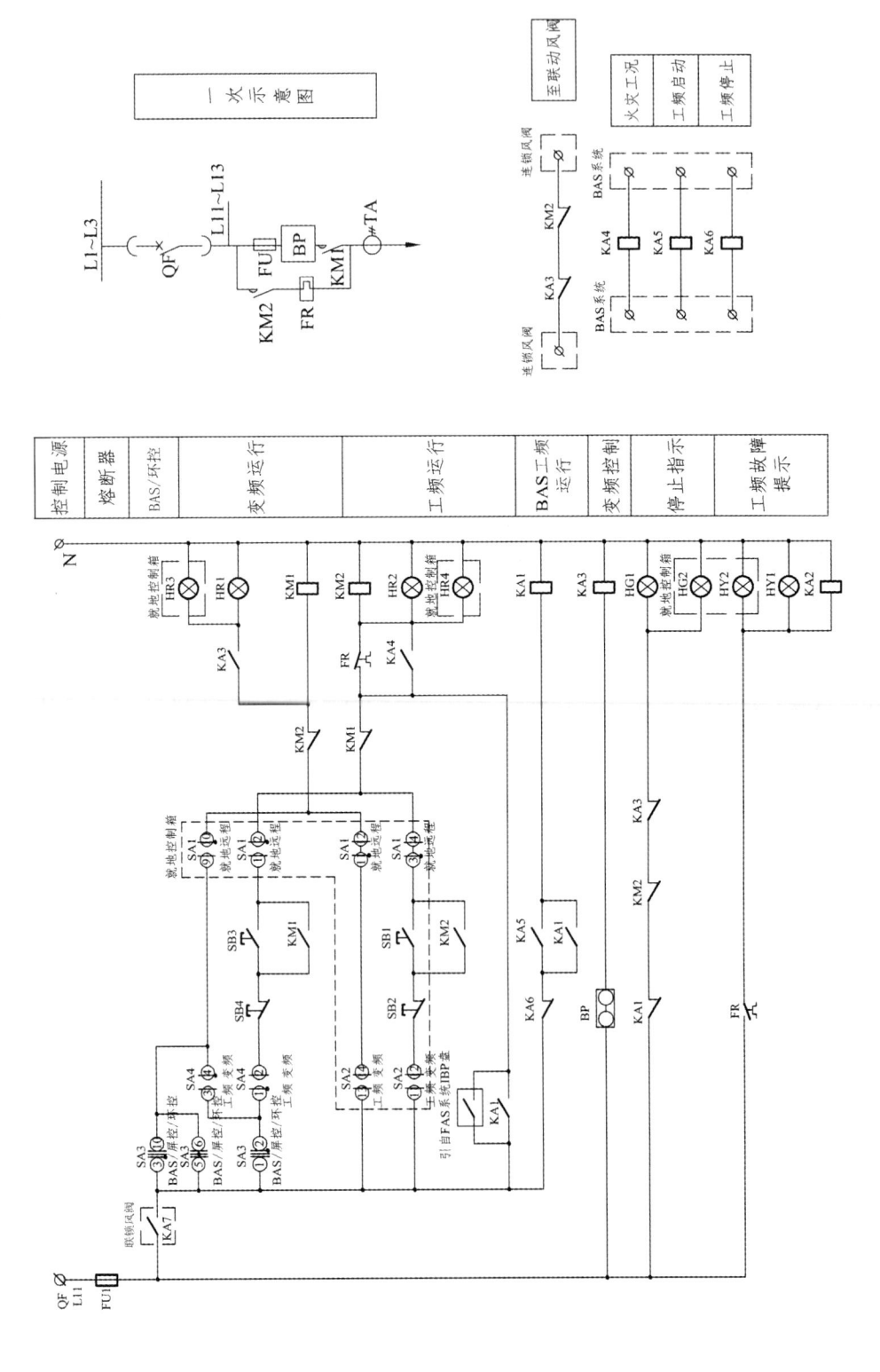

图 4-29 某地铁车站组合空调机组控制原理图

4.4.7 风阀控制原理

地铁车站中，风阀（风量调节阀）用于和风机配合，实现通风空调系统中的风量切换与调节。风阀有单体风阀和组合风阀两类。单体风阀由阀体、叶片、传动机构、执行器等若干部分组成，其中，执行器由一个同步电机、齿轮减速箱、控制元件和反馈元件等组成。组合风阀由若干个单体风阀按照一定的顺序排列组成。

微课"风阀控制原理"

地铁车站中，排热风机多使用单体风阀，现场不设就地控制箱，通过环控电控室或车控室实现风阀的远程控制。隧道风机多使用组合风阀，可通过现场控制和环控电控室及车控室的远程控制来实现风阀的控制。

环控电控室里，风阀控制通过抽屉式组件实现。一般在抽屉式组件外部设 3 种颜色的指示灯，分别为红色、黄色、绿色，外加一个转换开关。其中红色表示运行，黄色表示故障，绿色表示停止。控制面板也有此 3 种颜色的按钮开关，可控制风阀的运转。

图 4-30 所示为电动组合风阀电气控制原理图。图中风阀与风机联动，连锁风机常闭触点 KM 串接在就地控制、环控、BAS 车控的回路上，使风机在开的状态下不能关闭风阀。风机控制线路串入 KA1 常开触点，在风阀没有打开到位时，KA1 常开触点不能闭合使得风机不能起动。控制原理如下。

1. 就地控制

（1）就地开阀：将设备房就地控制箱选择开关 SA1 打至"就地"→选择开关 SA2 打至"开阀"→风阀执行器 DF 端子 1 和 2 接通，风阀开阀→ 开阀到位，执行器 DF 端子 4 和 5 通→交流接触器 KA1 线圈得电，可提供开阀到位信号

（2）就地关阀：将设备房就地控制箱选择开关 SA1 打至"就地"→选择开关 SA2 打至"关阀"→风阀执行器 DF 端子 1 和 3 接通，风阀关闭→ 关阀到位，执行器 DF 端子 4 和 6 通→交流接触器 KA2 线圈得电，可提供关阀到位信号

2. 远程控制：环控

（1）环控开阀：将设备房就地控制箱选择开关 SA1 打至"远程"，环控电控室选择开关 SA3 打至"环控"→选择开关 SA4 打至"开阀"→风阀执行器 DF 端子 1 和 2 接通，风阀开阀→开阀到位，执行器 DF 端子 4 和 5 通→交流接触器 KA1 线圈得电，可提供开阀信号。

（2）环控关阀：将设备房就地控制箱选择开关 SA1 打至"远程"，环控电控室选

择开关 SA3 打至"环控"→选择开关 SA4 打至"关阀"→风阀执行器 DF 端子 1 和 3 接通,风阀关闭→关阀到位,执行器 DF 端子 4 和 6 通→交流接触器 KA2 线圈得电,可提供关阀到位信号

3. 远程控制:BAS/屏控

将设备房就地控制箱选择开关 SA1 打至"远程",环控电控室选择开关 SA3 打至"BAS/屏控"→在 BAS/屏控系统里进行开阀/关阀操作→KA3/KA4 常开触点闭合→风阀执行器 DF 端子 1 和 2 通/端子 1 和 3 通→风阀开阀/关闭→开阀/关阀到位,执行器 DF 端子 4 和 5 通/端子 4 和 6 通→交流接触器 KA1/KA2 线圈得电,可提供开阀/关阀到位信号

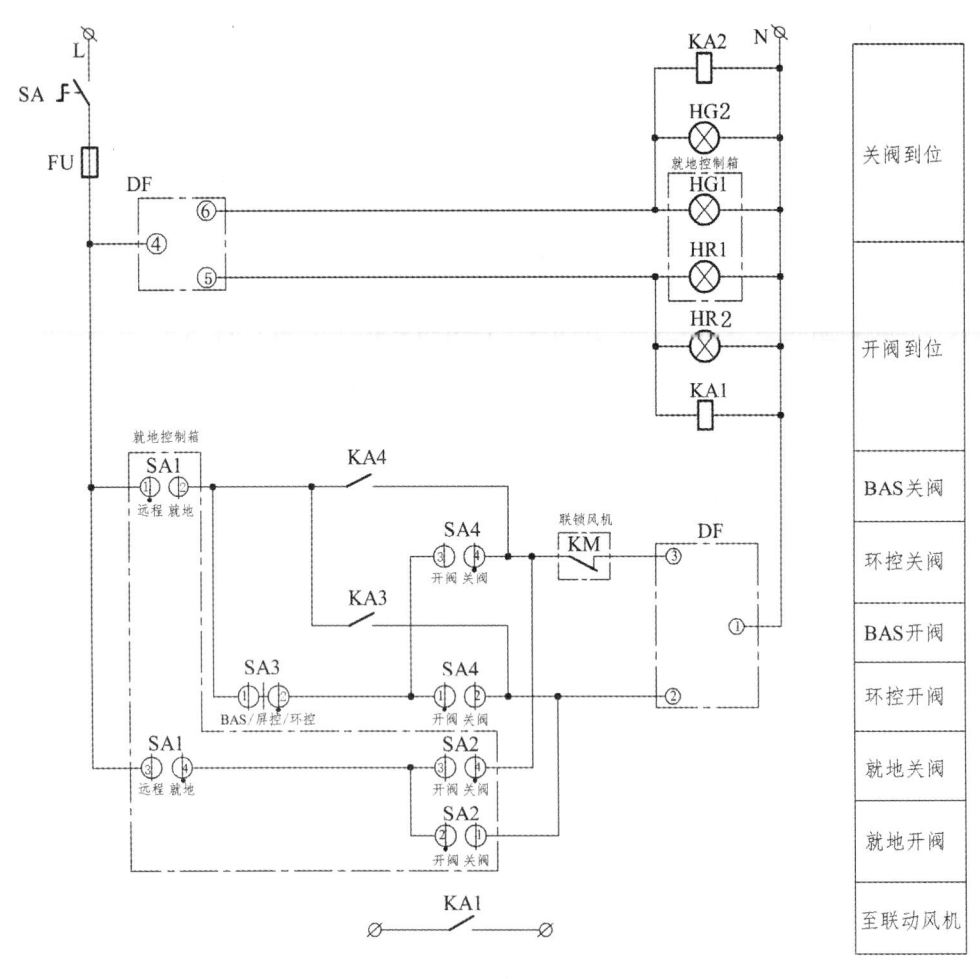

图 4-30 电动组合风阀电气控制原理

4.4.8 UPS、PLC 设备

4.4.8.1 UPS 设备

据统计，在电力电子系统中，电源故障将会造成数据丢失、硬盘存储设备损伤、仪表仪器精度降低、网络设备损坏或老化、数据传送误码率增加等影响。因此，为重要设备提供不间断电源尤为重要。

微课"认识 UPS"

UPS（Uninterruptible Power System）全称为不间断电源系统，是一种含有储能装置的不间断电源，主要用于给部分对电源稳定性要求较高的设备提供不间断的电源。其主要功能有：为设备提供不间断电源供给，对市电进行稳压、稳频、滤波，消除电噪声和频率偏移等，改善电源质量，为设备提供高质量的电源等。

在地铁车站环控电控室里，UPS 安装在环控电控柜中，负责提供环控电控柜部分控制回路和智能接口模块连续不间断、安全可靠的电源。每个环控电控室设置一套 UPS 控制电源，按备用 90 min 设计。常见 UPS 设备如图 4-31 所示。

图 4-31 UPS 设备

1. UPS 分类

按照运行原理，国际电工委员会（IEC）将 UPS 分为后备式、在线互动式和双变换式三种类型。

（1）后备式 UPS：在市电正常时利用市电直接给负载供电，同时由充电器给电池充电以保证电池处于满储能状态；在市电不正常时，起动逆变器利用电池储存的电能继续给负载供电。这种类型的 UPS 一般为小功率的 UPS。

（2）在线互动式 UPS：在市电正常时利用市电对负载直接供电，但要对市电进行一定的处理，如稳压、滤波等。同时，利用一个双向的变换器对电池进行充电，以保持电池处于满充状态。

（3）双变换式 UPS：先将市电变换成直流，一边给电池进行充电，一边供给下一级的逆变器，逆变器再将整流器或电池的直流变换成交流供给负载，这类 UPS 转换到电池供电的时间为 0，且可以消除市电中的各种波动，主要用于大功率的 UPS 和非常重要的负载，市场上的 3 kV·A 以上的 UPS 基本上都是双变换式 UPS。

2. UPS 结构

UPS 电源结构由整流器、逆变器、蓄电池、静态开关等组成。

（1）整流器：整流器和逆变器相反，是一个将交流电转化为直流电的装置，它主要有两个作用：一是将交流电转化为直流电经过滤波处理后提供给负载设备或是逆变器；二是为蓄电池提供一个充电电压，好比一台充电器。

（2）逆变器：将直流电转化为交流电的一种装置，它由滤波电路、控制逻辑和逆变桥三部分组成。

（3）蓄电池：作为 UPS 电源储存电能的装置，由若干个电池串联而成。蓄电池容量的大小决定了可应急用电时间的长短。充电时，将电能转化为化学能储存在电池内部；当市电失电时，蓄电池放电，将电池中的化学能转化为电能提供给用电设备。目前，UPS 设备常用的蓄电池有铅酸蓄电池、胶体蓄电池、锂电池。铅酸蓄电池结构由正极板组、负极板组、隔板、容器、电解液等组成，如图 4-32 所示。

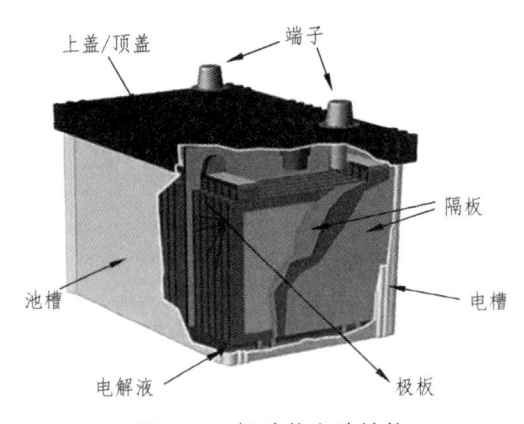

图 4-32　铅酸蓄电池结构

铅酸蓄电池的正负极板一般由纯铅制成，正极板上涂褐色的二氧化铅作为有效物质，负极板的有效物质为海绵状铅。电解液为稀硫酸，其密度一般为 1.2~1.3 g/cm³。充、放电时的化学方程式为

$$PbO_2 + 2H_2SO_4 + Pb \underset{充电}{\overset{放电}{\rightleftharpoons}} PbSO_4 + 2H_2O + PbSO_4 \qquad (4-2)$$

（4）静态开关：又称静止开关，属于无触点开关，由两个可控硅（晶闸管）反方向并联而成，并由逻辑控制器控制它的闭合和断开，用于实现逆变器和市电电源的并联，或者在两路电源的供电中实现从一路电源到另一路的自动切换。

双变换式 UPS 工作原理如图 4-33 所示。

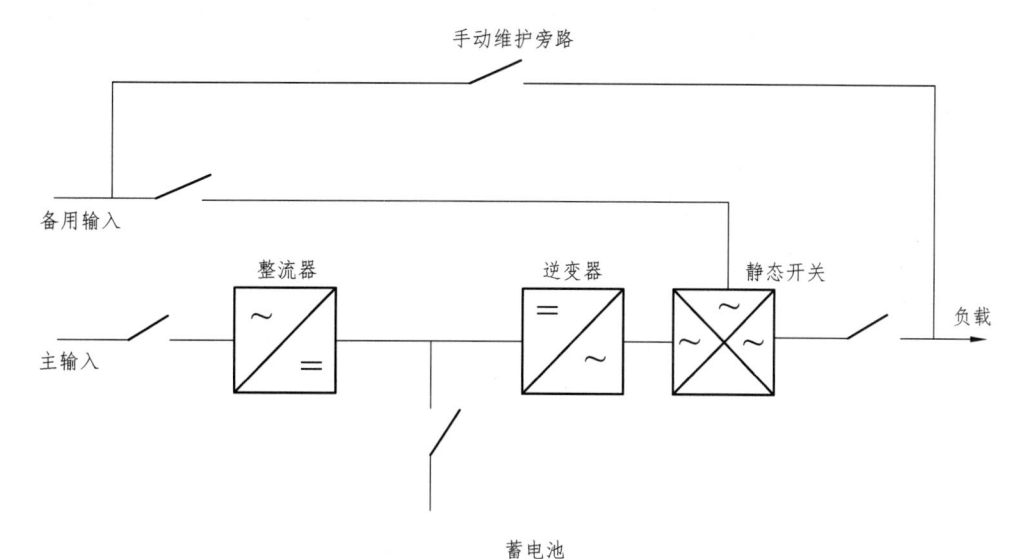

图 4-33　双变换式 UPS 工作原理图

地铁车站环控系统对 UPS 电气性能一般要求如下：

（1）电源设备的输入电源为单相交流电源，输入电压可调范围为 -15% ~ +15%。

（2）输入频率为 50 Hz ± 0.05 Hz，输入功率因数应不小于 0.9；输出频率为 50 Hz ± 0.5 Hz，输出波形失真度 ≤3%。

（3）市电电池切换时间<4 ms，旁路逆变切换时间<4 ms（逆变器故障时）。

（4）瞬变响应恢复时间≤40 ms（电池逆变工作）。

（5）电源设备工作噪声<55dB，设计使用寿命周期内，满负荷备用时间不低于 90 min。

3. UPS 的选择

根据具体应用场合选择合适 UPS 的类型。对于交通、金融、证券、电信、网络等重要行业，应选择性能优异、安全性高的在线式或双变换式 UPS。对于家庭用户，可选择后备式 UPS。

根据 UPS 的功率选择合适的型号。计算 UPS 功率的方法是：

UPS 功率 = 实际设备功率 × 安全系数

其中，安全系数一般选 1.5。除考虑实际负载以外，还要考虑今后设备的增加所带来的增容问题，因此一般情况下 UPS 的功率应在现有负载的基础上再增加至少 15% 的余量。

4. 电池数量的计算

影响 UPS 备用时间的因素有：负载总功率 $P_总$（单位 V·A）、蓄电池放电后的终止电压 $V_低$（12 V 电池 $V_低$ 约 10.2 V）、蓄电池的浮冲电压 $V_浮$（12 V 电池 $V_浮$ 约 13.8 V）、电池容量换算系数 Kh、电池工作电流 I（A）、连续放电时间 T（H）、蓄电池直流供电电压 V（V）等。

以 12 V 铅酸蓄电池为例：

单体电池的数量 $N = V \div 12$

电池工作电流 $I = P_总 \div V$

实际电池容量 $C = I \times T/Kh$

例如，选用功率 1 kV·A 的 UPS 电源，要求备用时间 4h，V = 36 V，则：

N = 36 V ÷ 12 V = 3（节）

I = 1000 V·A ÷ 36 V = 28 A

C = 28 A × 4h ÷ 0.9 = 124 A·h

12 V 单体蓄电池常用容量规格有 7 A·h、17 A·h、24 A·h、38 A·h、65 A·h、100 A·h、200 A·h 等，考虑损耗，此例中电池的配量可选用 100 A·H 一组 3 节。

4.4.8.2 PLC 设备

PLC（Programmable Logical Controller）全称为可编程逻辑控制器，国际电工委员会（IEC）将其定义为："可编程控制器是一种数字运算操作的电子系统，是专为在工业环境下应用设计的。它采用可编程序的存储器，用来在内部存储执行逻辑运算、顺序控制、定时、计数和算术运算等操作的指令，并采用数字式、模拟式的输入和输出，控制各种类型的机械或生产过程。可编程控制器及其有关设备都应按易于与工业控制系统联成一个整体、易于扩充其功能的原则设计。"

在地铁车站低压配电系统中，PLC 用于采集环控电控柜、低压配电柜或设备的信息，通过通信系统向环境与设备监控系统（BAS）提供反馈信息，实现地铁建筑物内的环境与空气条件、通风、给排水、照明、自动扶梯及电梯、屏蔽门等设备和系统的集中监视、控制和管理。

PLC 品牌和型号繁多，如图 4-34 所示。

图 4-34 常见 PLC 设备

一般来说，地铁车站对 PLC 技术性能要求如下：

（1）系统中的所有模块（CPU、I/O、通信、电源等）都是插接式，可以热插拔。

（2）采用高速工业处理器，内置内存可以通过外加存储卡的方式进行扩展，能够进行大量的定点和浮点运算，并满足相应的工艺要求。

（3）集成电池，可在失电的情况下保存程序和数据。其中保存的程序和数据靠蓄电池至少维持 6 个月，当更换电池时，不会导致程序或数据丢失。

（4）支持工业以太网、DeviceNet 现场总线、RS-485/232 等通信方式，接口数量配置满足系统应用要求。

（5）完成智能化模块（包括电机保护控制模块、软启动器、PLC、智能 I/O、变频器等）与 BAS 的数据交换及管理；完成数据分类汇总并打包上传给 BAS 系统。

每个环控电控室可设一个可编程序终端触摸屏，改善数据的可视化性能，为操作员更好、更快地进行决策提供平台。

图 4-35 所示为郑州市轨道交通 2 号线环控柜智能控制示意图。图中，各站两端、区间风井环控电控室内各设置一套 PLC 控制系统，各系统中有一面 PLC 主控柜和若干面电机（包含风机、电动风阀、空调器等，下同）控制柜。主控柜内安装一套 PLC 通信管理器和触摸屏，电机控制柜中设分布式智能 I/O、变频器、软启动器、智能马达保护器以及接触器、继电器等电机启/停控制和保护器件。通信协议选用 Device Net 协议，这是通用的、标准的、主流的开放式协议，Device Net 总线协议网速为 500 kb/s，在轨

道交通行业的环控电控柜智能控制系统中有着广泛的应用，是成熟稳定可靠的总线协议，符合国际标准 IEC61158。主控柜 PLC 通过两个以太网通信口与 BAS 系统相连，不占用 CPU 上的通信口，当一条链路通信故障时，可以切换至另一路通信链路。PLC 主控柜与各电机控制柜中的分布式 I/O、变频器、智能马达保护器等采用 Device Net 总线方式连接，每个环控电控室 PLC 向车站馈出 3 条 Device Net 总线，配置了 3 块独立的 Device Net 总线通信模块，每个 Device Net 总线通信模块对应一条独立的 Device Net 总线，分散由于总线故障造成的风险从而保证总线的可靠性。有区间射流风机的车站另加 2 条独立的 Device Net 总线。

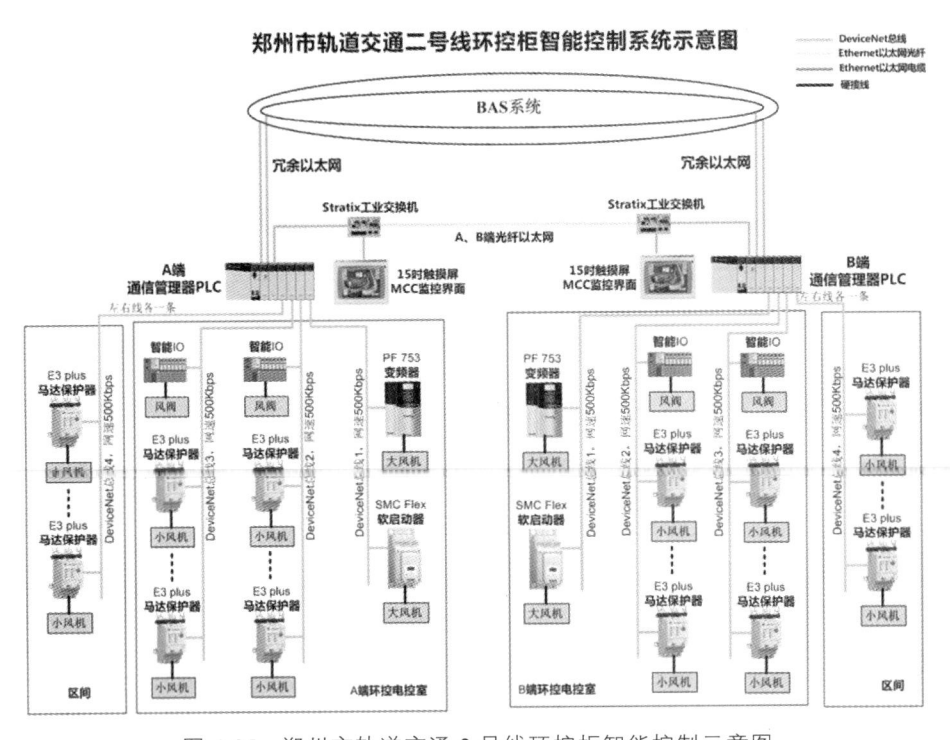

图 4-35　郑州市轨道交通 2 号线环控柜智能控制示意图

任务 4.5　废水、雨水泵控制

废水、雨水泵属于潜污泵，是一种集水泵与电机于一体，工作时整体浸没在输送介质内的一种水泵。

地铁车站的废水、雨水房集水池内一般设两台潜污泵，

微课"废水泵、雨水泵控制原理"

平时一用一备、轮换运行，必要时可同时运行。集水池一般设有超高水位、双泵起动液位、单泵起动液位、停泵、超低水位共 5 个液位，通过液位传感器反馈液位。根据水位高、低，自动控制排水泵的启/停，并通过综合监控系统监视。当水位达到超低水位时，两台泵均停止工作；当水位达到单泵起动水位时，开启第一台泵；如水无法排出或进水量大于排水量，使得水位达到两台泵起动水位时，两台泵同时开启；当水可以正常排出，下降到停泵液位时，水泵停止工作。液位达到报警液位时，将报警信息反馈至综合监控系统。

停车场及区间洞口雨水泵集水池内一般设 3 台潜污泵，平时一用两备、轮换运行，必要时可同时运行。同样集水池设有超高水位、双泵起动液位、单泵起动液位、停泵、超低水位 5 个液位。

在废水、雨水、污水泵附近安装有水泵控制箱，实现水泵的就地控制及运行状态的收集与反馈。水泵控制箱内主要有 PLC 控制器模块、断路器、接触器、中间继电器、接线端子等，箱体上安装有各类指示灯、按钮及旋钮开关。水泵控制箱主要技术参数与电源切换箱、配电箱一致。实物如图 4-36 所示。

（a）雨水泵控制箱外观　　（b）雨水泵控制箱内部

图 4-36　雨水泵控制箱

图 4-37 为某地铁车站雨水、废水泵控制原理图。转换开关 SA 有手动、自动、停止三种状态，在手动模式下，通过按钮 SB3/SB4 手动起动两台泵的电机，通过 SB1/SB2 手动停止两台泵的电机，必要时两台水泵可以同时工作；自动模式下，由液位传感器提供输入信号给 PLC，PLC 自动运行程序，根据程序设定的功能实现两台泵电机起动/停止的控制。

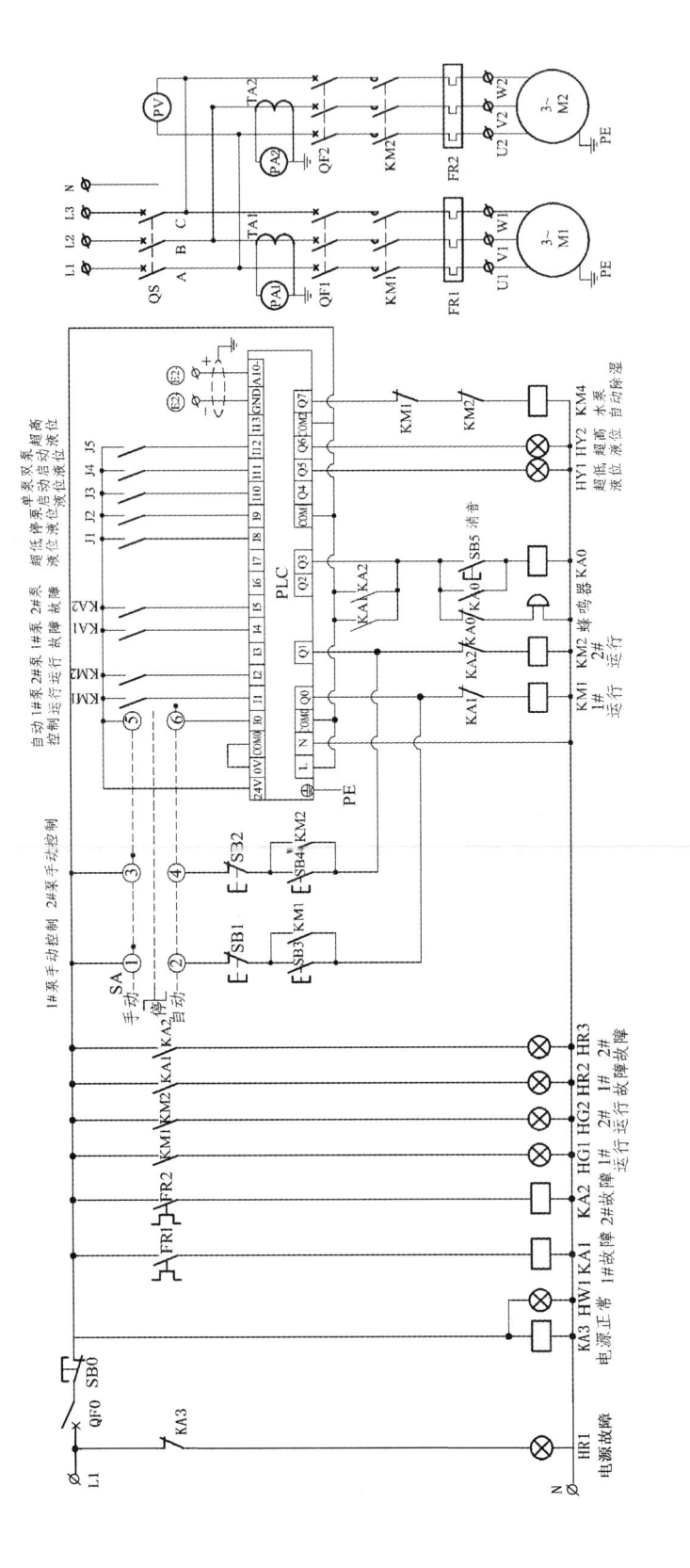

图 4-37 某地铁车站雨水、废水泵控制原理图

任务 4.6　EPS 应急电源设备

应急电源设备（Emergency Power Supply，EPS）在系统停电时，为不同场合的多种用电设备供电。EPS 设备具有适用范围广、负载适应性强、安装方便、效率高等特点。在应急事故、照明等用电场所，它与转换效率较低且长期连续运行的 UPS 不间断电源相比较，具有更高的性能价格比。

微课"EPS 应急电源设备"

EPS 设备规格很多，按输入方式可分为单相 220 V 和三相 380 V；按输出方式可分为单相、三相及单、三相混合输出；安装形式有落地式、壁挂式和嵌墙式三种；容量从 0.5 kW 到 800 kW 有多个级别；按服务对象可分为照明型、动力型和混合型三种；其备用时间一般为 90 ~ 120 min，如有特殊要求还可按设计要求配置备用时间。

4.6.1　EPS 设备作用

在地铁车站低压配电系统中，EPS 设备的作用是在市电断电或消防状态时，输出额定电压为 380/220 V，额定频率为 50 Hz 的电流，向车站应急照明、疏散指示、导向标识等提供后备电源，保证出现事故时地铁乘客和地铁员工能安全疏散，供电维持时间不小于 60 min。

EPS 应急照明电源设备为柜式结构，每套设备由馈线柜、主机柜和电池柜组成。图 4-38 为 EPS 设备成套装置外形图。

动画"EPS 设备"

图 4-38　某地铁车站 EPS 设备成套装置

4.6.2 EPS 设备的组成

EPS 应急照明电源设备主要包括：交流双电源自动切换装置（ATS）、整流/充电机、逆变器、蓄电池组、监控装置及馈线单元等部分。

4.6.2.1 交流双电源自动切换装置（ATS）

EPS 应急电源由车站低压配电系统引入，从变电所不同的两段母线各引入一路独立的 0.4 kV 电源至 EPS 设备柜，在 EPS 主机柜内设自动切换装置，当其中一路电源失电时进行自动切换。两回电源互为备用，可自动和手动切换。电源自动切换时间可调。在电源切换过程中应保证先断后合，可自投自复。某地铁车站 EPS 主机柜里交流双电源自动切换装置如图 4-39 所示。

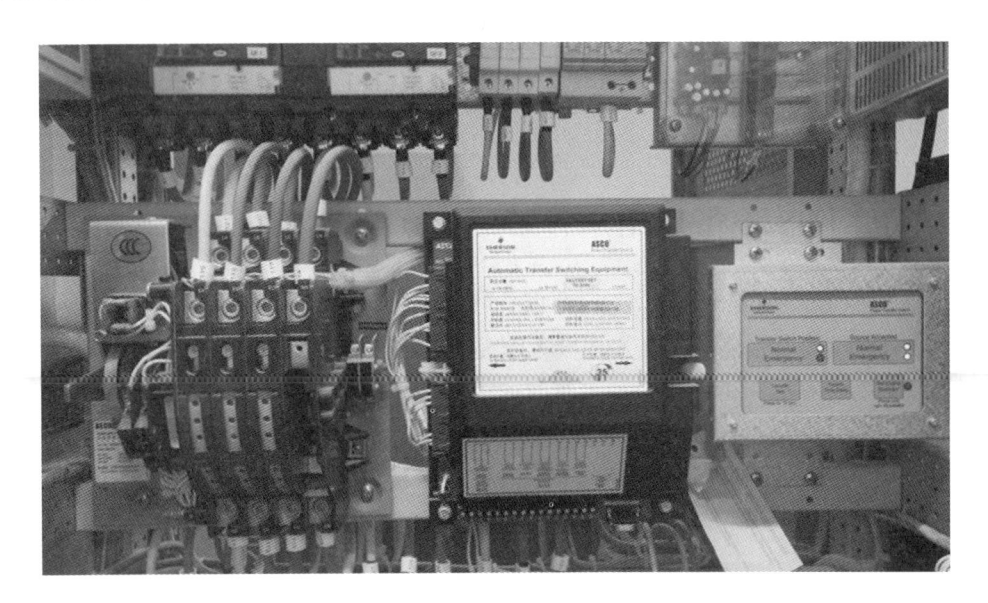

图 4-39 交流双电源自动切换装置

4.6.2.2 静态切换开关装置

静态开关又称静止开关，它是一种无触点开关，是用两个可控硅（即 SCR，又称晶闸管）反向并联组成的一种交流开关，其闭合和断开由逻辑控制器控制。

在 EPS 系统中，来自交流电源自动切换装置的电源为主电源，蓄电池经过逆变器输出的电源为应急电源，并通过控制电路对市电供电电源进行同步跟踪。当控制器检测到主用电源电压过低或停电时，静态开关动作，馈线回路由蓄电池通过逆变器供电；当主电源恢复时，控制器断开蓄电池电源，静态开关动作，恢复由主电源向负荷供电电源，一般情况下自动切换时间不大于 0.02 s，EPS 系统中静态切换开关原理框图如图 4-40 所示。

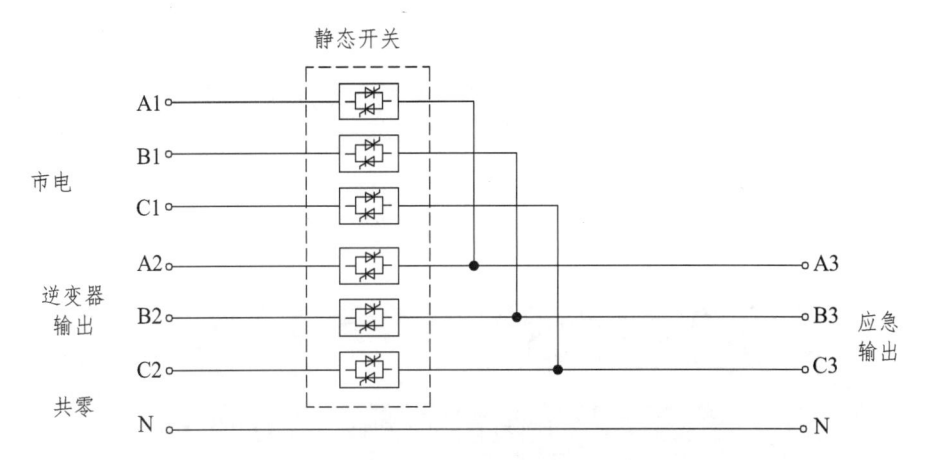

图 4-40 EPS 系统静态切换开关原理框图

静态切换开关装置安装在 EPS 主机柜中，外形如图 4-41 所示。

图 4-41 静态切换开关装置

静态切换开关单元的面板指示灯说明如图 4-42 所示。

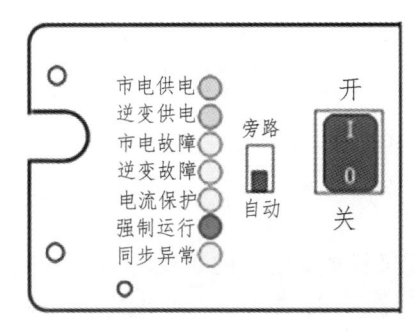

图 4-42 静态切换开关单元面板指示灯说明

4.6.2.3 整流/充电机

整流器是把交流电转换成直流电的装置。在 EPS 设备中，整流器有两个主要功能：一是将交流电变成直流电，经滤波后供给负载或逆变器；二是给蓄电池提供充电电压。此装置既为逆变器供电，又给蓄电池充电，故称为整流器/充电机。

EPS 设备中整流/充电机如图 4-43 所示，其工作原理如图 4-44 所示。

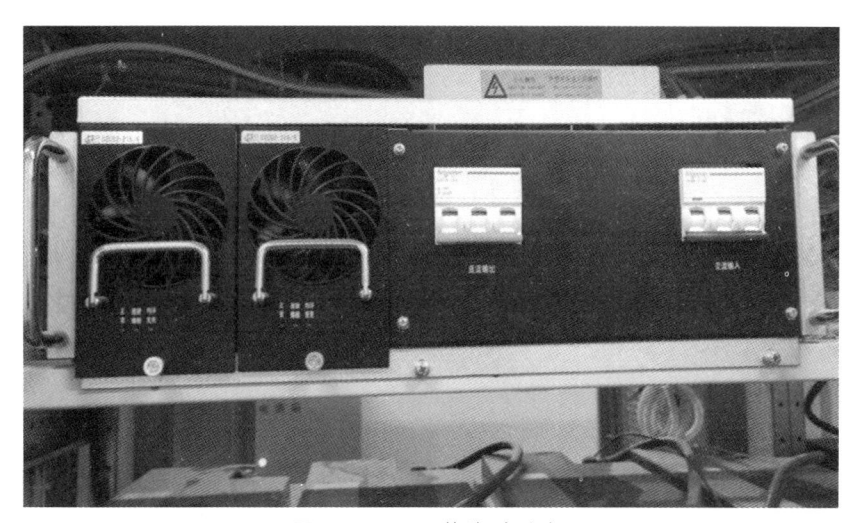

图 4-43 EPS 整流/充电机

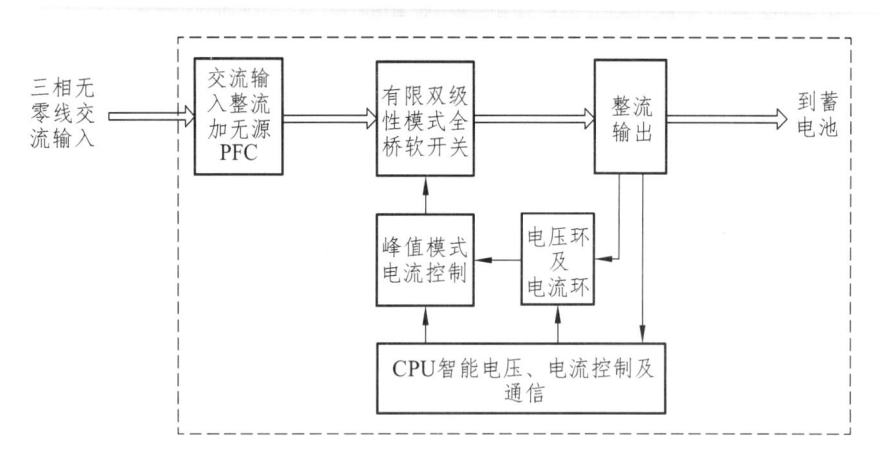

图 4-44 整流/充电机工作原理框图

4.6.2.4 逆变器

逆变器是一种将直流电转换成交流电的装置，其作用与整流器作用相反。其工作原理如图 4-45 所示。

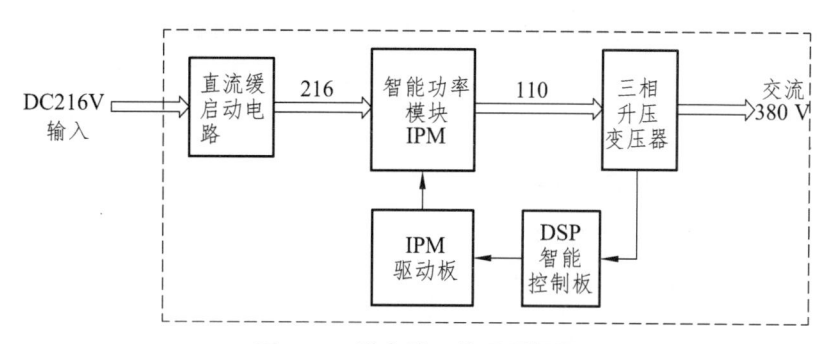

图 4-45　逆变器工作原理框图

4.6.2.5　蓄电池

蓄电池组是保障 EPS 电源对外供电的关键设备，是一种储能装置，实现电能与化学能的转换。充电时，它将电能转换为化学能储存起来；停电时，蓄电池放电，化学能转换为电能。目前多采用免维护铅酸蓄电池。

地铁车站中 EPS 蓄电池放在蓄电池柜中，如图 4-46 所示。

图 4-46　EPS 蓄电池组

1. EPS 设备对所配蓄电池的一般要求

（1）须为全密封免维护型。因为 EPS 为电池、主机一体化设计，开口的富液式电池在充电中会产生酸雾，腐蚀 EPS 内部电路元器件。

（2）具有深度放电能力。EPS 均设有强制起动功能，即此功能被强制执行时蓄电池无过放电保护，可以无限制地放电下去；深度放电性能差的蓄电池，可能由于 EPS 此功能的启动而一次性损害，无法再次利用。

2. 照明型 EPS 匹配灯具负载时容量的估算方式

EPS 与负载的匹配应该同时满足 EPS 的有功功率等于负载有功功率，EPS 的无功功率等于负载无功功率。照明型 EPS 用于带应急照明灯负载时，在 EPS 逆变输出功率因数和灯具的功率因数相差不大的情况下（相差 0.2 以内），其容量的粗算公式为

$$EPS 容量 = 灯具功率总和 \div 灯具功率因数 \qquad (4-3)$$

在未知灯具功率因数的情况下，一般可采用估算法：

（1）当负载为电子镇流器荧光灯时，EPS 容量估算方法为

$$EPS 容量 = 电子镇流器荧光灯功率总和 \times 1.3$$

（2）当负载为电感镇流器荧光灯时，EPS 的容量可估算为

$$EPS 容量 = 电感镇流器荧光灯功率总和 \times 1.6$$

（3）当负载为金属卤化物灯或钠灯时，EPS 容量估算方法为

$$EPS 容量 = 金属卤化物灯或钠灯功率总和 \times 2.2$$

（4）在 EPS 逆变输出功率因数和灯具的功率因数相差太大的情况下（相差超过 0.3），EPS 的容量按式（4-3）进行估算，在此计算结果的基础上再适当增大 EPS 功率。

3. 蓄电池容量的计算方法

蓄电池的容量按照下列公式计算：

$$C = \frac{Pe}{N \times 1.7 \times 6 \times \eta} \times T \qquad (4-4)$$

式中　C——电池计算容量，单位为 A·h；

Pe——EPS 功率，单位为 kW；

N——每组蓄电池的串联个数，例如，某地铁车站 EPS 所配置的蓄电池采用 18 节额定电压为 12 V 的蓄电池串联组成 216 V 直流供电系统，则 $N = 18$；

η——逆变器的效率≥92%，选择 $\eta = 92\%$；

T——应急时间，单位为 h，$T = 1.5$h。

4.6.3　EPS 设备运行模式

EPS 设备运行模式有三种：正常工作模式、旁路维修模式、应急工作模式。

1. 正常工作模式

正常情况下，EPS 由牵引降压混合变电所或降压变电所的两段交流低压母线各供一路三相电源（手动选择任一路电源为主用电源），当主用电源故障时，由进线电源自动

投切装置进行控制，备用电源自动投入，保证一路电源的正常工作，蓄电池处于浮充状态，应急照明负荷和疏散标志照明由交流低压母线供电。工作原理如图 4-47 所示。

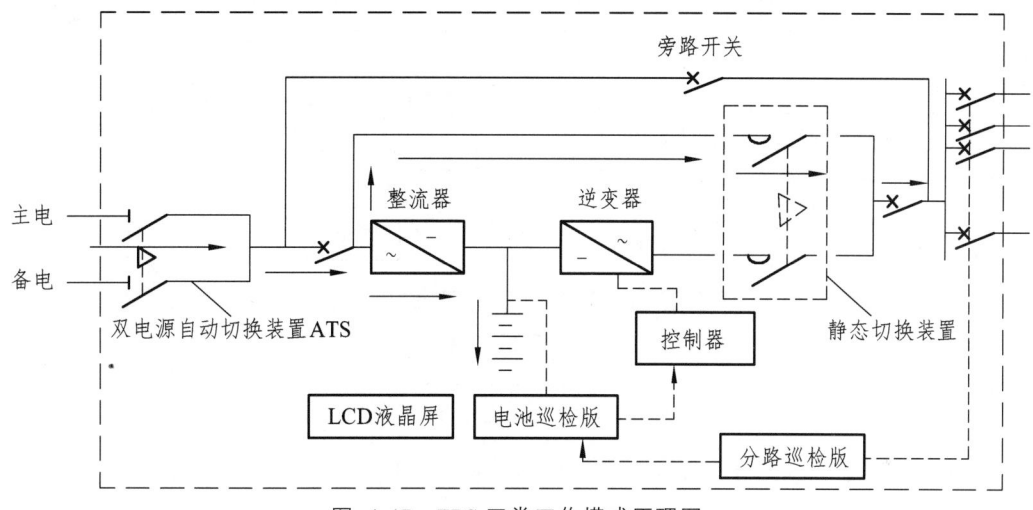

图 4-47 EPS 正常工作模式原理图

2. 旁路维修模式

为便于维修，EPS 设置了维修旁路开关，可保证在维修旁路状态时 EPS 主机完全与市电脱离，确保维修人员安全。旁路维修模式工作原理如图 4-48 所示。

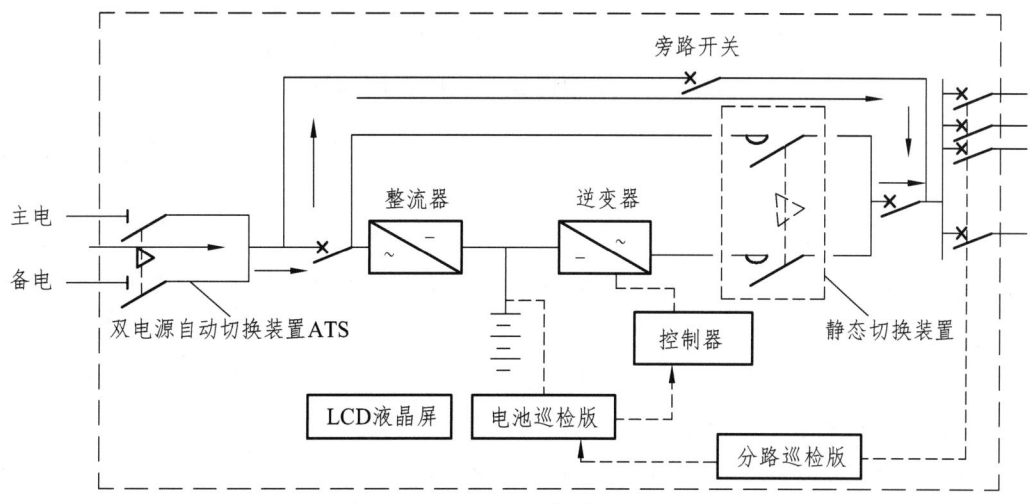

图 4-48 EPS 旁路维修模式原理图

3. 应急工作模式

双路进线电源均故障时，静态切换装置动作，EPS 的电池组通过逆变器向应急照明与疏散标志照明设备供电。应急照明电源装置的输出频率由内部振荡器控制、输出电压波形为标准正弦波。应急状态工作方式如图 4-49 所示。

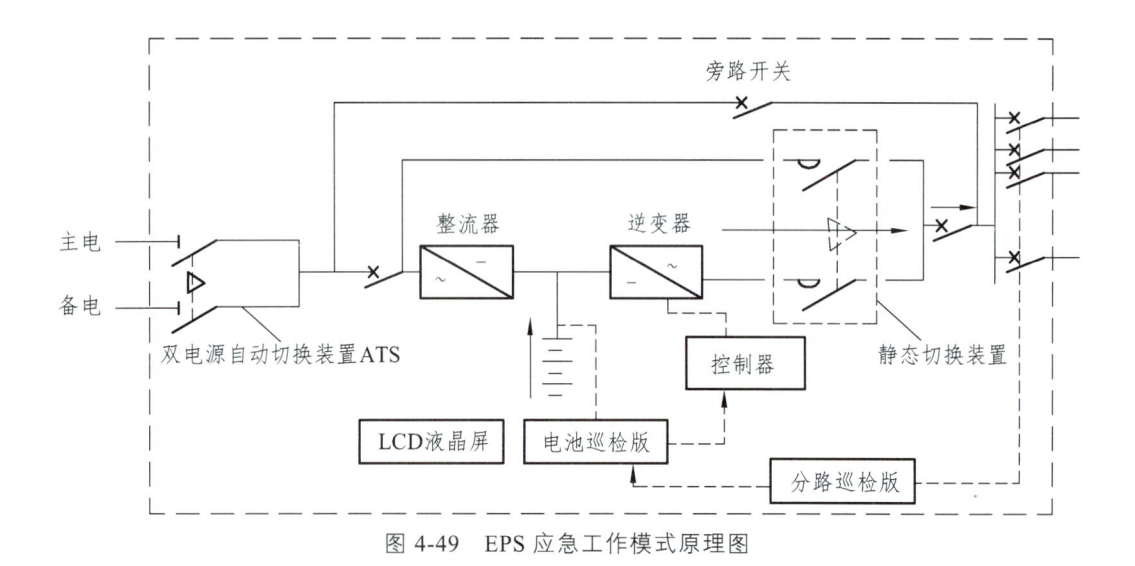

图 4-49　EPS 应急工作模式原理图

地下或高架车站 EPS 容量保证应急照明和疏散标志照明负荷满负荷运行 90 min 的用电需求，当任一单体电池放电至额定最低电池电压时，系统自动停机以保护电池（紧急情况除外），并发出报警信号。交流进线电源从故障状态恢复正常时，逆变器自动退出运行，应急照明负荷和疏散标志照明由交流低压 0.4 kV 母线供电，同时整流/充电器向电池组充电，电池组充电完成后，整流/充电器应自动调整电压向蓄电池浮充电。

思政拓展：我国低压电器的发展与现状

低压电器是指用于交流 50 Hz、交流额定电压 1 000 V 及以下，以及直流额定电压 1 500 V 及以下的电路中起通断、保护、控制或调节作用的电器元件或组件。低压电器是低压配电系统和低压配电网的结构基石，性能和质量直接影响电力终端用户的用电安全。

微课"我国低压电器的发展与现状"

20 世纪 60 年代至 70 年代，是我国低压电器产业的形成阶段。我国在模仿苏联产品的基础上，设计开发出第一代低压电器产品。第一代低压电器产品的结构尺寸大，材料消耗多，性能指标不理想，品种规格不齐全。1978 年—1990 年，我国通过对第一代产品更新换代和引进国外先进技术，制造了第二代产品。第二代产品技术指标明显提高，保护特性较完善，产品体积缩小，结构上适应成套装置要求，成为此后很长一段时间内我国低压电器的支柱产品。1990—2005 年，我国自行开发试制了第三代低压电器产品，具有高性能、小型化和智能化的特点，总体技术性能达到或接近国外 20 世纪 80 年代末、90 年代初水平。电磁技术与芯片技术的应用使得低压电器开始带有智能化的功能，所以第三代产品又叫"智能电器"。2009 年,第四代低压电器产品投向市场,第四代产品与第三代产品有质的区别。随着微机处理器在低压电器领域的大量应用,网络化、可通信已成为国外第四代产品的主要特征之一。此外,智能化、小型化等已经成为低压电器的发展趋势。

综上所述,我国低压电器行业经历了 60 年余年的发展,从仿制、修配,再到自主研发,已经迭代了四代产品,基本形成了较为完整的生产体系,整体品类超过了 1000 个系列,生产企业超过千家。据统计,2010 年我国低压电器行业总产值为 500 亿元,2019 年行业产值增长至 1002 亿元;2010 年我国低压电器行业销售收入为 480 亿元,2019 年行业销售收入增长至 967 亿元。

目前,我国低压电器市场形成了实力较强的跨国公司与本土优势企业共存的竞争格局。低压电器高端市场中,主要被以施耐德、ABB、西门子为代表的跨国公司掌控,这类企业掌握了低压电器行业中较为先进的技术,主导行业内全新一代产品的研发生产。国产中、低端低压电器产品占据了国内绝大部分市场,优秀的品牌有正泰电器、德力西电器等。2020 年我国低压电器份额如图 4-50 所示。

随着国内企业的产品研发及技术不断提升,部分优秀国内企业凭借其整体系统解决方案能力及长期积累的品牌影响力,也逐步参与到中高端市场竞争中。例如,在政策指导下,基础建设项目逐步加大国内品牌的采购力度;在"一带一路"倡议的号召下,行业企业加大国际市场的开拓。总体上,我国低压电器出口竞争力正逐步增强,出口金额提高较快,据统计,2020 年中国低压电器出口 173.8 亿美元,同比上涨 7.0%,进口 149.5 亿美元,同比上涨 2.3%。目前,国内部分低压电器企业已经掌握了第四代产品的核心技术和知识产权,正在进行第五代产品的研发制造。

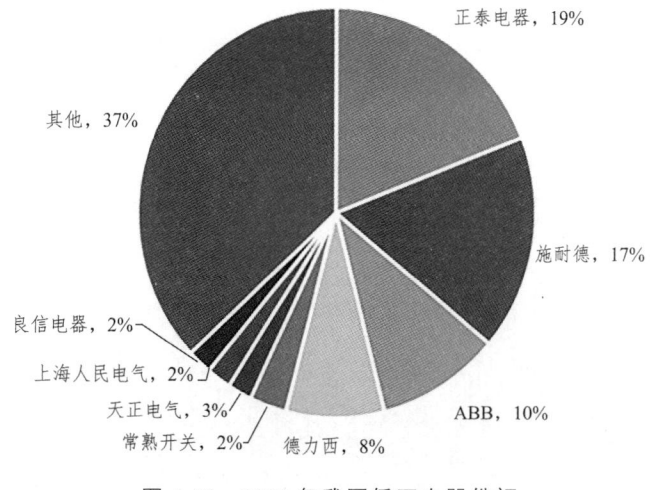

图 4-50 2020 年我国低压电器份额

复习思考题

1. 简述地铁车站低压配电系统动力负荷的分类。
2. 简述地铁车站低压配电系统动力负荷的配电方式。
3. 地铁车站低压配电系统动力负荷有哪些控制方式?
4. 400 V 开关柜有的作用是什么,有哪些类型?
5. 环控电控室的位置和作用是什么?
6. 环控电控柜有哪些电气元件?
7. 简述电机保护器和软启动器的作用。
8. 分析基于交流接触器的双电源切换线路的工作原理。
9. 根据电气控制线路,分析普通风机三地控制的工作原理。
10. 根据电气控制线路,分析隧道风机三地控制的工作原理。
11. 根据电气控制线路,分析组合空调机组变频控制的工作原理。
12. 根据电气控制线路,分析组合风阀的控制原理。
13. UPS 设备有哪些作用?
14. EPS 应急电源设备在地铁车站中的作用什么?
15. EPS 应急电源设备有哪些工作模式?
16. 调研国内 PLC 产品的市场份额,谈谈你对科技兴国的理解。

模块 5

城市轨道交通低压照明系统

知识结构

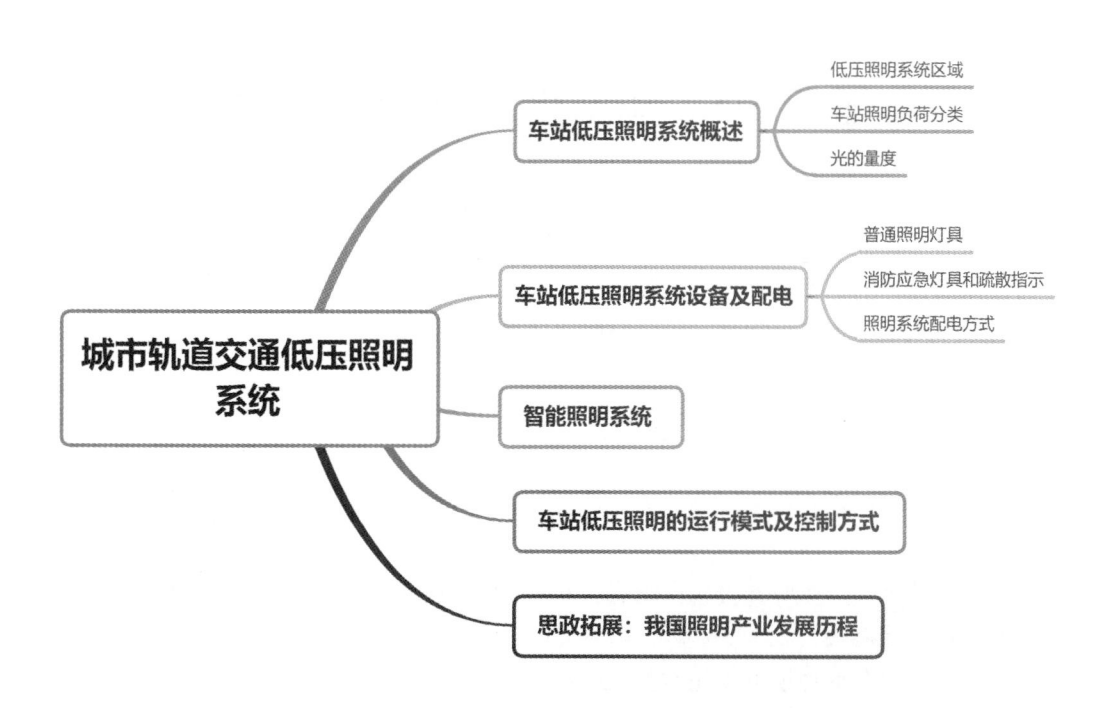

城市轨道交通低压照明系统
- 车站低压照明系统概述
  - 低压照明系统区域
  - 车站照明负荷分类
  - 光的量度
- 车站低压照明系统设备及配电
  - 普通照明灯具
  - 消防应急灯具和疏散指示
  - 照明系统配电方式
- 智能照明系统
- 车站低压照明的运行模式及控制方式
- 思政拓展：我国照明产业发展历程

> **学习目标**

【知识目标】
- 了解车站低压照明系统区域、常用的光的度量单位;
- 熟悉车站照明负荷分类;
- 了解车站普通照明灯具的类型及工作原理、消防应急灯具和疏散指示灯的类型和车站照明设备安装的一般规定;
- 了解智能照明系统的组成及工作原理;
- 熟悉车站低压照明的运行模式及控制方式。

【技能目标】
- 初步掌握荧光灯常见故障的分析和处理方法;
- 初步掌握 LED 等常见故障的分析和处理方法。

【思政目标】
- 了解我国照明产业发展历程,树立正确的世界观、人生观和价值观;
- 培养爱国、爱党、甘于为国奉献的精神和求真求实的科学态度。

任务 5.1 车站低压照明系统概述

车站照明系统一般采用电压 220 V,单向三线制的方式供电,系统范围为车站降压所变压器以下的照明设备、设施及线路。接地故障的保护方式采用 TN-S 接地故障保护系统。照明电缆一般采用五芯铜芯交联聚乙烯阻燃电缆。

5.1.1 低压照明系统区域

车站低压照明系统按区域划分为车站公共区照明、车站设备区照明、电缆通道照明、区间照明。

(1)车站公共区照明分为工作照明、节电照明、应急照明、疏散指示照明、广告照明、导向标识照明等。

(2)车站设备区照明分为正常照明、应急照明、疏散指示照明。

(3)电缆通道照明,电压不超过 36 V。

(4)区间照明采用长明灯工作方式。

各类照明如图 5-1 ~ 图 5-4 所示。

5.1.2 车站照明负荷分类

根据照明负荷对车站安全运营的影响程度,《地铁设计规范》(GB50157—2013)将其分为三级负荷:

一级负荷:应急照明(包括备用照明和疏散照明)、地下站厅站台等公共区照明、地下区间照明等。

二级负荷:地上站厅站台等公共区照明、附属房间照明。

三级负荷:广告照明及其他。

图 5-1 公共区照明

图 5-2 节电照明

图 5-3 疏散指示和安全出口照明

图 5-4 导向标识照明和广告照明

5.1.3 光的度量

光的常用度量单位有光通量、发光强度、光的照度等。

1. 光通量

光通量是指单位时间内光源辐射能量的大小，单位为流明（lm）。

2. 发光强度

光源在某一方向的光通量，单位为烛光，也称坎得拉（cd）。

3. 照 度

物体在单位面积上接收到的光通量叫光的照度，照度符号是 E，单位为勒克司（lx）。计算公式为

$$E = F/S \qquad (5-1)$$

式中　F——光通量，lm；
　　　S——照明面积，m^2；
　　　E——照度，lx。

1 lx 相当于 1 m^2 被照面上光通量为 1 lm 时的照度。

地铁车站不同位置照明的照度标准如表 5-1 所示。

表 5-1　地铁车站不同位置照度标准

位置	照度/lx	度量位置
车站控制室	300~500	工作面
出入口	300	地面
站长室、客务中心、公安值班室、装置及设备室、会议室、站台值勤室	300	桌面
自动扶梯两端	250	地面
楼梯间、站台边缘	200	地面
站厅一般范围、验票机范围、售票机范围、通道	180	地面
自动扶梯（不含广告）、站台一般范围、AFC 票务室、装置及设备房	150	地面

任务 5.2　车站低压照明系统设备及配电

地铁车站低压照明设备包括普通照明灯具和消防应急照明灯具。

5.2.1　普通照明灯具

微课"车站低压照明设备"

地铁车站常用普通灯具有荧光灯、节能灯、LED 灯、金属卤化物及高压气体放电灯。

为推广"绿色照明"理念，优先选用高光效、长寿命、节省电能的照明光源，一般来说，在车站办公区域、设备及管理用房及其他生活用房，尽可能选用荧光灯；高大的厂房车间选用金属卤化物灯及高压气体放电灯照明；车场空旷区域设置高杆灯照明，道路设金属杆路灯，光源采用高压钠灯。

1. 荧光灯

荧光灯俗称日光灯，其结构简单、发光效率高、显色性能好，是目前应用最广泛的气体放电光源。荧光灯由灯管、启辉器、镇流器、灯座及灯架组成，如图 5-5 所示。

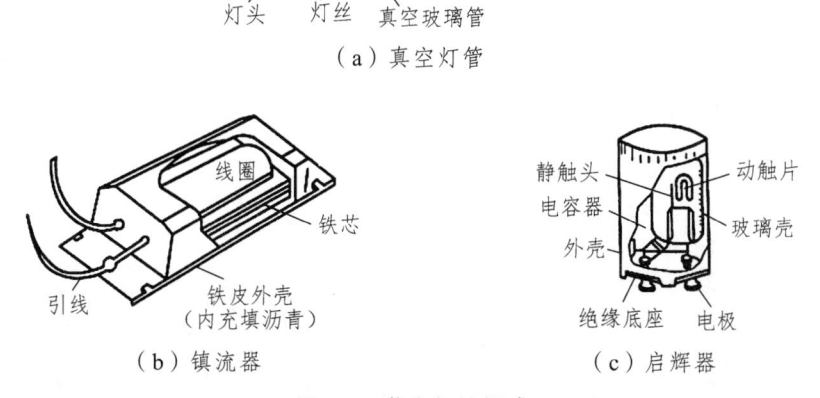

（a）真空灯管

（b）镇流器　　（c）启辉器

图 5-5　荧光灯的组成

荧光灯的工作原理：当电源接通时，电压全部加在启辉器上，氖气在玻璃泡内电离后辉光放电而发热（启辉器的玻璃泡内充有氖气），使动触片受热膨胀与静触片接触将电路接通。此时灯丝通过电流加热后发射出电子，使灯丝附近的水银开始游离并逐渐气化，同时启辉器触点接触后辉光放电随即结束，动触片冷却收缩使触点断开，电路中的电流突然中断，在此瞬间，镇流器产生的自感电动势与电源电压叠加，全部加在灯管两端的灯丝间。此瞬时高压使灯管内的水银气体全部电离，产生弧光放电，辐射出不可见的紫外光，激发管壁荧光粉而发出可见光，光色近似"日光色"。其工作原理如图5-6所示。

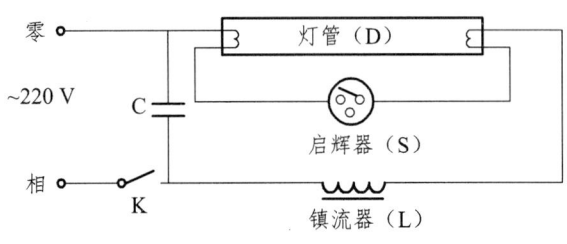

图 5-6 荧光灯工作原理图

由于不同功率的荧光灯工作条件不同，荧光灯的组件必须严格配套使用，尤其是镇流器和灯管。

荧光灯常见故障的可能原因及排除方法见表5-2。

表 5-2 荧光灯常见故障的可能原因及排除方法

故障现象	产生故障的可能原因	故障排除方法
灯管不发光	1. 无电源 2. 灯座触点接触不良，或电路线头松散 3. 启辉器损坏，或与基座触点接触不良 4. 镇流器绕组或管内灯丝断裂或脱落	1. 验明是否停电，或熔丝烧断 2. 重新安装灯管，或重新连接已松散线头 3. 先旋动启辉器，看是否发光，再检查线头是否脱落，排除后仍不发光，应更换启辉器 4. 用万用表低电阻挡测试绕组和灯丝是否通路 20 W 及以下灯管一端断丝，可把两脚短路，仍可应用
灯丝两端发亮	启辉器接触不良，或内部小电容击穿，或基座线头脱落，或启辉器已损坏	按上例3的方法检查，小电容击穿，可剪去或复用
启辉困难（灯管两端不断闪烁，中间不亮）	1. 启辉器配用不成套 2. 电源电压太低 3. 环境气温太低 4. 镇流器配用不成套，启辉器电流过小 5. 灯管衰老	1. 换上配套的启辉器 2. 调整电压或缩短电源线路，使电压保持在额定值 3. 可用热毛巾在灯管上来回烫（但应注意安全，灯架和灯座处不可触及和受潮） 4. 换上配套的镇流器 5. 更换灯管
灯光闪烁或管内有螺旋形滚动光带	1. 启辉器或镇流器连接不良 2. 镇流器不配套（工作电流过大） 3. 新灯管暂时现象 4. 灯管质量不佳	1. 镇流器质量不佳 2. 换上配套的镇流器 3. 使用一段时间，会自行消失 4. 无法修理，更换灯管

续表

故障现象	产生故障的可能原因	故障排除方法
镇流器过热	1. 启辉器或镇流器连接不良 2. 启辉情况不佳,连接不断地长时间产生触发,增加镇流器负担 3. 镇流器不配套 4. 电源电压过高	1. 常温度以不超过 65 ℃ 为限,过热严重的应更换 2. 排除启辉系统故障 3. 换上配套的镇流器 4. 调整电压
镇流器异声	1. 铁芯叠片松动 2. 铁芯硅钢片质量不佳 3. 绕组内部短路(伴随过热现象) 4. 电源电压过高	1. 灯管衰老 2. 更换硅片(需校正工作电流,即调节铁芯间隙) 3. 更换绕组或整个镇流器 4. 调整电压
灯管两端发黑	1. 灯管老化 2. 启辉不佳 3. 电压过高 4. 镇流器不配套	1. 更换灯管 2. 排除启辉系统故障 3. 调整电压 4. 换上配套的镇流器
灯管光通量下降	1. 灯管老化 2. 电压过低 3. 灯管处于冷风直吹场合	1. 更换灯管 2. 调整电压,或缩短电源线路 3. 采取遮风措施
开灯后灯管马上被烧毁	1. 电压过高 2. 镇流器短路	1. 检查过高原因,排除后再使用 2. 更换灯管

2. 节能灯

节能灯,又称紧凑型荧光灯,是指将荧光灯与镇流器(安定器)组合成一个整体的照明设备。它采用较细的玻璃管,内壁涂有三基色荧光粉,光色接近白炽灯,具有光效高、寿命长的特点。节能灯有各种外形,如圆环灯、双曲灯、H 灯和双 D 灯等,如图 5-7 所示。

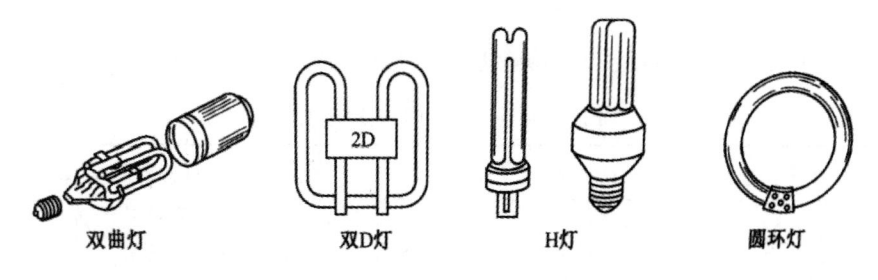

双曲灯　　　双D灯　　　H灯　　　圆环灯

图 5-7　节能灯外形结构

节能灯点燃时首先通过电子镇流器给灯管灯丝加热,灯丝开始发射电子(因为在灯丝上涂了一些电子粉),电子碰撞充装在灯管内的氩原子,氩原子碰撞后获得了能量又撞击内部的汞原子,汞原子在吸收能量后跃迁产生电离,灯管内形成等离子态,灯管两端电压直接通过等离子态导通并发出紫外线,紫外线激发荧光粉发光。由于荧光灯工作时灯丝的温度在 1 160K 左右,比白炽灯工作的温度 2 200～2 700K 低很多,所以其寿命也大大提高。由于它使用效率较高的电子镇流器，同时不存在白炽灯那样的电流热效应，荧光粉的能量转换效率也很高，所以节约电能。

3. LED 灯

目前 LED 灯的应用已经得到普及。LED（Light Emitting Diode）又称为发光二极管，它是一种固态的半导体器件，可以直接把电能转化为光能。LED 的心脏是一个半导体晶片，它的一端附在一个支架上，作为负极，另一端接电源正极，使整个晶片被环氧树脂封装。半导体晶片由三部分组成，一部分是 P 型半导体，一部分是 N 型半导体，还有一部分处在中间位置，即 PN 结。当电流通过晶片时，N 型半导体中的电子流动越过 PN 结，与 P 型半导体中的空穴复合，从而以光子的形式发出能量，这就是 LED 发光的原理。LED 灯实物如图 5-8 所示。

LED 灯类型众多，按发光管颜色分，有红色、橙色、绿色、蓝色、组合色；根据发光管掺或不掺散射剂分，有无色透明、有色透明、无色散射、有色散射四种类型；按发光面特征分，有圆形、方形、矩形、侧向管等；按发光强度分布角分，有高指向型、标准型、散射型。

LED 灯具有体积小、耗电低、寿命长、无毒环保等很多优点，目前应用领域有室外装饰工程照明，市政、道路照明，汽车照明，室内外显示屏，家庭照明灯。

图 5-8 LED 灯实物图

LED 灯常见故障的可能原因及排除方法如表 5-3 所示。

表 5-3 LED 灯常见故障的可能原因及排除方法

故障现象	产生故障的可能原因	故障排除方法
灯不亮	1. 无电源 2. 开关触点接触不良或烧蚀 3. LED 灯珠有问题或烧毁 4. 驱动器坏	1. 用验电器检验是否停电 2. 更换电源开关 3. 更换灯珠 4. 更换驱动器
灯变暗	1. 部分灯珠烧毁 2. 驱动器不匹配或输出电流减少	1. 并联连接临近灯珠 2. 更换驱动器
关灯后闪烁	1. 开关控制零线 2. LED 灯产生自感电流	1. 将火线和零线对调 2. 购买 220 V 继电器，将线圈与电灯串联

4. 高压钠灯

高压钠灯广泛运用于城市街道照明，在地铁车站可用于空旷的厂区和车间照明。

高压钠灯的基本结构如图5-9所示。其发光管较长较细，管壁温度达700 ℃以上，因钠对石英玻璃具有较强的腐蚀作用，故管体由多品氧化铝（陶瓷）制成。为了能使电极与管体之间具有良好的密封衔接，采用化学性能稳定而膨胀系数与陶瓷接近的铌做成端帽（也有用陶瓷制成的）。电极间连接着用来产生启动脉冲的双金属片（与荧光灯的启辉器作用相同）。泡体由硬玻璃制成，灯头一般制成螺口式。

高压钠灯是一种高强度气体放电灯，其启动原理如图5-10所示。当灯泡启动后，电弧管两端电极之间产生电弧，由于电弧的高温作用使管内的液钠汞受热蒸发成为汞蒸气和钠蒸气，阴极发射的电子在向阳极运动的过程中，撞击放电物质的原子，使其获得能量产生电离或激发，然后由激发态回复到基态，或由电离态变为激发态，再回到基态，以此循环。此时，多余的能量以光辐射的形式释放，便产生了光。

新型高压钠灯的工作原理虽然相同，但启动方式却有所不同,通常采用由晶闸管(可控硅）构成的触发器。

高压钠灯常见故障和排除方法与荧光灯类似，可参照应用。

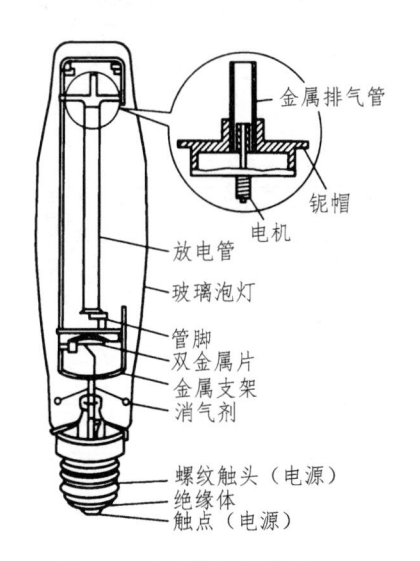

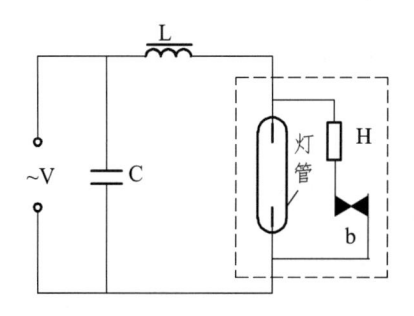

图 5-9 高压钠灯结构图　　　图 5-10 高压钠灯启动原理图

5. 灯具的布置

灯具的布置指确定灯具在屋内的空间位置。它对光的投射方向、工作面的照度、照度的均匀性、眩光阴影限制及美观大方等均有直接的影响。

灯具的布置应结合工作现场建筑物的结构形式和视觉的工作特点进行。在地铁车站公共区域应统筹考虑建筑空间的照明亮度、均匀度和装饰美化效果，在办公区域或设备房应偏重考虑照明亮度和局部照明。

灯具悬挂尺寸的示意如图 5-11 所示,室内一般灯具的最低悬挂高度 h_B 应根据表 5-4 选择,灯具的垂度 h_C 一般为 0.3~1.5 m(多取 0.7 m)。灯具悬挂高度一般为 2.4~4 m。

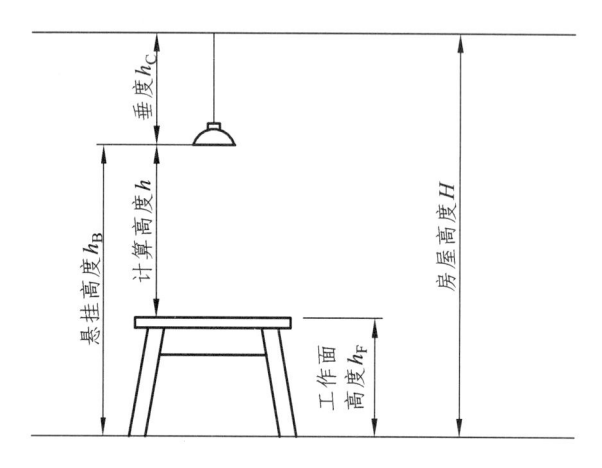

图 5-11 照明灯具距地面最低悬挂高度

表 5-4 室内一般照明灯具的最低悬挂高度

光源种类	灯具形式	光源功率/W	最低悬挂高度/m
白炽灯	有反射罩	≤60	2
		100~150	2.5
		200~300	3.5
		≥500	4
	有乳白玻璃漫反射罩	≤100	2
		150~200	2.5
		300~500	3
卤钨灯	有反射罩	≤500	6
		1 000~2 000	7
荧光灯	无反射罩	<40	2
		≥40	3
	有反射罩	≥40	2
高压钠灯	搪瓷反射罩	250	6
	铝抛光反射罩	400	7

5.2.2 消防应急灯具和疏散指示

消防应急照明和疏散指示在发生火灾时为人员疏散、逃生、消防作业提供照明或指示，是建筑中不可缺少的重要消防设施。

5.2.2.1 灯具分类

消防应急灯具按照具体应用可分为消防应急标志灯具、消防应急照明灯具和消防应急照明标志复合灯具；按照工作时点亮状态分为持续型（灯具的光源在主电源或应急电源工作时均处于点亮状态）和非持续型（灯具的光源在主电源工作时不点亮，仅在应急电源工作时处于点亮状态）；按照供电电源不同分为自带电源型（灯具电池、光源及相关电路安装在灯具内部，由电池来为光源供电）和集中电源型（灯具的电源由应急照明集中电源提供，自身无独立的电池，不能独立工作）。

消防应急标志灯具是用于指示疏散出口、疏散路径、消防设施位置等指示重要信息的灯具，一般均用图形加以标示，有时会有辅助的文字信息。其外观如图 5-12 所示。

消防应急照明灯具为人员疏散、消防作业提供照明的灯具。其外观如图 5-13 所示。

消防应急照明标志复合灯具同时具备应急照明和疏散指示两种功能。其外观如图 5-14 所示。

图 5-12 消防应急标志灯具

图 5-13 消防应急照明灯具

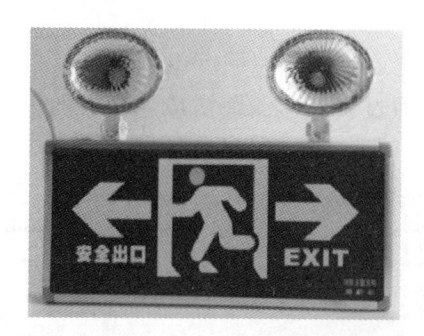

图 5-14 消防应急照明标志复合灯具

5.2.2.2 消防应急照明系统分类与工作原理

消防应急照明和疏散指示系统构成如图 5-15 所示。

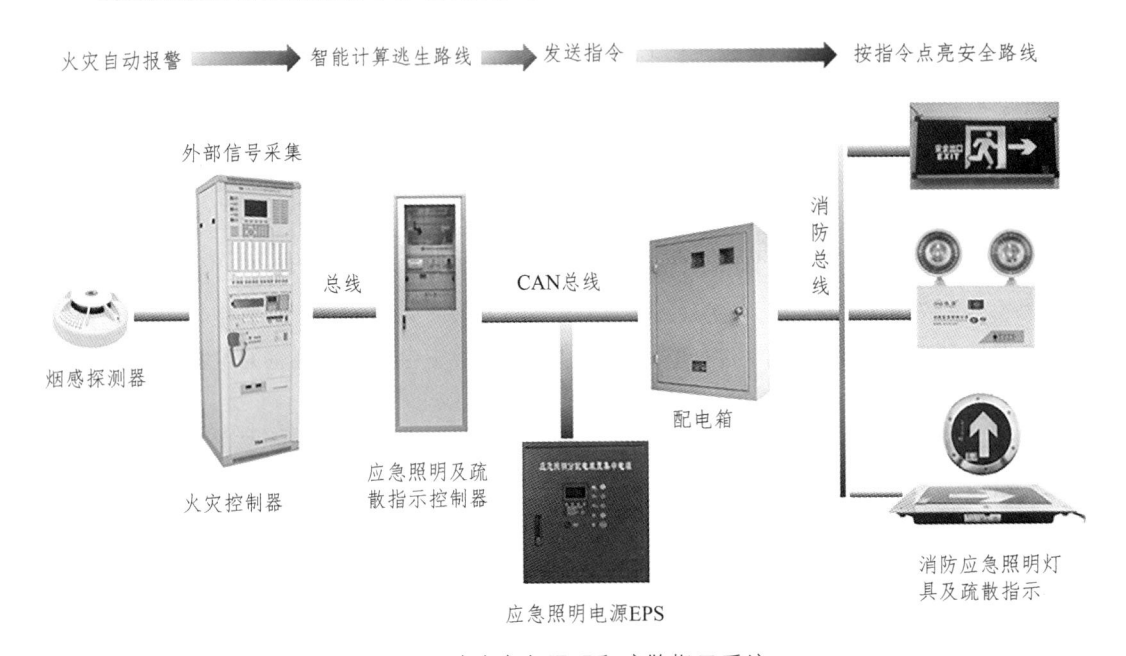

图 5-15 消防应急照明和疏散指示系统

按照灯具的供电方式和控制方式,消防应急照明系统分为自带电源非集中控制型、自带电源集中控制型、集中电源非集中控制型、集中电源集中控制型四种类型。

1. 自带电源非集中控制型

正常工作状态时,市电通过应急照明配电箱为灯具供电,用于正常工作和蓄电池充电。

发生火灾时,相关分区内的应急照明配电箱动作,切断消防应急灯具的市电供电线路,灯具的工作电源由灯具内部自带的蓄电池提供,灯具进入应急状态,提供疏散照明。

2. 自带电源集中控制型

正常工作状态时,市电通过应急照明配电箱为灯具供电,用于正常工作和蓄电池充电。应急照明控制器通过实时监测消防应急灯具的工作状态,实现灯具的集中监测和管理。

发生火灾时,应急照明控制器接收到消防联动信号后,下发控制命令至消防应急灯具,控制应急照明配电箱和消防应急灯具转入应急状态,提供疏散照明。

3. 集中电源非集中控制型

正常工作状态时,市电接入应急照明集中电源,用于正常工作和电池充电,通过各防火分区设置的应急照明分配电装置将应急照明集中电源的输出提供给消防应急灯具。

发生火灾时,应急照明集中电源的供电电源由市电切换至电池,集中电源进入应急工作状态,通过应急照明分配电装置供电的消防应急灯具也进入应急工作状态,提供疏散照明。

4. 集中电源集中控制型

正常工作状态时,市电接入应急照明集中电源,用于正常工作和电池充电,通过各防火分区设置的应急照明分配电装置将应急照明集中电源的输出提供给消防应急灯具。应急照明控制器通过实时监测应急照明集中电源、应急照明分配电装置和消防应急灯具的工作状态,实现系统的集中监测和管理。

发生火灾时,应急照明控制器接收到消防联动信号后,下发控制命令至应急照明集中电源、应急照明分配电装置和消防应急灯具,控制系统转入应急状态,提供疏散照明。

5.2.2.3 消防应急系统性能要求

1. 应急转换时间

(1)系统的应急转换时间不应大于 5 s。

(2)高危险区域使用系统的应急转换时间不应大于 0.25 s。

(3)人员密集场所应急转换时间不大于 1.5 s。

2. 消防应急标志灯具的表面亮度

仅用绿色或红色图形构成标志的标志灯,表面最小亮度不能小于 50 cd/m^2,最大不大于 300 cd/m^2。

3. 消防应急照明灯具的光通量

应急状态下的光通量不能低于其标称的光通量,且不小于 50 lm。

4. 疏散照明的地面最低水平照度

(1)对于疏散走道不应低于 1.0 lx。

(2)对于人员密集场所、避难层(间),不应低于 3.0 lx。

(3)对于楼梯间、前室或合用前室、避难走道,不应低于 5.0 lx。

5. 疏散指示标志设置

公共建筑、建筑高度大于 54 m 的住宅建筑、高层厂房(库房)和甲、乙、丙类单、多层厂房,应设置灯光疏散指示标志,并应符合下列规定:应设置在安全出口和人员密集的场所的疏散门的正上方;应设置在疏散走道及其转角处距地面高度 1.0 m 以下的墙面或地面上;疏散指示标志的间距不应大于 20 m;对于袋形走道,疏散指示标志间距不应大于 10 m;在走道转角区,疏散指示标志间距不应大于 1.0 m。

6. 其他要求

消防控制室、消防水泵房、自备发电机房、配电室、防排烟机房以及发生火灾时仍需正常工作的消防设备房应设置备用照明,其作业面的最低照度不应低于正常照明的照度。疏散照明灯具应设置在出口的顶部、墙面的上部或顶棚上;备用照明灯具应设置在墙面的上部或顶棚上。

5.2.2.4 消防应急灯具和疏散指示安装要求

(1)消防应急灯具与供电线路之间不得使用插头连接,必须在预埋盒或接线盒内连接。

(2)消防应急照明灯具应均匀布置,最好安装在棚顶或距楼地面2 m以上的侧面墙上,出口高度大于4 m以上的疏散出口可在出口门边上安装消防应急灯具。

(3)消防应急灯具吊装时宜使用金属吊管,吊管上端应固定在建筑物实体或构件上。安装后对人员正常通行不要产生影响,消防应急标志灯具周围要保证无遮挡物。

(4)疏散指示应安装在人员密集的大型室内公共场所的疏散走道和主要疏散线路上,箭头指示方向或导向光流流动方向应与疏散方向一致。

(5)指示出口的消防应急标志灯具应固定在坚固的墙上或顶棚下,安装方式既可以明装,也可以嵌墙安装。

(6)消防应急灯具在安装时应保证灯具上的各种状态指示灯易于观察,试验按钮能被人工或遥控操作。

(7)消防应急照明灯具安装时,在正面迎向人员疏散方向,应有防止造成眩光的措施。

(8)消防应急灯具宜安装在不燃烧墙体和不燃烧装修材料上。

5.2.3 照明系统配电方式

在地铁车站里,一般会在车站站台、站厅的两端各设置一个照明配电室,室内集中安装各类照明配电控制箱,如图5-16所示。分别在降压所的低压柜两段母线上各馈出一路电源,与照明配电室的两个配电箱连接,以交叉供电方式,向站台、站厅、设备及管理用房供电。以某地铁车站一端为例,其照明系统配电结构如图5-17所示。

(a)照明配电箱　　　　(b)配电箱内部

图5-16 照明配电箱及内部

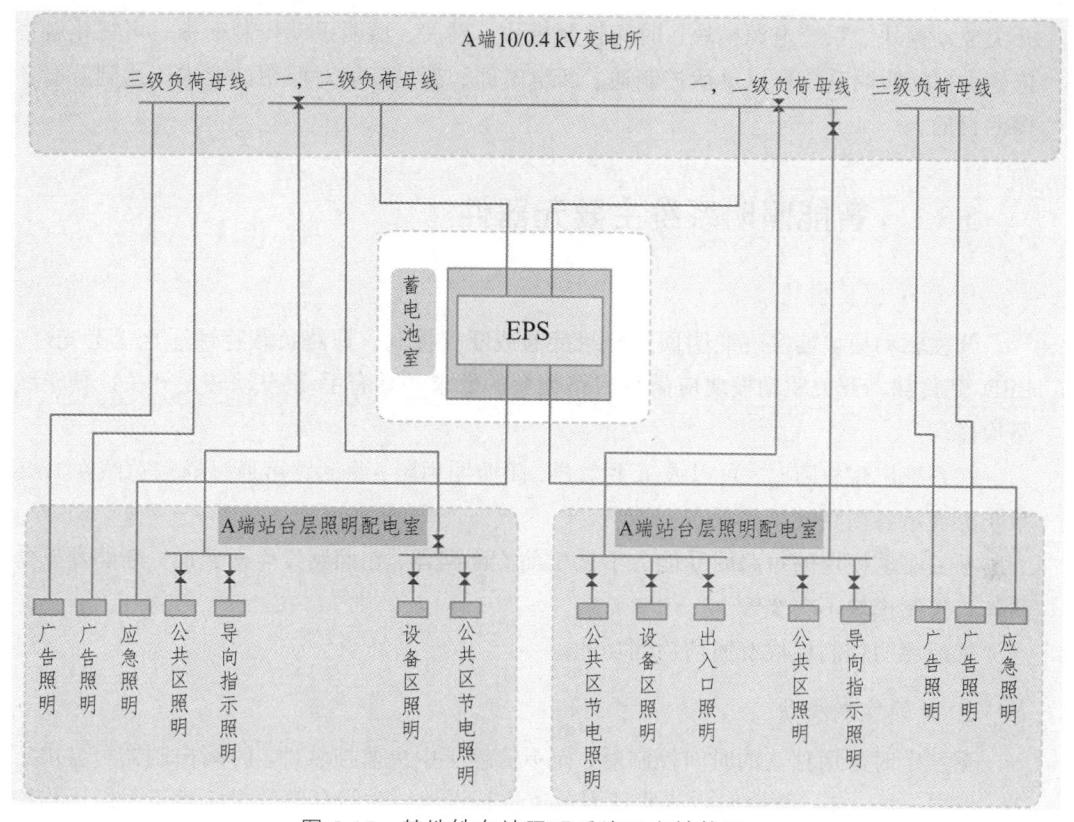

图 5-17 某地铁车站照明系统配电结构图

应急照明正常时采用 380/220 V 交流电源供电，从两路来自降压所的低压柜两段母线上，各馈出一路电源至 EPS 系统双电源切换装置后馈出。当进线交流电源失电后，由 EPS 蓄电池向外供电，当进线恢复供电后，又自动切换为市电向外供电。

任务 5.3　智能照明系统

智能化已经成为当今建筑设计的发展趋势，现代建筑中的照明不仅要求能为人们的工作、学习、生活提供良好的视觉条件，而且还利用光源特性协调营造出具有一定风格和美感的照明环境，更好地满足人们的特定环境下的需求。智能照明要考虑管理智能化、操作简单化使用的灵活性，以及未来照明布局、控制方式的变更等要求，一个优秀的智能照明控制系统不仅可以提升照明环境品质，还可以充分利用能源，分析能耗，使建筑环境更加节能、环保。

微课"智能照明系统"

在地铁车站中，智能照明系统已经获得广泛应用。智能照明系统包括以下主要部分：

开关驱动模块、系统电源模块、时间控制模块、网关、照明手动控制面板、可视化触摸屏等。智能照明系统可以灵活控制通、断电时间，满足环境对照明的要求，达到节能环保的目的。

5.3.1 智能照明系统主要元器件

1. 开关驱动模块

开关驱动模块能实现照明回路分组接通或断开控制，回路负载特性适合于荧光灯、LED 灯负载。开关驱动模块应满足回路数量的要求并具有手动/自动转换开关，便于线路检修。

在系统出现故障时，可以人工手动开、闭照明回路，每回路可通过通信总线在 BAS 系统上显示各回路的工作状态。

开关驱动模块的短路耐受能力不低于前方断路器，在回路发生短路时，断路器正常动作，控制模块不会烧毁。

智能照明控制模块有通信检测功能。

2. 时间控制模块

系统定时采用独立的时间控制器，而不依赖于中央监控软件。时间控制器可自由定义，以周、月、年、夏令时、节假日为单位进行设置，时间存储数量应满足系统工作模式时间数量的需求。

3. 中文液晶触摸屏

液晶触摸屏具有可视化集中控制功能，具备中文显示、彩色界面，可任意编辑中文文字，可导入图片、状态显示、历史记录。

4. 手动控制面板

面板为总线智能型，其功能和控制对象改变时只需通过软件作设定而无须改变接线方式，可对单一回路或多回路的开关、模式、总控操作等。

5. 耦合模块、电源模块等

按系统要求配置相应的耦合模块、电源模块等。

5.3.2 网络系统

（1）可采用先进、成熟的分布式照明自动监控系统。通过网络总线将分布在各现场的控制器联结起来，共同完成中央集中管理和分区本地控制。

（2）所有照明回路采用多种控制形式，即可以集中控制、区域就地控制；中央监控功能停止工作不影响各分区功能和设备运行，总线通信控制也不应因此而中断。

（3）系统具有可扩展性。

（4）系统可提供开放的通信网关或具有通信网关功能的软件和硬件设备。该通信网关能满足与标准的、通用的、开放的通信协议进行通信，从而对本系统的数据进行读写及操作。

（5）系统具有编程插口，便于进行系统维护。

除控制面板外，电源模块、网关、时间控制模块等一般均安装在智能照明自带的箱体内，自带箱体一般安装在靠近车站控制室端的照明配电室内。开关驱动模块一般安装在照明配电箱内，手动控制模块安装在照明配电室，可视化集中监控触摸屏安装在车控室。

智能照明系统结构如图 5-18 所示。

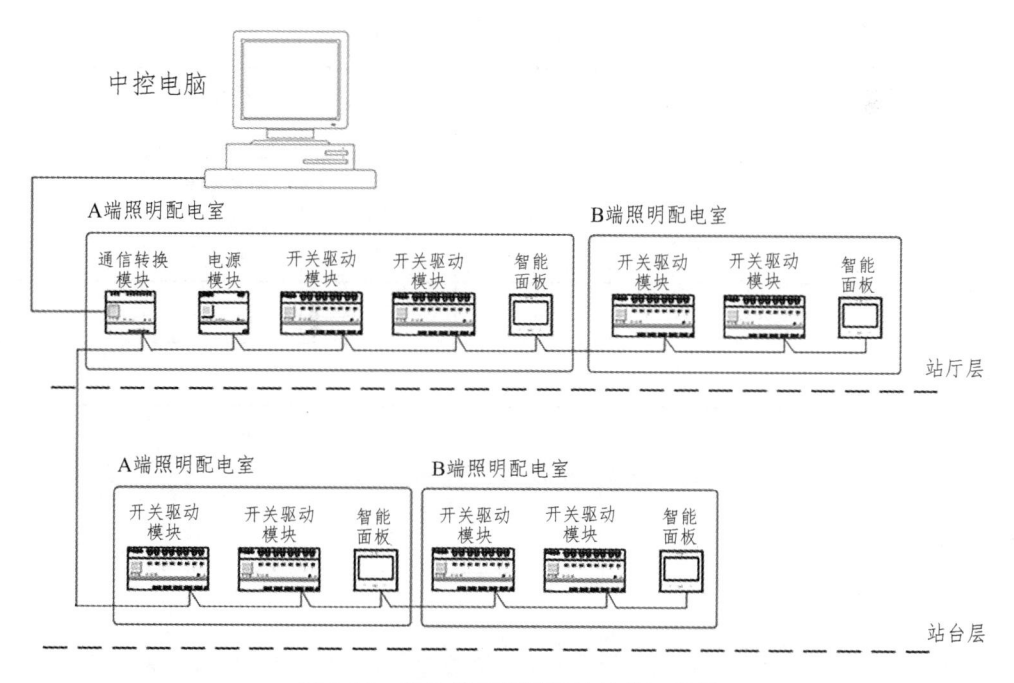

图 5-18 车站智能照明系统结构示意图

任务 5.4　车站低压照明的运行模式及控制方式

5.4.1　车站低压照明的运行模式

车站低压照明按照四种模式运行：正常模式、停运模式、节能模式和火灾模式。

（1）正常模式：用于正常运营时的客流高峰期和节假日。客流高峰期间一般指每天

7：00~9：00、17：00~19：00时间段，客流高峰时间段数及时间范围可调。

（2）节电模式：用于正常运营时的非客流高峰期。非客流高峰期一般为每天5：30~7：00、9：00~17：00、19：00~23：30。

（3）停运模式：用于停止运营时间段，一般为每天23：30~5：30。停运模式随实际运营时间表确定，时间可调。

（4）火灾模式：智能照明控制系统只监视不控制（只显示系统的工作状态），可有选择地手动切断有关非消防照明电源。火灾发生区域分为车站和隧道区间。车站又分为公共区（含车站站台轨道区）和设备区。火灾模式下，广告照明全部切断，车站工作照明（公共区工作照明、公共区节电照明）延时切除，延时时间可调。

在车站智能照明模式下，各个照明的状态如表5-5所示。

表5-5 车站智能照明模式

车站智能照明模式表	公共区工作照明	公共区节电照明	出入口通道工作照明	出入口通道节电照明	出入口飞顶照明	正常导向照明
正常模式	开	开	开	开	时间设定	开
节能模式	关	开	关	开	时间设定	开
停运模式	关	关	关	关	关	关
火灾模式	关	关	关	关	关	关

5.4.2 车站低压照明系统控制方式

车站照明系统可分为三级控制。

1. 就地级控制

各设备及管理用房进门处设有就地开关箱或盒，可控制相应设备及管理用房的照明。区间隧道照明取自站台层照明配电室照明控制箱。

2. 照明配电室集中控制

工作照明、节电照明、应急照明及广告照明均可在室内就地控制。正常情况下，配电箱所有开关均应全部合上，以便通过就地级控制和车控室集中控制。

3. 车控室集中控制

在机电设备综合监控系统上可监控站厅、站台公共区工作照明、节电照明、广告照明的工作状态（手动/停止/自动）。

思政拓展：我国照明产业发展历程

作为将电能转化为光能的人工照明光源，照明灯具的发明彻底改变了人类"日出而耕，日落而息"的生活，大大推动了人类的文明进步。而我国早已成为全球最大的照明产品生产国和消费国。据统计，2020年全国照明器具制造企业营业收入3363.5亿元，灯具、照明装置及其零件商品出口额达376.2亿美元。

微课"我国照明产业发展历程"

我国的照明产业发展是在借鉴国外发明成果和产业成果基础上，经过自己艰苦努力逐步起步的。1949年后，我国照明产业得到较大进步，改革开放40年，中国人民凭着的勤劳和聪慧，在照明产业上逐渐做大并异军突起，取得了巨大成就。

据记载，早在18世纪，我国正开始利用天然气照明。1865年香港中环首次安装了煤气灯作为路灯，上海南京路上安装了10盏煤气灯。1879年，上海公共租界工部局电气工程师毕晓浦试验成功碳极弧光灯，宣告中国第一盏电灯问世。1908年，作为最早进入我国的外国企业，美国通用电气公司（GE）在沈阳建立了第一家灯泡厂。1917年，GE公司创办了上海奇异安迪生电器公司（上海灯泡厂前身）。1921年著名民族实业家胡西园历尽艰难困苦在上海试制成功第一个国产白炽灯，1923年创办了我国第一个灯泡厂——亚浦尔灯泡厂（亚明灯泡厂前身），在与国外企业的竞争中取得了不朽的成就。

新中国成立前，在半殖民地半封建社会时期，中国民族照明工业遭受到国外洋品牌及国内落后势力的双重压榨和排挤，再加上灯泡工业缺乏赖以生存的长期稳定的发展环境，因此中国只有上海等少数几个城市拥有灯泡厂，而且这些灯泡厂大多经营困难，处于奄奄一息的状态。1949年后，在国家的大力推动下，我国现代照明工业迎来了发展的春天。1956年初全国范围内的资本主义工商业实现了全行业公私合营，民营照明企业收归国有。60年代初期，在人民当家作主、建设社会主义的激情下，各地出现了大办工厂的热潮，诞生了北京灯泡厂、佛山灯泡厂（佛山电器照明股份有限公司前身）、宝鸡灯泡厂、长春灯泡厂等。电光源技术也取得了突破。

改革开放后，中国照明行业得到快速发展，从白炽灯时代到节能灯时代，再到如今的LED照明时代，从当初的照明产品进口国一跃成为如今的全球照明产品生产出口国；全球照明产品一半以上来自中国制造。这是中国照明行业的荣耀，也是中国照明行业努力奋斗的成果。如今，结合大数据、人工智能等先进技术，我国照明行业即将进入全面照明智能管理系统时代。

20世纪70年代，国际天文界提出了光污染的话题。20世纪90年代，美国环保局提出"绿色照明"的概念,并得到全球照明界的认同。绿色照明包含节能、环保、安全和舒适四项基本指标,对照明灯具提出了更高的要求。我国绿色照明工程于1996年启动,其主要目的是要在我国发展和推广高效照明器具,改善照明质量,节约照明用电,创建一个优质高效,经济舒适,安全可靠的生活、工作照明环境。绿色照明工程被列为"十一五""十二五""十三五"重点节能工程。通过二十多年的发展与实践,中国绿色照明工程取得了显著成就,为我国节能减排目标的实现做出了重要的贡献,得到了国际社会的高度评价和一致认可。

复习思考题

1. 车站照明系统一般采用什么方式供电?
2. 车站低压照明负荷分为哪三级?
3. 光的常用度量单位有哪些?
4. 地铁车站常用普通灯具有哪些?
5. 简述荧光灯的工作原理。
6. 消防应急灯具有哪些类型?
7. 简述智能照明系统在地铁车站中的作用及组成。
8. 车站低压照明有哪些运行模式?
9. 简述车站低压照明系统的控制方式。
10. 结合我国照明发展历程,谈谈你对中华民族伟大复兴中国梦的理解。

模块 6

城市轨道交通低压配电设备检修

知识结构

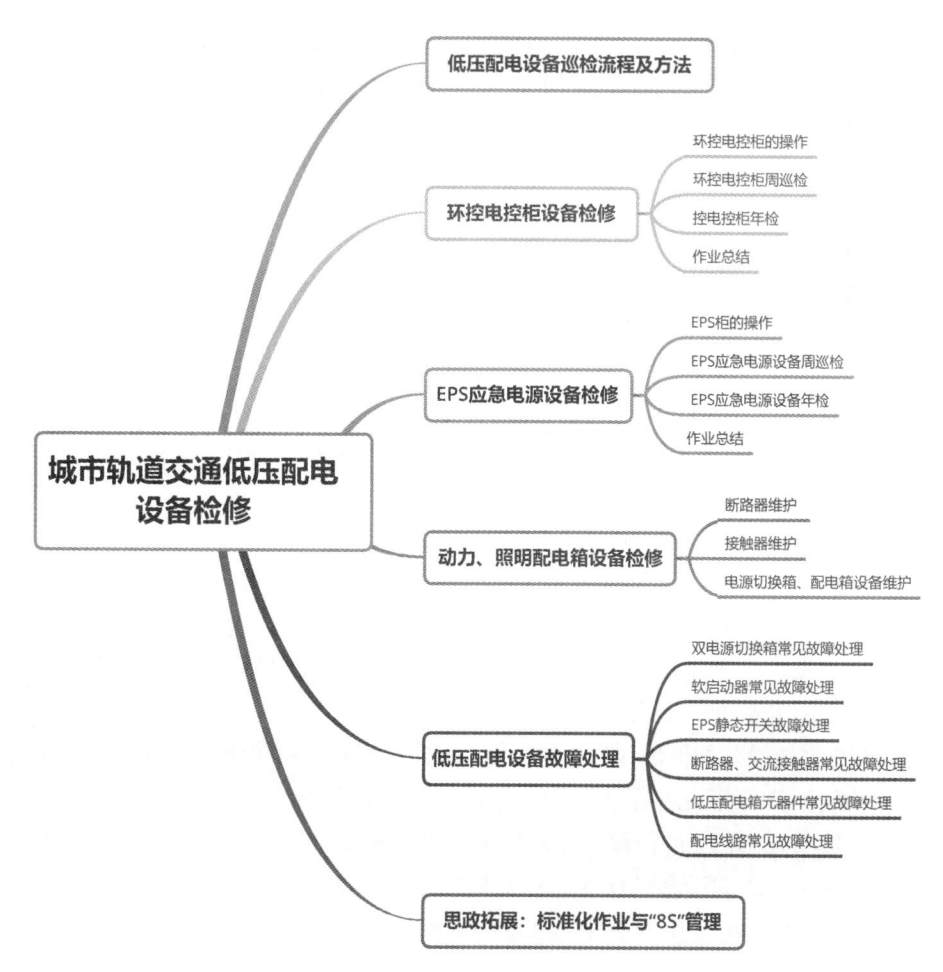

- 城市轨道交通低压配电设备检修
  - 低压配电设备巡检流程及方法
  - 环控电控柜设备检修
    - 环控电控柜的操作
    - 环控电控柜周巡检
    - 控电控柜年检
    - 作业总结
  - EPS应急电源设备检修
    - EPS柜的操作
    - EPS应急电源设备周巡检
    - EPS应急电源设备年检
    - 作业总结
  - 动力、照明配电箱设备检修
    - 断路器维护
    - 接触器维护
    - 电源切换箱、配电箱设备维护
  - 低压配电设备故障处理
    - 双电源切换箱常见故障处理
    - 软启动器常见故障处理
    - EPS静态开关故障处理
    - 断路器、交流接触器常见故障处理
    - 低压配电箱元器件常见故障处理
    - 配电线路常见故障处理
  - 思政拓展：标准化作业与"8S"管理

学习目标

【知识目标】
- 熟悉低压配电设备巡检的流程及注意事项；
- 掌握环控电控柜的操作方法，熟悉环控电控柜设备周巡检、年检的作业流程；
- 掌握EPS应急电源设备的操作方法，熟悉EPS应急电源设备周巡检、年检的作业流程；
- 掌握动力、照明配电箱设备维护方法。

【技能目标】
- 会操作环控电控柜设备和EPS应急电源设备；
- 会按照作业流程对环控电控柜设备、EPS应急电源设备、动力、照明配电箱设备进行周巡检、年检；
- 会对双电源切换箱、软启动器、EPS静态开关、断路器、交流接触器、低压配电箱元器件、配电线路常见故障进行分析和处理。

【思政目标】
- 了解标准化作业和"8S"管理的作用与意义；
- 培养绿色环保生产和节约意识，增强时间管理观念和自律能力，增强规范操作和安全生产意识，提高综合素养。

任务 6.1 低压配电设备巡检流程及方法

低压配电系统设备巡检是指按照一定的标准、一定的周期、一定的方法对设备规定的部位、项目进行检查，开展预防性检修，以便预防事故发生、减少停机时间、延长设备寿命、降低检修费用，保证低压配电系统设备正常运行。

微课"低压配电设备巡检流程及方法"

低压配电系统设备的检修分为计划维修、故障维修和专项检修。

（1）计划维修：指设备在使用寿命期内经过规定的开动使用时间或一定使用频率后，进行预防性的定期检查、调整和各类修理使其处于正常使用状态。在计划修中，不同设备的保养、修理周期、周期结构和间隔是确定的。

（2）故障维修：指以故障出现为基础的维修方式，即在设备出现了明显的故障后实施的维修，其状态是由监测仪器参数的变化反映出来，或由巡视人员现场发现报告。

（3）专项检修：指低压配电设备需定期维护且工作具有持续性或季节性的项目检修。如低压配电设备及其附属件专项修，低压配电设备及电缆桥架、支吊架、固定螺栓等附属件除锈、刷漆；电暖器及其附件专项修，供暖季开始前进行电暖器端子紧固、功能测试等。

6.1.1 作业前准备工作流程

（1）作业前，准备好劳保、工器具及材料，确保该项检修所带防护、工具及材料齐全。
（2）召开班前安全会，将本次作业的工作要点和安全注意事项对作业人员进行交底，要求作业人员熟知并能复述。

6.1.2 作业时基本注意事项

（1）携带相关证件，至车控室办理请点手续。
（2）如需焊接管道支架，请按照规定做好安全防护，登高作业须挂置安全带并做好防护，梯子上严禁放置工器具及材料。
（3）进行风机、风阀等通风设备功能测试时，需与环调联系，告知其作业区域及作业影响。

6.1.3 作业后收尾工作流程

（1）作业完毕，确保将系统和设备恢复到正常使用的状态，规范填写低压配电各项检修记录表。
（2）清点工器具，清理现场，保持现场清洁和卫生。
（3）做好销点手续，召开班后总结会。
（4）对检修记录表整理装订并存档。

6.1.4 巡检方式

巡检就是要及时发现系统设备运行异常现象，并在安全、不影响正常运营情况下及时进行维修，以确保系统正常运营。巡检以"望、闻、问、切、嗅"为主要手段，必要时使用仪器进行检查。

（1）望：以眼观察各类照明灯具工作是否正常、指示灯指示是否正常、电流表和电压表指示是否正常、转换开关及空气开关位置是否正确、接触器和继电器及开关触点是否有电弧灼痕、水位及水位指示是否正常等。

（2）闻：以耳聆听接触器和继电器线圈及灯具镇流器交流声是否正常、接触器和继电器吸合声是否正常、各类电机及相关机械工作声音是否正常等。

（3）问：询问车站值班人员及其他工作人员是否存在设备故障及故障现象等。

（4）切：以手转动各开关和按动各按钮检查其功能是否正常、触摸蓄电池侧表面检查其温升是否正常、触摸各开关及电力和电线绝缘表面检查其温升是否正常、触摸各电机外表面检查其温升是否正常等。

（5）嗅：以鼻嗅吸检查是否有电气烧焦臭味、机械摩擦产生异味等。

任务 6.2　环控电控柜设备检修

环控电控柜分布在环控电控室内，其检修分为计划修和故障修。根据检修周期的不同，维护项目也不同。常见检修周期有周巡检和年检。

环控电控柜检修注意事项：

（1）进入环控电控室前，须将门口"气体灭火控制盘"转换开关由"自动"状态转至"手动"状态；离开环控电控室后，须将门口"气体灭火控制盘"转换开关由"手动"状态转至"自动"状态。

（2）在环控电控柜日常巡视中，人与带电体保持可靠安全距离 0.7 m 以上，禁止将头部与身体部位伸进电缆小室内，只能在电缆小室外察看。

（3）先将环控电控柜供电运行中的末端设备停机，再对环控电控柜断电，断电后进行验电、挂警示牌。

（4）检修抽出式抽屉时，小心操作，禁止猛力操作，以防损坏设备。

（5）严禁带电维修和更换元器件，停送电时由一人操作一人监护。恢复送电时先要确认工器具及人员出清，并保持安全距离。

（6）作业完毕，确保将系统和设备恢复到正常使用的状态，规范填写低压配电各项检修记录表。

6.2.1　环控电控柜的操作

环控电控柜的操作主要包括双电源设备的功能检测和抽屉单元的操作。双电源自动切换装置以 ASCO 300 系列自动转换开关为例。

6.2.1.1　双电源功能检测

双电源功能测试包括一项检查、两项操作，分别为电压检查、手动操作和电气操作。

1. 手动操作测试

转换开关上的维护手柄，专为维护用。在通电前，应检测转换开关的手动操作（在两路电源断开前，不得手动操作转换开关）。

（1）切断两路电源后，打开机柜门，找到位于转换开关左侧的维护手柄，将维护手柄插入开关左侧横轴上的孔内。

（2）握住维护手柄并用拇指和手指转动手柄以进行手动操作，维护手柄的转动与配重块的方向相反。如图6-1所示，向上或向下转动以手动操作转换开关。操作应顺畅无停滞，如若不是，检查手柄是否损坏或被内部结构碎片卡住。

（3）将转换开关拨到"常用电源"位置，之后可进行常用电源的电压检测。

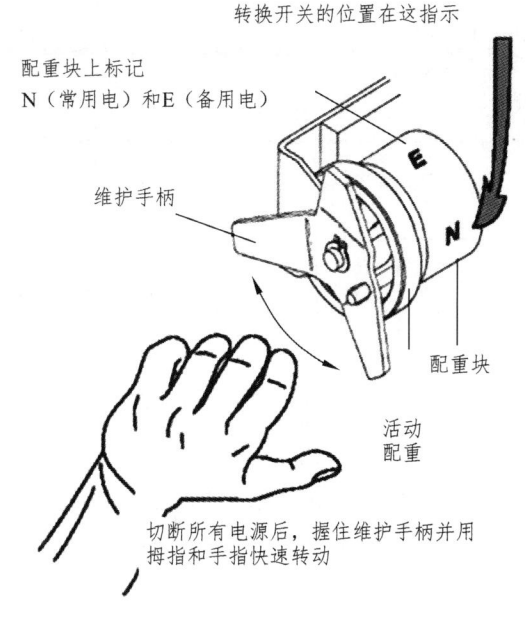

图6-1 环控电控柜维护手柄操作

2. 电压检查

电压检查步骤如下：

（1）在维护手柄将转换开关拨到"常用电源"位置后，闭合常用电源断路器，负载使用常用电源，此时常用电源有效灯点亮。

（2）用精确的电压表在常用电源接头处测量相间电压及线间电压，测量后，断开常用电源断路器。

（3）重复手动测试操作，使用维护手柄将转换开关拨到"备用电源"位置后，闭合备用电源断路器，负载使用备用电源，此时备用电源有效灯点亮。

（4）用精确电压表在备用电源接头处测量相间电压及线间电压。

（5）用相序表检查备用电源的相序，它必须与常用电源的相序相同。

（6）停止引擎运行（如果已运行），然后将引擎启动操作开关置于自动位置，关上柜门。

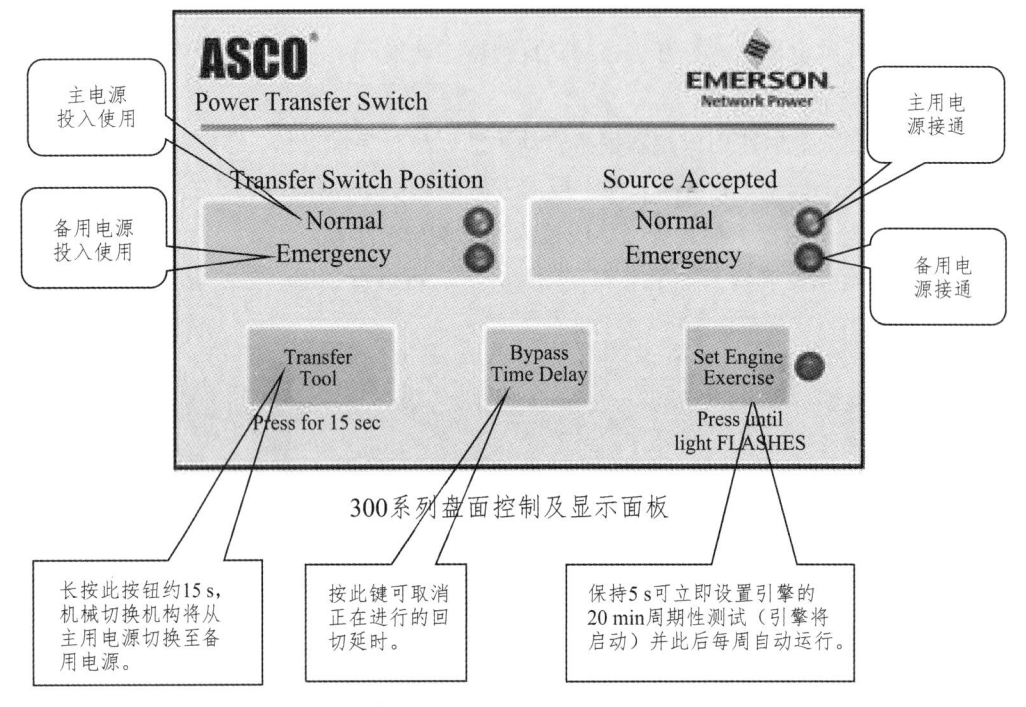

图 6-2 双电源控制及显示面板

3. 电气操作测试

双电源控制及显示面板如图 6-2 所示。电气操作测试步骤如下：

（1）常用电源必须有效，且引擎处于准备启动状态。检查常用电源有效指示灯是否点亮。

（2）按住转换开关测试按键直到引擎启动并运行。这个过程应该在 15 s 内完成。

（3）备用电源有效指示灯应点亮。

（4）如果转换至备用电源延时已启用（最长 5 min），转换将在这个延时之后发生。按下延时旁路按键，转换将立刻发生。

（5）转换开关转换至备用电源侧。负载使用常用电源指示灯灭，负载使用备用电源指示灯亮。

（6）如果转换至常用电源延时已启用（最长 30 min），转换将在这个延时之后发生。按下延时旁路按键，转换将立刻发生。

（7）转换开关转换至常用电源侧。负载使用常用电源指示灯亮，负载使用备用电源指示灯灭。

（8）空载运行延时将使引擎继续运行 5 min（冷却周期）。然后引擎停机，备用电源有效指示灯灭。

6.2.1.2 抽屉单元

抽屉单元有可靠的机械联锁装置，通过操作手柄控制，具有明显的准确合闸、试验、抽出和隔离等位置；抽屉单元的操作以 MNS4.0 环控柜组件为例，抽屉单元手柄位置图 6-3 所示。

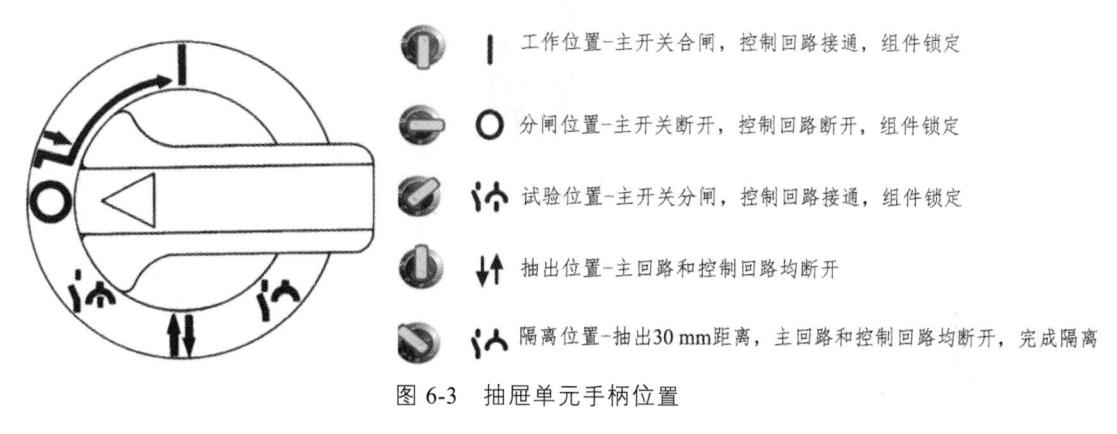

工作位置-主开关合闸，控制回路接通，组件锁定

分闸位置-主开关断开，控制回路断开，组件锁定

试验位置-主开关分闸，控制回路接通，组件锁定

抽出位置-主回路和控制回路均断开

隔离位置-抽出 30 mm 距离，主回路和控制回路均断开，完成隔离

图 6-3 抽屉单元手柄位置

1. 抽屉单元手动合分闸操作步骤

（1）将手柄顺时针旋转至"抽出位置"，此时抽屉单元可以插入或抽出。

（2）将手柄顺时针旋转至"试验位置"，此时抽屉的一次回路（即电动机主电路）与主回路断开，其二次回路（即控制线路）与主回路接通，可进行不带负荷的试验。

（3）将手柄顺时针旋转至"分闸位置"，此时可对抽屉内断路器进行分闸操作。

（4）将手柄顺时针旋转至"合闸位置"，此时可听到抽屉内断路器合闸的声音，此时抽屉的一次回路、二次回路均与主回路接通，一次回路带电可带下级负荷。

（5）将手柄顺时针旋转至"隔离位置"，此时抽屉可抽出 30 mm 距离，主回路及控制回路均断开，完成隔离。

2. 带分励单元的抽屉及抽屉内断路器故障后的操作流程

带分励单元的抽屉及抽屉内断路器故障后，其断路器一次回路断开。在故障排除后，断路器需先复位后才可进行合分闸操作。断路器复位时，请严格按以下顺序操作：

（1）断路器分励线圈动作后或断路器故障动作后，其一次回路断开，但此时抽屉手柄的位置还在"合闸位置"，如图 6-4 所示。

（2）按第（1）步要求将手柄向"分闸位置"旋转，并在达到"分闸位置"时再逆时针旋转手柄至"Reset"位置（注意：此过程中操作手柄逆时针旋转）。以上操作完成后，抽屉内的断路器复位完成。

（3）复位完成后，须将断路器进行一次合闸操作（此时要求保证断路器下端所有负荷断开）。

（4）合闸步骤完成后，再将断路器分闸，此时断路器已具备投运条件。

图 6-4　带分励脱扣器断路器的抽屉开关

注意：以上步骤必须按要求完成，在进行断路器复位过程中，应该听到断路器复位后合分闸时比较大的响声；若无此声或很小，表明断路器复位不成功，需再按复位步骤操作一遍。

6.2.2　环控电控柜周巡检

1. 作业的工器具

环控电控柜设备周巡检工器具包括：强光手电筒、试电笔、红外测温仪、万用表等。

2. 作业注意事项

（1）作业前，核对作业令，明确安全防护、作业区域、作业内容、人员分工，准备好工器具，确保该项检修所带工具齐全。

（2）作业人员需穿着工装和绝缘鞋，戴安全帽。

（3）进入环控电控室前，须用 FAS 钥匙将"气体消防"由"自动"状态转至"手动"状态。作业结束出环控电控室后，须用 FAS 钥匙将"气体消防"由"手动"状态转至"自动"状态。

（4）作业前，须在供电配合下到低压配电室，由供电专业将进线柜 ATS 两路进线电源的开关分闸、挂警示牌，警示牌谁挂谁取（见图 6-5）。

图 6-5　警示牌

(5)作业开始前对作业设备进行验电，确认无电后才能进行作业。
(6)严禁带电维修和更换元器件，停送电时由一人操作一人监护。
(7)作业时须与其他带电体保持可靠安全距离。
(8)操作抽屉时，注意小心操作，禁止猛力操作，以防损坏设备。
(9)恢复送电时要确认工器具及人员确已出清，并保持安全距离。

3. 作业流程

环控电控柜周巡检作业流程如表6-1所示。

表6-1 环控电控柜周巡检作业流程

检修周期	检修内容	标准作业程序	风险控制与职业健康
周巡	开始巡检	进入环控电控室前，须用FAS钥匙将"气体消防"由"自动"状态转至"手动"状态	防止气灭无联动释放，确保人身安全
	室内卫生及照明	观察电控室内地面是否整洁、照明灯光是否良好；室内有无"跑""冒""滴""漏""异响""异味"等异常现象	确保室内卫生清洁，照明正常；无异响、异味
	设备标识和消防设备	查看配电室各类标示、消防、防护用品是否完好齐全	保证室内标识、消防器具的配置齐全，防患于未然
	运行指示灯、标识	检查各指示灯是否正常，指示灯、开关、按钮等元器件标识是否齐全完好	注意指示灯指示正常
	开关的状态	查看投运开关、转换开关状态是否正常，各抽屉开关位置是否正确	确保开关分合闸状态、转换开关位置正确
	双电源切换开关的运行状态	查看进线柜ATS切换开关是否在"自动"位，双电源主电、备电电源指示灯，主电投用指示灯是否正常	确认双电源装置工作状态正常，指示灯指示正常
	元器件状态	查看柜体上元器件是否破损、安装松动	元器件无破损、松动
	电缆接线端子	打开柜门查看进线柜端子、柜后馈出接端子划线标记有无错位，是否有变色或松脱现象	注意带电区域，以防触电
	变频器、软启动器状态	检查环控柜体风扇、检查变频器(软启动器)的通风散热是否良好，运行状态是否正常	检修时，注意带电区域，以防触电，保持工作正常，柜内无积尘
	查看设备运行电压、电流	查看柜体上仪表运行参数	电压范围：350~420 V；电流范围：额定电流×(1±0.1%)
	查看柜内散热风扇	查看散热风扇是否能够正常工作，防尘膜是否干净	散热风扇能够正常工作，防尘膜无灰尘
	封堵	查看封堵材料防火泥有无脱落、缺失	封堵材料无掉落，确保设备安全运行

续表

检修周期	检修内容	标准作业程序	风险控制与职业健康
周巡	UPS状态查看	检查UPS指示灯是否正常，UPS电池有无鼓包、开裂、漏液问题，UPS电源状态是否正常。	UPS工作状态正常，电池无异常
	室内接地线	检查接地母排是否正常，有无脱落	保证接地母排固定牢固，防止人员触电，确保安全
	防锈检查	检查低压配电设备及电缆桥架、支吊架、固定螺栓等附件是否锈蚀	对生锈部件进行记录，后期做集中除锈处理
	结束	巡检结束出环控电控室后，须用FAS钥匙将"气体消防"由"手动"状态转至"自动"状态	巡检完毕，设备恢复正常

6.2.3 环控电控柜年检

1. 作业工器具

环控电控柜设备年检工器具包括强光手电筒、试电笔、钢丝钳、尖嘴钳、内六角扳手、螺丝刀、兆欧表、毛刷、套筒扳手、工业吸尘器、扭力扳手、警示牌、凡士林、油漆笔、红外测温仪、万用表等。

2. 作业注意事项

作业注意事项见周巡检作业注意事项。

3. 作业流程

环控电控柜年检作业流程如表6-2所示。

表6-2 环控电控柜年检作业流程

检修周期	检修内容	标准作业程序	风险控制与职业健康
年检	作业请点	到车控室请点，并通知环调	作业前通知环调和车站，作业所影响的范围
	设备停机	将待检修的本段环控电控柜配电柜上的环控设备停机	现将末端设备停机，再分断上级断路器
	停电	在供电配合下到低压配电室，由供电专业将进线柜ATS两路进线电源的开关分闸、挂牌，警示牌谁挂谁取（设备首次年检适用），取下风机柜内二次回路保险放入作业人员的工具包内	作业防止触电，悬挂"禁止合闸，有人工作"警示牌
	验电	对待检的环控电控柜进行验电，确认无电压后开始作业。	进行停电验电，防止触电

续表

检修周期	检修内容	标准作业程序	风险控制与职业健康
年检	环控柜抽屉	检查抽屉式开关柜抽屉(包括操作手柄转动是否灵活,抽屉抽出、推入是否顺畅,抽屉滑动触点是否有灼烧痕迹)。并在抽屉式开关柜抽屉滑动触点涂抹优质透明凡士林	确保手柄转动灵活,抽出、推入顺畅,抽屉滑动触点无灼烧痕迹
	主开关柜内部卫生清理	清洁主开关柜、各抽屉柜内及UPS柜内积尘;软启动器及ATS切换开关的清洁需小心拆除塑料防护盖板进行,清洁完毕后及时盖回,盖回盖板时需重点检查是否有遗留物留下,封堵是否完好;检查散热风扇是否正常工作	预防灰尘进入元器件内部,用毛刷和干毛巾及吸尘器清理灰尘。无积尘,封堵无孔洞、缝隙,散热正常
		将变频柜的开关分闸,10 min 后对就地变频柜验电,确认无电压,维保参照以上步骤进行	变频器清理时,内部电容存有残余电量,断电后自然放电后验电无电后进行清理和检修
	柜内元器件	检查进线柜、馈线柜上的断路器,手动测试塑壳断路器保护功能是否正常	确保断路器分、合顺畅,无异常
		检查进线柜、馈线柜上的断路器及双切装置有无破损,并做好端子紧固和位置标记	确保断路器、双切装置完好,端子无松动
		检查柜体、柜体上元器件是否破损、安装有无松动,转换开关转动是否灵活	预防元器件接线虚接,用螺丝刀紧固接线端子,完善标识确保设备操作的准确性
		检查柜内接触器、继电器触点是否有灼烧痕迹、卡阻现象	注意带电区域,防止人身触电,如需触碰带电设备,请停电或佩戴绝缘手套。确保柜内元器件无灼烧痕迹、卡阻现象
	母线排	母线排检查包括接点及母排发热检查、母排清洁、接点及安装螺丝紧固,初次紧固需划定位线,观察母排是否氧化、有无变形烧黑现象	母排无氧化、变形、烧黑现象,紧固螺栓未偏离定位线
	检查防火封堵	检查柜内封堵是否严密	确保柜内封堵严密
	检查备用线缆	备用线裸露线头是否包扎好	确保备用线头包扎完毕
	UPS 设备	检查 UPS 切换是否正常,电池是否有漏液、鼓泡、能否自动投入;UPS 指示灯指示是否在正常;UPS 电池电压是否正常	确保 UPS 设备外观清洁,市电断电后 UPS 能投入运行,指示正常。填写蓄电池组运行记录在表,将电池电压记录表格中
	检查控制柜内PLC	检查控制柜内 PLC 系统各组成模块及智能 I/O 工作及指示灯状态是否正常,端子是否牢固	确保指示灯状态正常,端子牢固

续表

检修周期	检修内容	标准作业程序	风险控制与职业健康
年检	清点工器具、恢复设备	恢复设备，验证功能，检查 PLC 工作指示灯状态指示及通信网络工作是否正常	检修完毕后，恢复设备的正常工作状态
		对各配电柜及抽屉的维保清洁结束后，恢复各抽屉、开关至原来状态，清点工器具，确认无遗留在配电柜及抽屉、设备内部，关好柜门，作业人员离开设备至安全距离。	为避免工器具、和其他物品落入柜中，一定要再次清点工器具，清理现场、恢复设备
		确认人员及工器具出清后，一人操作，一人监护，恢复二次控制回路保险，确认无异常情况后，到上级低压配电室，将 ATS 两路进线电源分段恢复，合上二次回路的控制电源	确认柜内工器具清理完毕后，合上主回路和二次回路电源
	销点	设备恢复，工器具出清，车控室销点	作业手续办结

6.2.4　作业总结

环控电控柜设备检修作业结束后，要进行作业总结，内容如下：
（1）作业完毕，确保将系统和设备恢复到正常使用的状态。
（2）规范填写检修记录表。
（3）总结作业检修过程的不足及发现问题在交接班本进行记录。
（4）对检修记录表整理装订并存档。
（5）对检修发现的问题积极跟踪、处理。

任务 6.3　EPS 应急电源设备检修

EPS 主要分布在各车站蓄电池室或照明配电室内，其检修分为计划修和故障修。根据检修周期的不同，维护项目也不同。常见检修周期有周巡检和年检。

EPS 柜检修注意事项如下：

（1）进入蓄电池室前，须将门口"气体灭火控制盘"转换开关由"自动"状态转至"手动"状态；离蓄电池室后，须将门口"气体灭火控制盘"转换开关由"手动"状态转至"自动"状态。

（2）在 EPS 柜日常巡视中，人与带电体保持可靠安全距离 0.7 m 以上，禁止将头部与身体部位伸进柜内，只能在柜外察看。

（3）先将 EPS 柜馈出线路负载关停，再对 EPS 柜断电，断电后进行验电、挂警示牌。

（4）作业时禁止将蓄电池正、负极之间线路短路；柜内元器件检修时，应小心谨慎，禁止猛力操作，以防损坏设备。

（5）严禁带电维修和更换元器件，停送电时由一人操作一人监护。恢复送电时先要确认工器具及人员出清，并保持安全距离。

（6）作业完毕，确保将系统和设备恢复到正常使用的状态，规范填写低压配电各项检修记录表。

6.3.1 EPS 设备柜的操作

EPS 应急电源成套装置设备主要包括：交流电源自动切换装置、整流/充电机、逆变器（带输出隔离变压器）、蓄电池组、监控装置及馈线单元等部分。下面以某地铁公司 EPS 设备为例描述其操作过程。

1. 双电源自动切换装置操作

EPS 柜内双电源自动切换装置操作同环控电控柜设备维护中双电源功能检测，具体内容见本模块任务二"双电源功能检测"。

2. 静态切换开关装置操作

静态切换开关的主要作用是当 EPS 发生故障、负载过载或使电池放电结束时，能让负载无中断地自动转换到静态旁路，由旁路电源（市电）供电；提高系统的可靠性，同时也能提高 EPS 的过载能力。某地铁车站静态切换开关装置如图 6-6 所示。

图 6-6 EPS 静态切换开关装置

静态切换开关装置操作步骤如下：

（1）闭合市电输入。

（2）闭合"0/I 开关"，闭合充电器直流输出。闭合市电输入空开，此时静态开关指示灯应显示：市电供电（指示灯亮）。切换单元程序自检约 5 min 后转入市电状态。

（3）闭合"0/I 开关"，闭合充电器直流输出，断开市电输入开关，强制开机。切换单元程序自检约 5 min 转入当前状态。闭合逆变开关，逆变器启动。负载接于逆变。闭合市电输入，切换单元转换为市电状态。

（4）闭合充电开关。充电器和电池检测板工作。

当断开市电开关，系统会立即切换到逆变工作，静态开关指示灯显示逆变供电、市电故障和同步异常。然后闭合市电空开，系统会能切回市电供电。

市电状态下，在市电电压 323~437 V 范围内不会转入应急状态；当电压下降，主电电压为 228~323 V 时会转入应急状态（即蓄电池逆变供电）；当电压上升，主电电压大于 437 时会能转入应急状态；市电状态下，在 323~437 V 范围，如断开交流输入电压一相或三相，会转入应急状态。

3. 整流/充电机操作

某地铁车站 EPS 整流/充电机外形如图 6-7 所示，其操作步骤如下：

（1）当市电供电时，闭合交流输入开关，充电模块开启；市电供电情况下给蓄电池充电（浮充）。

（2）当市电失电时，闭合直流输出开关。蓄电池经逆变器通过静态开关为负载供电。

正常工作状态下交流输入开关、直流输出开关均处于闭合位置，保证 EPS 应急装置在市电故障的情况下能正常工作。

图 6-7 EPS 整流/充电机

4. 逆变器操作

操作时，按下显示板启动按钮 ON，使辅助电源工作，风扇转动，显示板数码管显示"50.00 Hz"闪动,如图6-8所示。

驱动板辅助电源启动后,经25 s延时,接触器吸合,接触器吸合后再延时2 s,即可操作显示板上的按键。此时逆变器方可正常工作。

名称	功能	名称	功能
MOVE	设置	STOP	停止
R/M	换行	ON	开机
UP	加	OFF	关机
DOWN	减	RUN	运行

图6-8　EPS逆变器面板

5. 强制运行开关操作

在应急供电时,当设备中的电池放电完毕进入过放电保护而停止逆变输出时,打开此开关,可强制启动逆变器工作,从而继续为负载供电,如图6-9所示。

注意:让过放电的电池继续工作会造成电池的永久损坏,因此,此强制运行开关只在十分紧急的情况下使用。通常情况下,此开关处在"正常"状态。

图6-9　强制运行开关

6. 旁路开关的使用和操作

此开关只在维修时使用,通常处在"断开"状态;当其闭合时,负载直接由市电供电(旁路开关和逆变开关有机械联锁,二者不可同时合闸)。

6.3.2　EPS设备周巡检

1. 作业工器具

EPS应急电源设备周巡检工器具包括:强光手电筒、试电笔、红外测温仪、万用表等。

2. 作业注意事项

（1）作业前，核对作业令，明确安全防护、作业区域、作业内容、人员分工，准备好工器具，确保该项检修所带工具齐全。

（2）作业人员需穿着工装和绝缘鞋，戴安全帽。

（3）作业前，须在供电配合下到低压配电室，由供电专业将两路事故照明电源开关分闸并抽出、上锁、挂警示牌，警示牌谁挂谁取。

（4）作业开始前对作业设备进行验电，确认无电后才能进行作业。

（5）严禁带电维修和更换元器件，停送电时由一人操作一人监护。

（6）作业时注意不能将每个蓄电池正、负极之间及两蓄电池之间短路。

（7）作业时须与其他带电体保持可靠安全距离 0.7 m 以上。

（8）恢复送电时要确认工器具及人员确已出清，并保持安全距离。

3. 作业流程

EPS 应急电源设备周巡检作业流程如表 6-3 所示。

表 6-3　EPS 应急电源设备周巡检作业流程

检修周期	检修内容	标准作业程序	风险控制与职业健康
周巡	车控室设备状态查看	到车控室观察 BAS 监控界面上的事故电源装置（EPS）有无报警信息	查看设备状态有无异常
	复试工作站设备状态巡检	查看照明系统是否正常工作，工作状态正常，未脱扫	查看设备状态有无异常
	进入蓄电池室	进入蓄电池室前，须用 FAS 钥匙将"气体消防"由"自动"状态转至"手动"状态	防止气灭无联动，确保人身安全
	室内卫生及照明	观察电控室内地面是否整洁、照明灯光是否良好；室内有无"跑""冒""滴""漏""异响""异味"等异常现象	确保室内卫生清洁，照明正常；无异响、异味
	检查室内各种设施是否齐全	查看室内各类标示、消防、防护用品是否完好齐全	保证室内标识、消防器具的配置齐全，防患于未然
	检查设备的指示灯和按钮开关等	指示灯是否有显示，指示灯、开关、按钮等元器件标识是否齐全完好	查看运行指示信息，确保设备状态正常
	检查主备两路开关	检查事故电源装置双路电源情况，两路市电输入，一路切换输出断路器处在合闸状态，控制面板亮二个绿色主电源工作指示灯亮，亮一个红色备用电源指示灯	注意带电区域，防止人身触电，如需触碰带电设备，请停电或佩戴绝缘手套
	检查充电模块	查看充电柜上监控装置上的指示灯是否正常，若是红色灯亮则表示设备故障	注意带电区域，防止人身触电

续表

检修周期	检修内容	标准作业程序	风险控制与职业健康
周巡	确保充电模正常	查看各充电模块是"正常"指示灯亮还是"故障"指示灯亮，若某个充电模块是"故障"灯亮，则在显示板上查看其故障	根据状态指示灯判断是否故障，及时发现故障解决处理故障，确保设备正常运行
	查看电容器	检查逆变柜内电容器是否变形、烧坏	确保电容器无变形、烧坏等情况
	查看开关状态	检查进线开关、交流输入、交流输出、逆变开关、充电开关是否处于合闸位置，维修旁路开关应处于分闸位置，强制开关处于"关"位置，应急转换开关处于"正常"位置	确保开关状态正常
	查看接线端子	查看接线端子是否正常	查看接线端子状态
	液晶屏信息查看	查看液晶显示屏上运行参数并记录，包括：输入过压、输入欠压、缺相告警、电池房过温、电池过压、电池欠压、电池温度；查看设备时间是否与实际时间一致；点击查看监控模块液晶显示屏上是否有故障显示，检查监控模块中的各种设置是否正确	查看设备运行信息，确保各项参数无异常
	查看蓄电池接线端子	查看蓄电池接线端子是否有白色盐霜、鼓包、漏液等现象	确保接线端子无白霜鼓包、漏液
	查看柜内散热风扇	查看散热风扇是否能够正常工作，防尘膜是否干净	确保散热风扇能够正常工作，防尘膜无灰尘
	检查防火泥	检查防火泥是否有脱落现象	对防火泥脱落处进行记录，及时进行处理
	防锈检查	检查低压配电设备及电缆桥架、支吊架、固定螺栓等附属件是否锈蚀	对生锈部件进行记录，后期做集中除锈处理
	离开蓄电池室	离开（照明配电室）蓄电池室后，须用FAS钥匙将"气体消防"由"手动"状态转至"自动"状态	巡检完毕，设备恢复正常

6.3.3 EPS设备年检

1. 作业的工器具

EPS应急电源设备年检工器具包括：强光手电筒、试电笔、钢丝钳、尖嘴钳、内六角扳手、螺丝刀、兆欧表、毛刷、套筒扳手、工业吸尘器、扭力扳手、警示牌、凡士林、油漆笔、红外测温仪、万用表等。

2. 作业注意事项

作业注意事项见 EPS 设备周巡检作业注意事项。

3. 作业流程

EPS 应急电源设备年检作业流程如表 6-4 所示。

表 6-4 EPS 应急电源设备年检作业流程

检修周期	检修内容	标准作业程序	风险控制与职业健康
年检	作业请点	到车控室请点，并通知环调	作业前通知环调和车站，确定作业所影响的范围
	查看显示屏	查看显示屏是否有显示，显示数值、时间是否与实际一致；各指示灯指示是否正确	记录运行参数显示正常，运行指示正确
	停电、验电	关闭主、备两路进线开关并验电，断开充电模块上交流输入、直流输出开关并对负载进行验电；断电步骤如下：断开交流输出各负载分路开关，断开总输出开关，断开 DJK07 静态开关内 0/1 电源开关，断开电池柜内充电器直流输出开关及交流输入开关，断开逆变开关，断开充电开关，断开交流总输入开关，断开备用电源进线开关，断开主用电源进线开关	注意带电区域，防止人身触电，如需触碰带电设备，请停电或佩戴绝缘手套
	停电、挂警示牌	在变配电配合下到变配电室，由变配电专业将两路事故照明电源开关分闸并抽出、上锁、挂警示牌，警示牌谁挂谁取（设备首次年检适用）	电源开关抽屉分闸并抽出、上锁、挂警示牌，防止他人误操作送电，警示牌谁挂谁取
	柜内外清洁	柜体内、外清洁（包括逆变器、变压器、柜体风扇、每个蓄电池）；柜体内、外清洁，确保无灰尘、污垢	保持柜子内外的卫生清洁，保证设备的工作环境
	紧固接线	检查所有主、控回路接线、端子、器件是否破损，并紧固	确保接线无破损、松动
	主备两路开关合闸	合上柜内主备两路进线开关	确保送电检验回路正常，设备无异常
	双电源切换功能测试	蓄电池装置两路交流输入电源切换和交、直输出电源切换功能试验	确保市电主、备切换正常，逆变功能正常
		断开主电源开关，双电源装置自动切换至备用电源供电；合上主电源开关，双电源装置自动恢复至主电源供电	注意带电区域，防止人身触电，如需触碰带电设备，请停电或佩戴绝缘手套，市电主、备切换正常，逆变功能正常
	检查逆变柜	检查逆变柜是否能正常工作；切换单元否能正常工作，逆变柜的风扇否能正常工作	确保逆变装置、切换单元功能正常；设备逆变时，散热风扇能正常工作

续表

检修周期	检修内容	标准作业程序	风险控制与职业健康
年检	检查指示灯、开关按钮标识	记录运行参数，包括：输入过压、输入欠压、缺相告警、电池房过温、电池过压、电池欠压、充电过流；查看设备时间是否与实际时间一致	记录运行参数，显示正常
	测试系统运行数据	测试系统运行数据是否正常，包括输入电压、输入电流、输出电压	系统运行数据记录齐全
	柜内接触器、继电器	柜内接触器、继电器触点是否有灼烧痕迹	接触器、继电器无破损、松动，无灼烧痕迹
	母线排	母线排检查（母排清洁、接点及安装螺丝紧固，初次紧固需划定位线）	确保母排无氧化、变形、烧黑现象，紧固螺栓未偏离定位线
	检查蓄电池状态	蓄电池温度是否过高，蓄电池温度≤45 ℃。电池内阻测量	电池温度≤45 ℃
		蓄电池组情况检查：察看各个蓄电池是否漏液，接线端子是否变色，壳体有无鼓胀，发现问题做好记录；蓄电池温度是否过高	检查电池外观，确保无漏液、开裂、鼓胀。电池温度不大于45 ℃
		测试每只蓄电池端电压、内阻并记录；对蓄电池组进行放电试验	10.6～14.5 V，内阻值正常范围1～10 mΩ。蓄电池端电压记录齐全；填写蓄电池放电记录表，将电池电压记录表格
	检验电池充放电	断开交流输入开关，由蓄电池带车站所有应急负载运行 90 min，观察蓄电池放电电流、蓄电池电压的变化情况并记录放电后电池电压	注意操作命令是否正确，为避免误操作，且为了避免长期工作导致的视觉疲劳、颈部及腰背不适，需采取适当的缓解措施
		放电 90 min 后，闭合交流输入开关，观察充电电流、蓄电池电压和电池温度，持续观察 15 min 设备正常	注意操作命令是否正确，为避免误操作，且为了避免长期工作导致的视觉疲劳、颈部及腰背不适，需采取适当的缓解措施
		在充电期间，每隔 30 min 观察充电电流、蓄电池电压和电池温度正常，直至充电完成；查看电池组端电压指示值是否小于 210 V	注意操作命令是否正确，为避免误操作，且为了避免长期工作导致的视觉疲劳、颈部及腰背不适，需采取适当的缓解措施
	电容器	查看逆变柜内电容器是否变形、漏液、烧坏	无变形、烧坏等情况
	设备恢复正常	确保设备恢复正常，线路出清，防护撤除	设备正常运行，观察 30 min 无异常后，结束检修工作
	测试车站照明照度	使用照度测试仪测试车站照明照度	测试填写车站公共区照度测试表
	销点	设备恢复，工器具出清，车控室销点	作业手续办结

6.3.4　作业总结

EPS 应急电源设备检修作业结束后，要进行作业总结，内容如下：

（1）作业完毕，确保将系统和设备恢复到正常使用的状态。
（2）规范填写检修记录表。
（3）总结作业检修过程的不足及发现问题在交接班本上进行记录。
（4）对检修记录表进行整理、装订并存档。
（5）对检修发现的问题积极跟踪、处理。

任务 6.4　动力、照明配电箱设备检修

6.4.1　塑壳式断路器检修

6.4.1.1　塑壳式断路器简介

塑壳式断路器又称装置式断路器，塑壳式断路器是将触头、灭弧室、脱扣器和操作机构等封装在一个塑料外壳内，一般不考虑维修，适用于作支路的保护开关。过电流脱扣器有热磁式和电子式两种：一般热磁式塑壳式断路器为非选择性断路器，仅有过载长延时及短路瞬时两种保护方式；电子式塑壳断路器有过载长延时、短路短延时、短路瞬时和接地故障四种保护功能，部分电子式塑壳断路器新推出的产品还带有区域选择性连锁功能。大多数塑壳式断路器为手动操作，也有部分带电动机操作机构。

6.4.1.2　塑壳式断路器维护

低压塑壳断路器故障跳闸后，不能简单地合闸进行恢复。低压塑壳断路器的主动/静触头及副触头、联锁辅助触头、软连接片、线圈、短路环及灭弧罩等部件都易发生故障。发生故障跳闸后，首先应检查外观、灭弧罩等部件有无烧坏现象，如有，则应拆下灭弧罩对相应故障部件进行检查、检修或更换，并将污迹清扫干净。

1. 启动电动机时断路器跳闸原因及措施

1）带负载启动电动机

电动机带负载启动时，会使电流增大而引起断路器跳闸。在启动电动机前，应先检查电动机负载有无切断，在电动机无负载的情况下再启动电动机。

2）电压低

电压低时启动电动机时会使启动电流猛增，导致断路器跳闸。客户受电端电压变动幅度范围为三相供电低压动力客户额定电压的 –7% ~ +7%；电压测量值超过规定值时，应采取调整变压器分接头、调整负荷等措施。

3）断路器的瞬时保护整定倍数偏小

若断路器的瞬时保护整定倍数偏小，需合理调整断路器的瞬时保护整定倍数，与现场设备运行要求相符合。

4）塑壳断路器选型错误

通常 D 型断路器适用于电机回路，C 型断路器适用于配电和照明回路。在电机回路中，如果选用的塑壳断路器不是动力型，也会导致断路器跳闸。因此，应根据设备用途，选择正确的塑壳断路器。

2. 运行中的断路器发生跳闸现象的原因

（1）选用的连接电缆或铜排截面太小容易发热，使断路器跳闸。

（2）负载端的紧固螺栓未上紧会因接触不良导致大量发热，使断路器跳闸。

（3）负荷过载跳闸。

6.4.1.3 低压塑壳断路器部件的维护

（1）主、副触头：表面烧伤严重的应更换，以免打磨过多而降低接触面的压力。

（2）辅助触头：应用 00 号细砂纸（布）打磨；触头表面不能有油污。

（3）灭弧罩：炭化现象应刮净；有受潮现象应烤干；有损坏者应重新配齐；安装角度应正确，以免妨碍触头动作。

（4）短路环和线圈：对损坏的应及时更换。

（5）软连接片：若软连接片损坏，应及时更换损坏元件。

6.4.2 交流接触器检修

6.4.2.1 交流接触器知识简介

1. 交流接触器结构

交流接触器结构如图 6-10 所示，主要由以下三部分组成：

（1）触头系统：采用双断点桥式触头结构，一般有三对常开主触头。

（2）电磁系统：包括动、静铁芯，吸引线圈和反作用弹簧。

（3）灭弧系统：大容量的接触器（20 A 以上）采用缝隙灭弧罩及灭弧栅片灭弧，小容量接触器采用双断口触头灭弧、电动力灭弧、相间弧板隔弧及陶土灭弧罩灭弧。

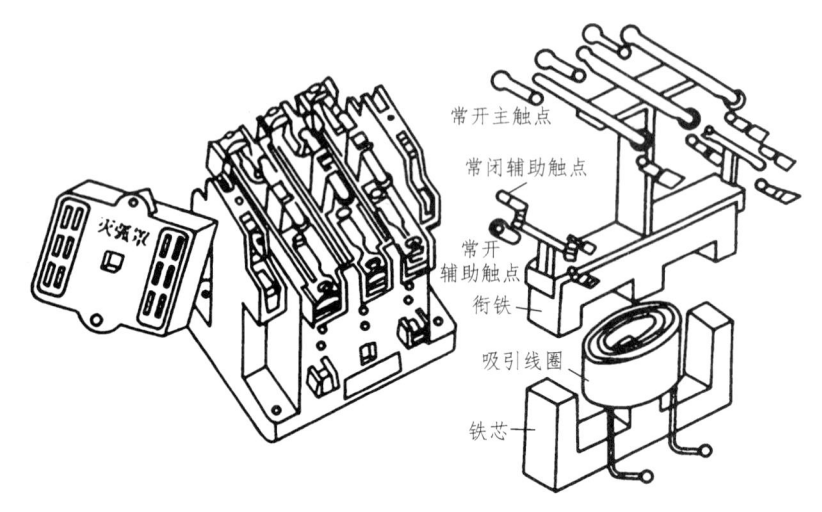

图 6-10 交流接触器的外形与结构

2. 交流接触器的工作原理

当吸引线圈两端加上额定电压时，动、静铁芯间产生大于反作用弹簧弹力的电磁吸力，动、静铁芯吸合，带动动铁芯上的触头动作，即常闭触头断开，常开触头闭合；当吸引线圈端电压消失后，电磁吸力消失，触头在反弹力作用下恢复常态。

3. 交流接触器的铁芯与衔铁

交流接触器在运行过程中，衔铁不但受到释放弹簧及其他机械阻力的作用，同时还受到交流励磁过零的影响，这些作用和影响都使衔铁有释放的趋势，从而使衔铁产生振动，发出噪音。消除这种噪音的措施是在铁芯和衔铁的不同端部各开一个槽，槽内嵌装一个用铜、康铜或镍铬合金材料制成的短路环，又称减震环或分磁环。

铁芯嵌装短路环后，线圈电流 I_1 产生磁通 ϕ_1，而 ϕ_1 的一部分通过短路环，在短路环内产生感应电流 I_2，I_2 又会产生一个磁通 ϕ_2，根据电磁感应定律可知，ϕ_1 和 ϕ_2 的相位不同，即，ϕ_1 与 ϕ_2 不同时为零。这样在 ϕ_1 经过零值时，ϕ_2 不为零而产生吸力将衔铁吸住。这样保证了衔铁在任何时刻都被吸住，振动和噪音会显著减小。

6.4.2.2 交流接触器运行维护

1. 运行中检查的项目

（1）检查通过的负荷电流是否在接触器的定值范围内。

（2）接触器的分合信号指示是否与电路状态相符。

（3）运行声音是否正常。

（4）电磁线圈有无过热现象，电磁铁的短路环有无异常。

（5）灭弧罩有无松动和损伤情况。

（6）辅助触点有无烧损情况。

（7）传动部分有无损伤；周围运行环境有无不利运行的因素，如震动过大，通风不良，灰尘过多等。

2. 接触器维护

接触器的维护工作包括以下方面。

1）外部维护

清除外部灰尘，检查各紧固件是否松动，特别是导体连接部分，防止接触松动而发热。

2）触点系统维护

检查动、静触点位置是否对正，三相是否同时闭合，如有问题应调节触点弹簧。

检查触点磨损程度，磨损深度不能超过 1 mm。触点有损伤，开焊脱落时须及时更换。轻微烧损时，一般不影响使用，清理触点时不允许使用砂纸，应使用整形锉。测量相间绝缘电阻时，阻值应不低于 10 MΩ。检查辅助触点动作是否灵活，触点行程应符合规定值，检查触点有无松动脱落，发现问题应及时修理更换。

3）铁芯部分维护

清除灰尘，特别是运行部件和铁芯吸合接触面间。检查铁芯的紧固情况，铁芯松散会引起运行噪声加大，铁芯短路环有脱落或断裂要及时修复。

4）电磁线圈维护

测量线圈绝缘电阻，检查线圈绝缘物有无变色、老化现象，线圈表面温度不应超过 650 ℃；检查线圈引线连接，如有开焊、烧损应及时修复。

5）灭弧罩部分维护

检查灭弧罩是否破损，灭弧罩位置有无松脱和位置变化；消除灭弧罩缝隙内的金属颗粒及杂物。

6.4.3　电源切换箱、配电箱设备检修

电源切换箱、配电箱设备检修一般以周巡的形式开展。

1. 作业工器具

电源切换箱、配电箱设备维护周巡检工器具包括：强光手电筒、试电笔、红外测温仪、万用表等。

2. 作业注意事项

见本模式任务二"环控电控柜周巡检注意事项"。

3. 作业流程

电源切换箱、配电箱设备维护周巡检作业流程如表 6-5 所示。

表 6-5　电源切换箱、配电箱设备维护周巡检作业流程

检修周期	检修内容	标准作业程序	风险控制与措施
周巡	室内卫生及照明	观察房间地面是否整洁、照明灯光是否良好	确保室内卫生清洁，照明正常
	柜内外检查	检查配电箱内、外是否有凝露，是否有积尘、杂物	避免凝露或积灰造成设备故障
	指示灯、转换开关	各转换开关位置是否正确，指示灯、开关、按钮等元器件标识是否齐全完好	转换开关处于"BAS（自动）"位置，标识齐全
	双电源切换开关的运行状态	检查查看双电源主电、备电电源指示灯，主电投用指示灯是否正常	确认双电源装置工作状态正常，指示灯指示正常
	检查接触器、继电器	检查各指示灯是否正常，柜体上元器件是否破损、安装松动，查看接线端子划线标记有无错位	指示灯正常，元器件无破损、端子无松动
	检查柜内接触器、继电器	检查柜内接触器、继电器触点是否有灼烧痕迹	接触器、继电器吸合可靠、无异响
	防火封堵	查看封堵材料防火泥有无脱落、缺失	封堵材料无掉落，确保设备安全运行
	检查智能照明模块工作状态	检查照明配电箱内智能照明模块是否正常，模块接线是否有松动	确保工作状态正常，避免因通信造成的故障，模块接线无松动
	检查智能照明操作面板	检查车控室内智能照明操作面板是否带电，通信是否正常，智能照明系统时间是否与实际时间一致	通信正常，现场照明模式一致
	防锈检查	检查低压配电设备及电缆桥架、支吊架、固定螺栓等附属件是否锈蚀	对生锈部件进行除锈刷漆
	接地电缆端子及螺栓	检查等电位端子箱（LEB）接地电缆端子及螺栓是否紧固，防松线是否移位、缺失	端子及螺栓固定紧固，无移位、无缺失

任务 6.5　低压配电设备故障处理

为保证地铁设备安全、优质、高效运转，对于低压配电系统在日常运行中出现的故障，需要专业的运营维护人员及时进行处理，下面列举较常见故障处理及分析。

6.5.1 双电源切换箱常见故障处理

双电源切换箱常见故障及处理方法如表 6-6 所示。

表 6-6 双电源切换箱常见故障及处理方法

序号	故障现象	原因分析	处理方法
1	两路电源失电	两路市电失电	通知生产调度
2		两路电源保险丝烧断	检查更换保险丝
3		两路空气开关跳闸或故障	检查短路设备,更换故障空气开关,恢复送电
4		两路接触器故障	检查更换故障接触器
5		控制回路故障	检查控制回路故障,并排除
6	一路电源失电	一路市电失电	通知生产调度
7		一路电源保险丝烧断	检查更换保险丝
8		一路空气开关跳闸	检查短路设备,恢复送电
9		一路接触器故障	检查更换故障接触器
10		控制回路故障	检查控制回路故障,并排除
11		手动/自动转换开关损坏	检查更换损坏的转换开关
12		按钮开关损坏	检查更换损坏的按钮开关
13	不能自动切换	另一路市电失电	通知生产调度
14		另一路电源保险丝烧断	检查更换保险丝
15		另一路空气开关跳闸或故障	检查短路设备,更换故障空气开关,恢复送电
16		手动/自动转换开关坏	检查更换损坏的手动/自动转换开关
17		另一路电源接触器线圈回路断路	检查接通接触器线圈回路
18		另一路电源接触器线圈烧坏断路	检查更换接触器线圈
19		另一路电源接触器卡死	检查更换卡死的接触器
20	手动不能启动	市电失电	通知生产调度
21		电源保险丝烧断	检查更换保险丝
22		空气开关跳闸或故障	检查短路设备,更换故障空气开关,恢复送电
23		接触器故障	检查更换故障接触器
24		控制回路故障	检查控制回路故障,排除
25		手动/自动转换开关损坏	检查更换损坏的转换开关
26		按钮开关损坏	检查更换损坏的按钮开关

6.5.2 软启动器常见故障处理

1. 软启动器故障

软启动器故障原因分析及处理方法如表6-7所示。

表6-7 软启动器故障原因及处理方法

显示	可能原因	解决方法
断电 （带相电压指示）	电源缺相	检查线路是否断开（熔断器断开）
	电机连接不正确	检查负载线，或向厂方咨询
SCR短路	电源模块短路	检查SCR是否短路如果需要则替换功率模块
门极开路 （带相电压指示）	门极电路开路	检查电阻阻值如必要则替换功率模块
	门极导线断开	检查连接到控制模块的门极导线连接情况
PTC电源电极SCR过热	控制器通风阻塞	检查通风是否正常
	控制器使用时间过长	检查工作时间
	风扇故障	更换风扇
	环境温度超过允许的限度	等待控制器冷却或提供额外冷却装置
	热敏电阻失效	更换功率模块
	控制模块失效	更换控制模块
电机PTC	电机通风阻塞	检查通风是否正常
	电机试用时间过长	检查工作时间
	PTC断开	1. 等待控制器冷却或提供额外冷却装 2. 检查PTC的电阻值

2. 电机不能起动

电机不能启动的可能原因及解决方法如表6-8所示。

表6-8 电机不能启动的原因及处理方法

序号	显示	可能原因	解决方法
1	故障	参见加故障说明	参见表6-7描述的故障状态
2	显示空白	控制电压断开	1. 控制模块失效 2. 检查控制线并在必要时进行更正 3. 更换控制模块

续表

序号	显示	可能原因	解决方法
3	停车	导向设备	检查接线
		接线端子开路	检查接线
		起动停车控制没有通过	检查接线
		手动操作模块使能	检查接线
		控制电压不正确	检查控制电压
		控制模块失效	更换控制模块
4	正在启动	两相或三相电源断开	检查供电电源系统

3. 电机达不到额定转速

电机达不到额定转速的原因及处理方法如表 6-9 所示。

表 6-9 电机达不到额定转速的原因及处理方法

序号	显示	可能原因	处理方法
1	显示故障	参见故障说明	参见表 6-7 描述的故障状态
2	正在起动	机械故障	检查绑定或者外部负载并且在必要时更正
3		电流限幅设定值不足	
4	控制模块失效	电机故障	检查电机
5		电流整定值	调整电流限幅设定值到更高的等级
6		控制模块	更换控制模块

4. 电机在运行期间停车

电机在运行期间停车原因及处理方法如表 6-10 所示。

表 6-10 电机在运行期间停车原因及处理方法

序号	显示	可能原因	处理方法
1	显示故障	参见故障说明	参见表 6-7 描述的故障状态
2	显示空白	控制电压丢失	检查控制布线并且在必要时更正
3		控制模块失效	更换控制模块
4	停车 0.0 Amps	导向器设备	检查控制布线并且在必要时更正
5		控制模块失效	更换控制模块
6	正在失效	两相或三相电源断开	检查电源系统
7		控制模块失效	更换控制模块

5. 其他情况

发生其他情况时的处理方法如表 6-11 所示。

表 6-11 其他情况的原因分析及处理方法

序号	显示	可能原因	处理方法
1	在恒定负载下电机电流和电压值不断波动	电机故障	检查电机是否为标准型鼠笼感应式电机
		不规则负载	检查负载情况
2	运行不稳定	连接松动	关闭控制器所有的电源并且检查
3	加速过快	起动时间	增加启动时间
		初始转矩	降低初始转矩设定值
4	电流限幅设定值	降低电流限幅设定值	减少突跳起动时间或者关闭
		突然跳动	
5	加速过慢	起动时间	降低启动时间
		初始转矩	增加初始转矩设定值
		电流限幅设定值	增加电流限幅等级
		突然跳动	增加突跳起动时间或关闭
6	风扇不能转动	接线	检查接线并更正
		风扇损坏	更换风扇
7	在有软停车功能下点击停车过快	时间设定值并且必要时修正	检查编程设定的停车时间设定值
8	在有软停车功能下点击停车过慢	停车时间设定值	检查编程设定的停车时间设定值并且必要时修正
		操作错误	软停车选项是用在电机断电时造成突然停车后能够延长电机停车时间
9	在采用软停车功能时仍然出现泵中流体波动现象	操作错误	超过一定时间后软停车使电压按斜坡降低；在泵应用场合可能降低得过快导致无法阻止波动的产生

6.5.3 EPS 静态开关故障处理

当 EPS 控制器检测到主用电源电压过低或停电时，静态开关动作，馈线回路由蓄电池通过逆变器供电；当主电源恢复时，控制器断开蓄电池电源，静态开关动作，恢复由主电源向负荷供电电源，自动切换时间不大于 0.003 5 s。

静态开关常见故障有：市电故障、逆变故障等故障。出现以上故障时的原因及处理方法如下。

1. 市电故障

原因：当两路市电的其中一路市电失电时，双电源切换装置会自动投入另一路市电电源；当两路电源全部失电时，静态开关会立即切换至蓄电池供电。此时，市电供电指示灯熄灭，逆变供电指示灯和市电故障指示灯亮。

处理方法：出现此类故障后，应立即报告生产调度。并时刻观察蓄电池电压信息，避免蓄电池因持续放电超过 90 min，而使电池亏损，降低电池使用寿命。检查 EPS 设备其他零部件是否正常，等待市电恢复后，静态开关动作，恢复至市电供电，故障即可消除。

2. 逆变故障

原因：当市电失电后，无法自动转换至逆变供电状态时，应检查逆变器、蓄电池充电模块的直流输出、交流输入开关是否正常，整流器是否正常，转换开关是否打至逆变位置，静态开关内部的切换单元是否损坏。

处理方法：逆变器损坏时，检查逆变器，修复损坏元器件，如无法修复直接更换逆变器。如整流器损坏，则更换整流器。如充电模块有问题或故障，直接更换充电模块。如静态开关的切换单元故障，修复故障点，若无法修复直接更换切换单元。

逆变器故障原因及处理方法如表 6-12 所示。

表 6-12 逆变器故障原因及处理方法

序号	故障现象	故障原因	处理方法
1	市电失电后，逆变器无法投入，导致站厅、站台及区间应急照明熄灭	逆变器故障	更换逆变器的步骤如下： 1. 关闭切换单元电源，关闭直流输出开关； 2. 将主用、备用电源关闭； 3. 对主用、备用电源验电； 4. 拆除逆变器抽屉柜螺丝，拆除逆变器电源线； 5. 更换新逆变器
2	电池故障报警	电池检测板故障	处理电池检测板报警故障的步骤如下： 1. 在 EPS 面上查看电池故障编号； 2. 打开电池柜找到与报警对应的电池，查看是否有异常； 3. 检查电池检测板排线是否有破损； 4. 对电池检测板插接件重新插拔，如仍然无法修复需更换电池检测板； 5. 更换新电路板，手/自动切换双电源设备恢复正常

3. EPS 其他故障

EPS 其他故障原因及处理方法如表 6-13 所示。

表 6-13　EPS 其他故障原因及处理方法

序号	故障名称	原因分析	处理方法
1	主路电压异常	主路线电压幅度超出 AC323~437 VAC	检查主路线电压幅度
2	主路输入欠压	主路线电压幅度低于 305 V，但高于 208 V	检查主路线电压幅度
3	输入熔断器坏	主路输入熔断器坏	检查实际情况，更换保险
4	电池无	电池未接入	检查电池及电池接线通路
5	电池接反	电池正负极性反	确认并下电改正电池极性
6	无输出	电源复位开关未打开	将 EPS 柜"电源复位"开关置"1"
7	应急无输出	直流断路器未合上	合上直流断路器
8	应急无输出	电池电压不足	给电池充电
9	应急无输出	电池柜与主机柜连线未接好	检查连线并接好
10	主电正常但不工作	双电源互投装置未置于"自动"档	将双电源互投装置置于"自动"档
11	电池放电时间短	电池老化	更换电池
12	电池放电时间短	EPS 过载	检查负载水平并移去不重要的负载
13	电池不能放电	电池开关跳闸	合上电池开关
14	电池不能放电	电池开路	更换开路电池
15	风扇不转	风扇电源断线或风扇坏	紧固端子或更换风扇
16	风扇异响	风扇坏	更换风扇
17	电容漏液	电容坏	更换电容
18	EPS 报主路电压异常	输入电压超过范围	检查输入电压
19	EPS 报输入相序反	输入相序反	检查输入电压相序
20	EPS 报整流器故障	整流器坏	更换整流器模块
21	EPS 报逆变器故障	逆变器坏	更换逆变模块
22	EPS 报输出过载	EPS 过载	减少负载
23	EPS 报负载冲击转旁路	负载过大	减少负载
24	EPS 报过温	EPS 散热不良	检查环境和通风条件
25	电池开关跳闸	电流过流	排除过流条件后合上开关

6.5.4 断路器、交流接触器常见故障处理

1. 断路器常见故障

断路器常见故障及处理方法如表 6-14 所示。

表 6-14 断路器常见故障及处理方法

序号	故障现象	原因分析	处理方法
1	断路器不能合闸	弹簧未储能	进行储能
2		欠压脱扣器处于失压状态	使欠压脱扣器得电
3		机械再闭合锁定装置动作	解除过流脱扣原因复位
4		电气合闸联锁被激活	关断联锁控制电压
5		机械分闸按钮被锁住	解锁
6		断路器机械联锁被激活	分断第二个断路器或将断路器摇到分离位置
7		电子过流脱扣器出错或未正确安装	正确地配置过流脱扣器
8		断路器处在抽出单元中间位置	将断路器摇到连接位置
9		合闸线圈工作电压不正确或无效	检查或使用正确电压
10		断路器处在抽出单元的分离位置	将断路器摇到试验或连接位置
11		二次插头脱落	插入二次插头
12	断路器不能从维修位置推进到分离位置	断路器的插入机械不在分离位置	将机械摇到分离位置
13		试图将不同额定电流的断路器装到抽出单元中	断路器编码必须和抽出单元相对应（相同的额定电流）
14		当从分离位置向试验位置推进时，一离开分离位置就感觉到强大阻力	断路器未被有效推到机械限制，侧面的止挡未约束（当心损坏）；将断路器推到分离位置直至机械限制为止，侧面止挡必须约束

2. 交流接触器常见故障

交流接触器常见故障及处理方法如表 6-15 所示。

表 6-15　交流接触器常见故障及处理方法

序号	故障现象	故障原因	处理方法
1	线圈通电后，接触器不动作或动作不正常	线圈损坏	更换线圈
2		电源电压过低	调高电源电压
3		机械卡阻	排出卡阻物
4		触头弹簧压力与超程过大	按要求调整触头参数
5		线圈技术参数与使用条件不符	更换线圈
6	线圈断电后，接触器不释放或释放缓慢	触头熔焊	排除熔焊故障，修理更换触头
7		铁芯表面有油污	清理铁芯极面
8		磁系统中柱无气隙，剩磁过大	更换铁芯
9		铁芯机械卡阻	排除卡阻物
10	电磁铁噪声过大	电源电压过低	检查线路并提高电源电压
11		短路环断裂	更换短路环或铁芯
12		铁芯机械卡阻	排除卡阻物
13		铁芯极面有油污或磨损不平	用汽油清理极面或更换铁芯
14		触头弹簧压力过大	调整触头弹簧压力
15	线圈过热或烧毁	线圈匝间短路	更换线圈并找出故障原因
16		操作频率过高	更换合适的接触器
17		线圈参数与实际使用条件不符	更换线圈或接触器
18		机械卡阻	排除卡阻物
19		铁芯极面不平或剩磁气隙过大	清理极面或更换铁芯
20	触头熔焊	操作频率过高或超负载使用	更换合适的接触器或减少负载
21		负载侧短路	排除短路故障更换触头
22		触头弹簧压力过小	调整触头弹簧压力
23		触头表面有金属颗粒突起	清理触头表面
24		机械卡阻	排出卡阻物

6.5.5 低压配电箱元器件常见故障处理

低压配电箱元器件常见故障及处理方法如表 6-16 所示。

表 6-16 低压配电箱元器件常见故障及处理方法

序号	故障现象	原因分析	处理方法
1	空气开关跳闸	查核开关本体是否受损	必要时更换
2		查回路是否短路或对地	用万用表检查回路
3		查核负载设备是否故障	量测负载设备及线路绝缘
4		查开关额定电流值与开关实际负载电流值	如不匹配则更换开关或调整负载
5		查开关整定值（长延时倍数与动作时间、短延时倍数与动作时间、瞬动倍数与动作时间）与开关实际负载电流值及上下级开关	如不匹配则调整整定值
6		如核查无任何异常	可试重合开关
7	空气开关合不上闸	查空气开关内部是否烧坏或机构脱扣	更换空气开关
8		查线路、负载是否短路或对地	用万用表检查负载、回路
9	控制按钮失灵	查进线电源是否正常有无缺相	用万用表检查
10		查控制按钮是否损坏	如损坏更换
11		查二次回路保险是否烧坏	用万用表检查并更换保险
12	指示灯不亮	查进线电源是否正常有无缺相	用万用表检查
13		用万用表检查指示灯是否损坏	更换指示灯

6.5.6 配电线路常见故障处理

配电线路常见故障及处理方法如表 6-17 所示。

表 6-17 配电线路常见故障及处理方法

序号	故障现象	原因分析	处理方法
1	线路短路	使用电缆故障测试仪查找短路点	绝缘处理后予以恢复
2		沿电缆敷设路径查找异常点	绝缘处理后予以恢复
3		如线路较长，可将电缆分段查找异常点	绝缘处理后予以恢复
4		当异常点无法确认时	重新分段或整条敷设电缆
5	线路断路	使用电缆故障测试仪查找短路点	绝缘处理后予以恢复
6		沿电缆敷设路径查找异常点	绝缘处理后予以恢复
7		如线路较长，可将电缆分段查找异常点	重新驳接处理后予以恢复

思政拓展：标准化作业与"8S"管理

1. 标准化作业

标准化作业指在作业系统调查分析的基础上，将现行作业方法的每一操作程序和每一动作进行分解，以科学技术、规章制度和实践经验为依据，以安全、质量效益为目标，对作业过程进行改善，从而形成一种优化作业程序——标准作业程序（Standard Operating Procedure，SOP），逐步达到安全、准确、高效、省力的作业效果。

微课"标准化作业与'8S'管理"

SOP 有以下作用：

（1）将企业积累下来的技术、经验记录在标准文件中，以免因技术人员的流动而使技术流失。

（2）使操作人员经过短期培训，较快速地掌握操作技术和操作方法。

（3）根据作业标准，易于追查事故发生的原因。

（4）树立良好的生产形象。

（5）实现生产管理规范化、生产流程条理化、标准化、形象化、简单化。

地铁车站机电设备检修遵循 SOP 进行标准化作业，将作业规范化、标准化，既可以预防事故发生、延长设备寿命、降低维修费用，又可以缩短新员工适岗的时间，帮助员工快速掌握检修规程，提高生产管理的效率和质量。

2. "8S"管理

"8S"指整理（Seiri）、整顿（Seiton）、清扫（Seiso）、清洁（Seiketsu）、素养（Shitsuke）、安全（Safety）、节约（Save）、学习（Study）8 个项目，简称为 8S。

1）整理

实施方法：全面检查工作场所，判别物品是否为所需品并制定判别基准，清除多余物品，制定废弃物处理方法；对所需物品使用频度进行调查，确定日常用量及放置位置；每日自我检查。

实施目的：腾出空间，增加作业面积；物流畅通，防止误用、误送；营造清爽的工作场所。

2）整顿

实施方法：落实整理的工作；确定物品放置场所，物品保管要定点（放在哪里合适）、定容（用什么容器、颜色）、定量（规定合适数量）；规定物品放置方法（在规定位置上易取易放）；划线定位，精确划分位置；物品放置场所及物品本身明确标识。

实施目的：创造一目了然的工作环境，缩短寻找并获取东西的时间。

3）清扫

实施方法：建立清扫责任区；执行例行扫除，清理脏污，形成责任制度；隔离并杜绝污染源；建立清扫基准，作为规范并执行。

实施目的：消除脏污，保持工作场所整洁的环境，利于员工产生良好的工作情绪，利于企业生产零故障和零损耗。

4）清洁

实施方法：将上面3S（整理、整顿、清扫）实施的做法制度化，规范化，定期检查，实行奖惩制度，加强执行。

实施目的：通过制度化来维持3S的成果。

5）素养

实施方法：定期对员工培训相关规则和规定，并进行实践。

实施目的：提高员工素养，使其养成遵守规章制度、工作认真的好习惯，营造团体精神。

6）安全

实施方法：制定标准化作业流程并实施，适当监督指导；对所有设备进行清洁和检修，及时发现安全隐患并消除；加强安全教育，推行安全活动，使员工对安全活动准则（安全用电、正确使用保护器具、确保通道顺畅等）养成习惯，建立安全有规律的作业现场。

实施目的：规范操作，防患于未然，保证安全生产，确保产品质量，杜绝安全事故；减少因安全事故带来的经济损失。

7）节约

实施方法：培养员工的主人公心态；物尽其用，杜绝物品浪费；减少多余动作，提高组织效率；加强时间管理意识。

实施目的：养成降低成本习惯，培养作业人员减少浪费意识。

8）学习

实施方法：深入学习各项专业技术知识，从实践和书本中获取知识；与人共享，互补、互利，制造共赢局面，提升整体竞争力与应变能力；加强服务意识，定期自省改进，提升自身综合素质。

实施目的：自我完善，提高综合素质，带动企业产生新动力持续发展。

复习思考题

1. 低压配电设备的检修有哪些类型？
2. 环控电控柜设备维护作业有哪些注意事项？
3. 环控电控柜设备周巡检和年检时应该准备哪些工器具？

4. 环控电控柜里双电源切换装置的检修包括哪几项？
5. 简述环控电控柜设备周巡检和年检的作业流程。
6. EPS 应急电源设备维护作业有哪些注意事项？
7. 简述 EPS 应急电源设备周巡检和年检的作业流程。
8. 简述 EPS 应急电源设备强制运行开关的操作方法。
9. 简述双电源切换箱常见故障及处理方法。
10. 简述接触器常见故障及处理方法。
11. 简述低压配电箱元器件常见故障及处理方法。
12. 简述软启动器控制电动机不能启动的故障原因可能有哪些及相关处理方法。
13. 简述配电线路常见故障及处理方法。
14. 谈谈你在学习、生活中，关于"8S"管理的心得和体会。

模块 7

技能训练

知识结构

技能训练
- 中级轨道交通电气设备装调职业技能等级评价项点：万能转换开关的拆装、接线与调试
- 中级轨道交通电气设备装调职业技能等级评价项点：常用电气控制电路的设计、安装与调试
  - 三相异步电动机正反转控制线路装调
  - 星-三角降压启动控制线路装调
  - PLC实现电动机星-三角降压启动控制
- 室内照明电路安装训练
- 车站废水泵、雨水泵PLC控制

任务 7.1　中级轨道交通电气设备装调职业技能等级评价项点：万能转换开关的拆装、接线与调试

【任务目的】
（1）能正确使用有关工具，按照顺序完成万能转换开关的拆卸。
（2）按照正确步骤完成万能转换开关的安装、接线。
（3）能按照原理图与触点通断状态表，对万能转换开关进行接线和调试。

【任务内容】
对 LW5 型万能转换开关进行拆卸、安装和接线，经调试后，实现三相电源电压的检测。

【任务准备】
1. 基础知识

万能转换开关是一种多档位且能对电路进行多种转换的主令电器（见图 7-1），当操作手柄转动时，带动开关内部的凸轮转动，使触头按规定顺序闭合或断开。万能转换开关一般用于交流 500 V、直流 440 V、约定发热电流 20 A 以下的电路中，用于电气控制线路的转换和配电设备的远距离控制、电气测量仪表转换，也可用于小容量异步电动机、伺服电动机、微电动机的起动、制动、调速和换向。

图 7-1　LW5 万能转换开关外形

常用的万能转换开关有 LW5、LW6 系列。图 7-2 为万能转换开关单层的结构示意图，它主要由触头座、操作定位机构、凸轮、手柄等部分组成，其操作位置有 0~12

个，触头底座有 1~10 层，每层底座均可装三对触头和一个装在转轴上的凸轮，每层凸轮均可做成不同形状，当操作手柄带动凸轮转到不同位置时，可使各对触头按设置的规律接通和分断。因这种开关可以组成多种接线方式，能适应各种复杂要求，故称之为"万能"转换开关。

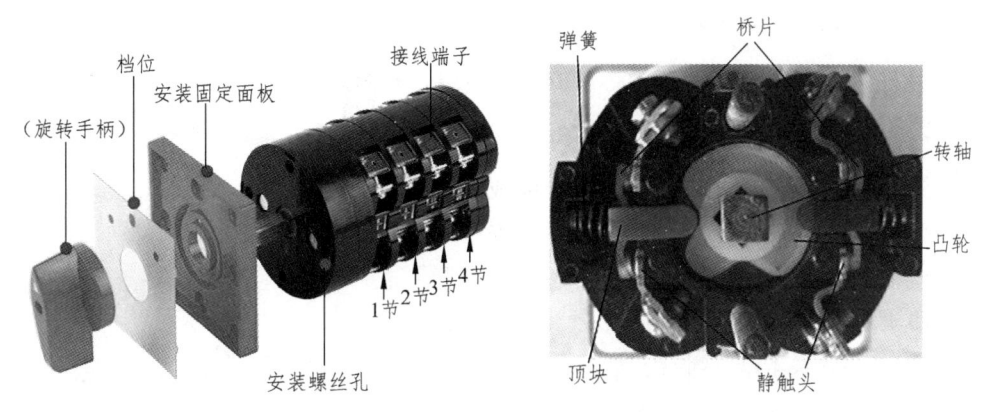

图 7-2　LW5 万能转换开关结构图

万能转换开关图形符号如图 7-3 所示。它与转换开关、万能转换开关的表示方法相同，操作位置分为向左、向右档位和零位。型号不同，其触头数目也不同。图中数字 1~16 表示触头号，Ⅰ、0、Ⅱ表示档位（即操作位置）。图中虚线表示操作位置，在不同操作位置时，各对触头的通断状态示于触头的下方或右侧与虚线相交位置，在触头右下方涂黑圆点，表示在对应操作位置时触头接通，没涂黑圆点的触头在该操作位置不接通。

编号	Ⅰ	0	Ⅱ
1-2	+		
3-4			+
5-6			+
7-8			+
9-10	+		
11-12	+		
13-14			+
15-16			+

（a）图形符号　　　　　　　（b）触头通断表

图 7-3　万能转换的图形符号及触头通断表示法

2. 工具、仪表及器材

（1）工具：测电笔、螺钉旋具、尖嘴钳、斜口钳、剥线钳、电工刀等。

（2）仪表：T301-A 型钳形电流表、MF47 型万用表。

（3）器材：动力电路采用 BV1.5 mm² 和 BVR1.5 mm²（黑色）塑铜线，紧固体及编码套管等，其数量按需要而定。

【任务实施】

1. 万能转换开关拆卸

（1）先观察器件特点，考虑拆卸方法和步骤，并做好记录。

（2）依次拆卸螺母、铭牌、上盖、轴套、下盖、静触头、压力弹簧、桥片、顶块、凸轮和凸轮安装座。

（3）用同样方法依次拆卸其他节的静触头、压力 弹簧、桥片、顶块、凸轮和凸轮安装座。

（4）取出圆形限位舌板和限位挡板及紧固螺杆。

（5）拆开旋转手柄、锥体、转轴、面板和面板底板。

（6）取下定位装置上座、弹簧、弹簧座、齿轮。

（7）按摆放要求摆放好拆卸下来的元器件。

2. 万能转换开关安装

（1）按如下顺序先进行定位装置安装：下座→埋螺母（4 个）→齿轮→弹簧座→弹簧→上座→埋螺母（2 个）→面板底板，注意底板方向→拧螺丝（4 个）。

然后安装面板盖：往面板盖内装入黑色金属→红色金属，面板盖→面板底板。

接下来安装手柄：转轴→锥体→手柄→拧紧螺钉。

（2）旋入紧固螺杆，触点编号嵌入到凸轮安装座，注意奇、偶数和方向的统一。

（3）舌板→挡板，确认档位数和位置准确性。

（4）凸轮安装座（编号需与面板方向一致）→凸轮（先装的控制小数侧触点，后装的控制大数侧触点，凸轮方向按通断表安装）→顶块（小数侧实心朝下，大数侧实心朝上）→桥片→弹簧→静触点。重复本步骤，完成所有凸轮安装座的安装。

（5）下盖→轴套→上盖→铭牌，拧紧螺母。

3. 试　　验

对安装好的万能转换开关进行检查，动作灵活， 再用万用表欧姆档检查各触点是否接触良好，确认安装无误才能使用。

按照图 7-4 所示将万能转换开关接入三相电源，使用万用表对三相电源进行电压测量。

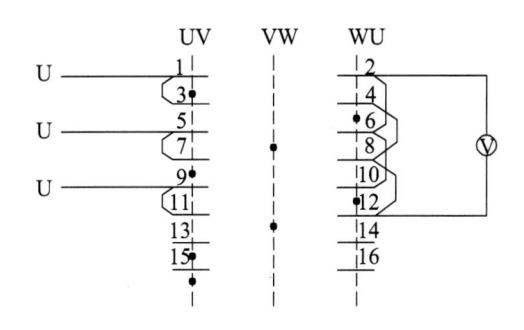

（a）图形符号　　　　　　　　　（b）触头通断表

图 7-4　万能转换开关检测三相电源电压

4. 器材整理

项目完成后，断开电源，拆除导线及设备，并进行整理，摆放整齐。

【注意事项】

（1）万能转换开关结构复杂，拆卸时应做好触头动作情况记录，防止装错造成返工。

（2）拆卸和安装压力弹簧时应防止崩掉。

（3）拆卸时按顺序一步一步地解体。

（4）拆装时，按要求放好所有元件。

（5）拆装过程中不允许硬撬元件，以免损坏电器。

（6）拆装后先自我检查，最后请老师检查。

（7）实验中不得随意通电，要有老师在场方可通电，注意人身安全。

【任务评价】

1. 纪律要求

（1）训练期间不准穿裙子、西服、皮鞋，必须穿工作服（或学生服）、胶底鞋。

（2）注意安全、遵守纪律，有事请假，不得无故不到或随意离开；

（3）训练过程中要爱护器材，节约用料。

2. 评分标准（见表 7-1）

表 7-1　评分表

项目内容	分配	评分标准	得分
拆卸元件	15	拆卸顺序不正确，每步　　　　　　　　　　　扣 3 分 未成功拆卸元件，每个　　　　　　　　　　扣 4 分 损坏元件　　　　　　　　　　　　　　　扣 3~10 分 元件摆放不整齐　　　　　　　　　　　　　扣 3 分	
安装元件	15	安装顺序不正确，每步　　　　　　　　　　　扣 3 分 未成功安装元件，每个　　　　　　　　　　扣 4 分 损坏元件　　　　　　　　　　　　　　　扣 3~10 分	
接线	20	不按图接线　　　　　　　　　　　　　　　扣 15 分 布线不符合工艺要求：每根　　　　　　　　扣 2 分	
通电试验	50	第一次通电试验不成功　　　　　　　　　　扣 20 分 第二次通电试验不成功　　　　　　　　　　扣 30 分 第三次通电试验不成功　　　　　　　　　　扣 50 分 违反安全文明生产　　　　　　　　　　　扣 5~15 分	
开始时间		结束时间　　　　　　　　实际时间	
成绩			

任务 7.2　中级轨道交通电气设备装调职业技能等级评价项点：常用电气控制电路的设计、安装与调试

7.2.1　三相异步电动机正反转控制线路装调

【任务目的】

（1）能分析交流电动机正反转控制线路的控制原理。
（2）能正确识读电路图、装配图。
（3）会按照工艺要求正确安装交流电动机正反转控制电路。
（4）能根据故障现象检修交流电动机正反转控制电路。

【任务内容】

有一台三相交流异步电动机（Y112M-4，4 kW，额定电压 380 V，额定电流 8.8 A，Δ接法，转速 1440 r/min），现需要对它进行正反转控制，并进行安装与调试。

【任务准备】

1. 工具、仪表及器材

（1）工具：测电笔、螺钉旋具、尖嘴钳、斜口钳、剥线钳、电工刀、校验灯等。

（2）仪表：5050 型兆欧表、T301-A 型钳形电流表、MF47 型万用表。

（3）器材：接触器正反转控制线路板一块。导线规格：动力电路采用 BV1.5 mm² 和 BVR1.5 mm²（黑色）塑铜线；控制电路采用 BVR1 mm² 塑铜线（红色），接地线采用 BVR（黄绿双色）塑铜线（截面面积至少 1.5 mm²）。紧固体及编码套管等，其数量按需要而定。

2. 选择电器元件

按照三相异步电动机型号，给电路中的开关（熔丝）、熔断器（熔芯）、热继电器、接触器、按钮等选配型号。

选用热继电器要注意以下列两点：

（1）由电动机的额定电流选热继电器的型号和电流等级。

（2）根据热继电器与电动机的安装条件和环境不同，将热元件电流做适当调整（放大 1.15～1.5 倍）。

【任务实施】

1. 绘制电气原理图

三相异步电动机正反转控制电气原理图如图 7-5 所示。

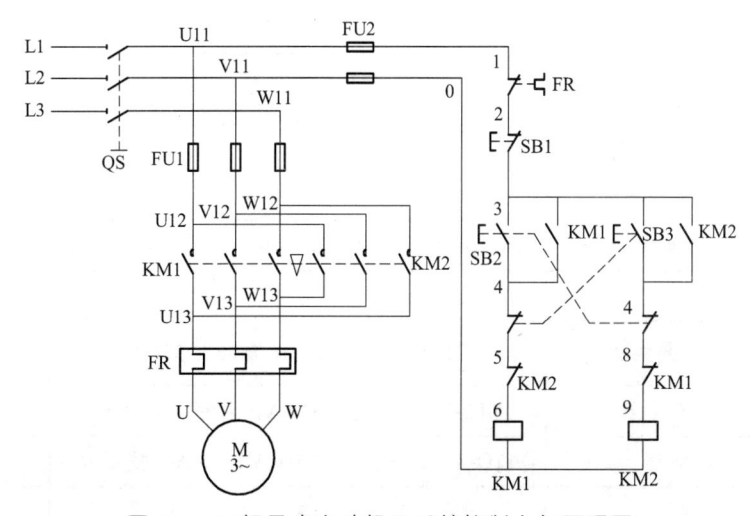

图 7-5　三相异步电动机正反转控制电气原理图

2. 绘制电器元件布置图及安装接线图

根据图 7-5 所示的三相异步电动机正反转控制电路绘制安装接线图，注意线号在电气原理图和安装接线图中要一致。电器元件布置图及接线图如图 7-6 和图 7-7 所示。

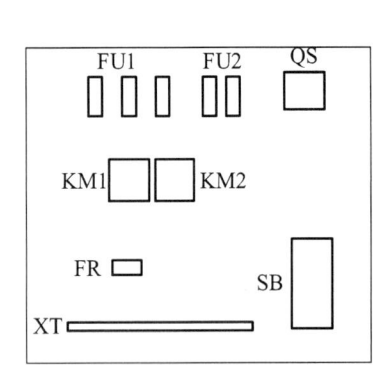

图 7-6　电器元件布置图

图 7-7　接线图

3. 安装电气元件

如图 7-6 所示，在控制板上将所需电气元件摆放均匀、整齐、紧凑、合理，用螺钉进行固定，并在其旁边贴上醒目的文字符号。

安装工艺要求：

（1）自动开关、熔断器的受电端子安装在控制板的外侧，以便于手动操作。
（2）各元件的间距合理，便于元件的更换。
（3）紧固各元件时应用力均匀，紧固程度适当。用手轻摇，以确保其稳固。
（4）绘制元件明细表（见表 7-2）

表 7-2　三相异步电动机正反转控制电路元件明细表

序号	名称	型号与规格	数量	备注
M	三相异步电动机	Y112M-4，4 kW、380 V、△接法、8.8 A、1440 r/min	1	
QS	组合开关	HZ1O-25/3，三极、25 A	1	
FU1	熔断器	RL1-60/25，500 V、60 A、配熔体 25 A	3	
FU2	熔断器	RL1-15/2，500 V、15 A、配熔体 2 A	2	
KM1、KM2	交流接触器	CJ10-20，20 A、线圈电压 380 V	2	
FR	热继电器	JR16-20/3，三极、20 A、整定电流 8.8 A	1	
SB1-SB3	按钮	LA1O-3 H，保护式、380 V、5 A、按钮数 3	3	
XT	端子板	JX2-1015，380 V、10 A、15 节	1	

4. 布线、校对检查、安装并连接电动机

1）布线工艺要求：

（1）布线通道要尽可能少。主电路、控制电路要分类清晰，同一类线路要单层密排，紧贴安装板面布线。

（2）同一平面内的导线要尽量避免交叉。当必须交叉时，布线线路要清晰，便于识别。

（3）布线应横平竖直，走线改变方向时应垂直转向。

（4）布线一般以接触器为中心，由里向外，由低至高，以不妨碍后续布线为原则。

（5）布线一般按照先控制电路，后主电路的顺序。主电路和控制电路要尽量分开。

（6）导线与接线端子或接线柱连接时，应不压绝缘层、不反圈及不露铜过长，并做到同一元件、同一回路的不同接点的导线间距离保持一致。

（7）一个电气元件接线端子上的连接导线不得超过两根。每节接线端子排上的连接导线一般只允许连接一根。

（8）布线时，严禁损伤线芯和导线绝缘。

（9）布线时，要确保连接牢靠，用手轻拉不会脱落或断开。

2）核对检查

布线完成后，按照接线图检查控制面板布线的正确性。用万用表检查各连线的电气连接，保证连接正确，没有短路或断路。

将电动机定子绕组按照铭牌接好线后，先连接电动机和按钮金属外壳的接地保护线，然后连接电动机控制板外部的导线，最后连接电源。连接电源时，要保证刀开关或低压断路器处于断开状态。

控制线路制作完毕，检查无误并经指导老师允许后可进行通电试车。

5. 通电试车

试车前应做好准备工作，包括：清点工具；清除安装底板上的线头杂物；装好接触器的灭弧罩；检查各组熔断器的熔体；分断各开关，使按钮处于未操作前的状态；检查三相电源是否对称等。然后按下述的步骤通电试车。

（1）空操作试验。先切除主电路（一般可断开主电路熔断器），装好辅助电路熔断器，接通三相电源，使线路不带负荷（电动机）通电操作，以检查辅助电路工作是否正常。操作各按钮，检查它们对接触器、继电器的控制作用；检查接触器的自保、联锁等控制作用。还要观察各电器操作动作的灵活性，注意有无卡住或阻滞等不正常现象；细听电器动作时有无过大的振动噪声；检查有无线圈过热等现象。

（2）带负荷试车。控制线路经过数次空操作试验动作无误，即可切断电源，接通主电路，带负荷试车。电动机起动前应先做好停车准备，起动后要注意它的运行情况。如果发现电动机起动困难、发出噪声及线圈过热等异常现象，应立即停车，切断电源后进行检查。

试车运转正常后，可投入正常运行。

6. 器材整理

项目完成后，断开电源，拆除导线及设备，并整理、摆放整齐。

【注意事项】

（1）电动机和按钮的金属外壳必须可靠接地。

（2）接至电动机的导线必须结实，并有良好的绝缘性能。

（3）安装完毕的控制线路板必须经过认真的检查并经指导老师允许后方可通电试车，以防止严重事故的发生。

（4）故障检测训练前要熟练掌握电路图中各个环节的作用。

（5）要认真听取指导老师在示范过程中的讲解并仔细观察检修操作。

（6）工具和仪表的使用方法要正确，同时要做到安全操作和文明生产。

【任务评价】

1. 纪律要求

（1）训练期间不准穿裙子、西服、皮鞋，必须穿工作服（或学生服）、胶底鞋。

（2）注意安全、遵守纪律，有事请假，不得无故不到或随意离开。

（3）训练过程中要爱护器材，节约用料。

2. 评分标准（见表7-3）

表7-3 评分表

项目内容	分配	评分标准	得分
安装元件	15	元件布置不整齐、不匀称、不合理，每只　　　　扣3分 元件安装不牢固，每只　　　　扣4分 损坏元件　　　　扣5~15分	
布线	35	不按电气原理图接线　　　　扣15分 布线不符合要求： 主回路，每根　　　　扣2分 控制回路，每根　　　　扣1分 节点松动、露铜过长、反圈、压绝缘层，每根　　　　扣1分 损伤导线绝缘部分或线芯，每根　　　　扣4分	

续表

项目内容	分配	评分标准	得分
通电试车	50	第一次通电试车不成功　　　　　　　　　　　　扣 20 分 第二次通电试车不成功　　　　　　　　　　　　扣 30 分 第三次通电试车不成功　　　　　　　　　　　　扣 50 分 违反安全文明生产　　　　　　　　　　　　　　扣 5～15 分	
开始时间		结束时间　　　　　　　　　　　实际时间	
成绩			

7.2.2　星-三角降压启动控制线路装调

【任务目的】

（1）能分析三相笼型异步电动机 Y-△降压启动控制线路的控制原理。

（2）能正确识读电路图、装配图。

（3）会按照工艺要求正确安装三相笼型异步电动机 Y-△降压启动控制电路。

（4）能根据故障现象检修三相笼型异步电动机 Y-△降压启动控制电路。

【任务内容】

有一台三相笼型异步电动机（Y112M-4，4 kW，额定电压 380 V，额定电流 8.8 A，转速 1 440 r/min），现需要对它进行 Y-△降压启动控制，并进行安装与调试。

【任务准备】

1. 工具、仪表及器材

（1）工具：测电笔、螺钉旋具、尖嘴钳、斜口钳、剥线钳、电工刀、校验灯等。

（2）仪表：5050 型兆欧表、T301-A 型钳形电流表、MF47 型万用表。

（3）器材：接触器正反转控制线路板一块。导线规格：动力电路采用 BV1.5 mm^2 和 BVR1.5 mm^2（黑色）塑铜线；控制电路采用 BVR1 mm^2 塑铜线（红色），接地线采用 BVR（黄绿双色）塑铜线（截面面积至少 1.5 mm^2）。紧固体及编码套管等，其数量按需要而定。

2. 选择电器元件

按照三相异步电动机型号，给电路中的开关（熔丝）、熔断器（熔芯）、热继电器、接触器、按钮等选配型号。

【任务实施】

1. 绘制电气原理图

如图 7-8 所示，电动机定子绕组为 Y-△ 接线。在图 7-9 中，UU′、VV′、WW′ 为电动机的三相定子绕组，当 KM2 的主触点闭合，KM1 的主触点断开时相当于 U′、V′、W′ 连在一起，为星形连接；当 KM2 的主触点断开，KM1 的主触点闭合时，相当于 U 与 V′、V 与 W′、W 与 U′ 连在一起，三相绕组首尾相连，为三角形连接。

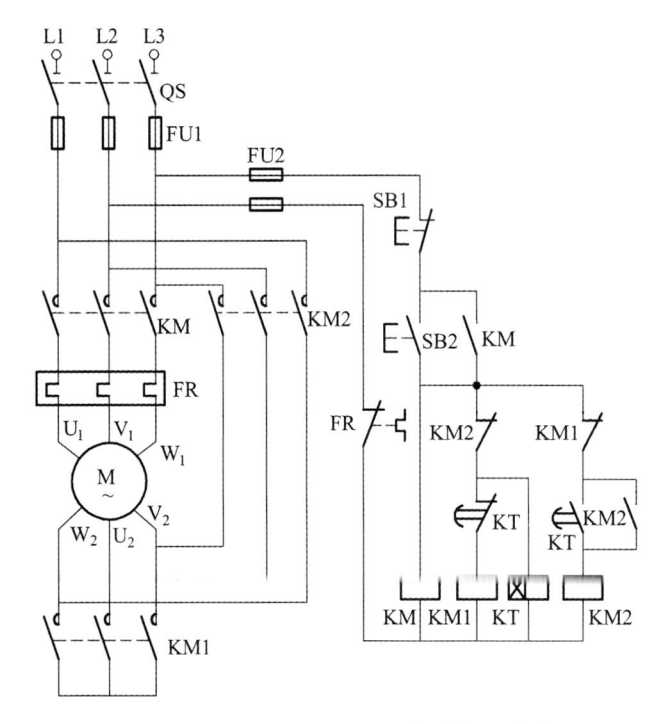

图 7-8　星-三角（Y-△）降压起动控制线路

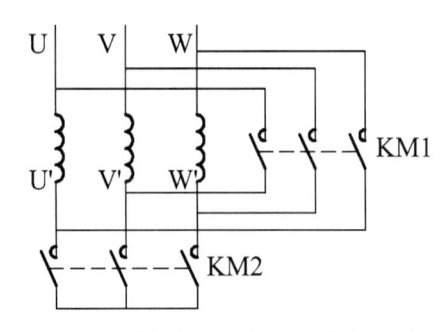

图 7-9　电动机定子绕组 Y-△ 接线示意图

2. 绘制电气元件布置图及安装接线图

根据图 7-8 所示的三相笼型异步电动机 Y-△ 降压启动控制电路绘制电气元件布置图及安装接线图，电气元件布置图可参考图 7-10。

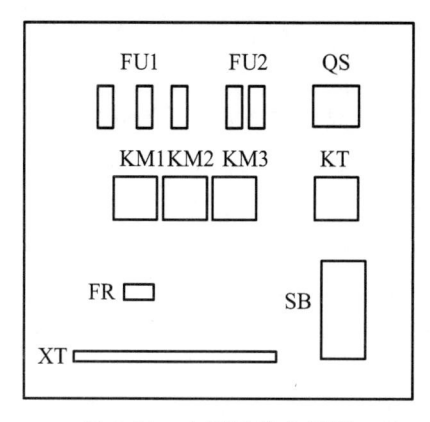

图 7-10　电器元件布置图

3. 安装电气元件

按照图 7-10 所示，在控制板上将所需电气元件摆放均匀、整齐、紧凑、合理，用螺钉进行固定，并在其旁边贴上醒目的文字符号。

安装工艺要求：

（1）自动开关、熔断器的受电端子安装在控制板的外侧，以便于手动操作。

（2）各元件的间距合理，便于元件的更换。

（3）紧固各元件时应用力均匀，紧固程度适当。用手轻摇，以确保其稳固。

4. 绘制元件明细表（见表 7-4）

表 7-4　三相异步电动机正反转控制电路元件明细表

序号	名称	型号与规格	数量	备注
M	三相异步电动机	Y112M-4，4 kW、380 V、△接法、8.8 A、1440 r/min	1	
QS	组合开关	HZ10-25/3、三极、25 A	1	
FU1	熔断器	RL1-60/25，500 V、60 A、配熔体 25 A	3	
FU2	熔断器	RL1-15/2，500 V、15 A、配熔体 2 A	2	
KM1-3	交流接触器	CJ10-20、20 A、线圈电压 380 V	3	
KT	时间继电器	JSZ3Y，220 V，触点容量 3 A	1	
FR	热继电器	JR16-20/3、三极、20 A、整定电流 8.8 A	1	
SB1、SB2	按钮	LA10-3 H、保护式、380 V、5 A	2	
XT	端子板	JX2-1015，380 V、10 A、15 节	1	

5. 布线、校对检查、安装并连接电动机

1）布线工艺要求

（1）布线通道要尽可能少。主电路、控制电路要分类清晰，同一类线路要单层密排，紧贴安装板面布线。

（2）同一平面内的导线要尽量避免交叉。当必须交叉时，布线线路要清晰，以便于识。

（3）布线应横平竖直，走线改变方向时应垂直转向。

（4）布线一般以接触器为中心，由里向外，由低至高，以不妨碍后续布线为原则。

（5）布线一般按照先控制电路，后主电路的顺序。主电路和控制电路要尽量分开。

（6）导线与接线端子或接线柱连接时，应不压绝缘层、不反圈及不露铜过长，并做到同一元件、同一回路的不同接点的导线间距离保持一致。

（7）一个电气元件接线端子上的连接导线不得超过两根。每节接线端子排上的连接导线一般只允许连接一根。

（8）布线时，严禁损伤线芯和导线绝缘。

（9）布线时，要确保连接牢靠，用手轻拉不会脱落或断开。

2）校对检查

布线完成后，按照接线图检查控制面板布线的正确性。用万用表检查各连线的电气连接，保证连接正确，没有短路或断路。

将电动机定子绕组按照铭牌接好线后，先连接电动机和按钮金属外壳的接地保护线，然后连接电动机控制板外部的导线，最后连接电源。连接电源时，要保证刀开关或低压断路器处于断开状态。

控制线路制作完毕，检查无误并经指导老师允许后可进行通电试车。检查的注意事项：

（1）按电路图或接线图从电源端开始，逐段核对连线是否正确，连接点是否符合要求。

（2）用万用表进行检查时，应选用适当倍率的电阻档，并进行校零，以防错漏短路故障。校验控制电路时，可将表笔分别搭在连接控制线路的两根电源线的接线端上，读数应为"∞"。

（3）检查主电路时，可以用手动操作来代替接触器线圈吸合时的情况。

6. 通电试车

试车前应做好准备工作，包括：清点工具；清除安装底板上的线头杂物；装好接触器的灭弧罩；检查各组熔断器的熔体；分断各开关，使按钮处于未操作前的状态；检查三相电源是否对称等。然后按下述的步骤通电试车。

（1）空操作试验。先切除主电路（一般可断开主电路熔断器），装好辅助电路熔断器，接通三相电源，使线路不带负荷（电动机）通电操作，以检查辅助电路工作是否正常。操作各按钮检查它们对接触器、继电器的控制作用；检查接触器的自保、联锁等控制作用。还要观察各电器操作动作的灵活性，注意有无卡住或阻滞等不正常现象；细听电器动作时有无过大的振动噪声；检查有无线圈过热等现象。

（2）带负荷试车。控制线路经过数次空操作试验动作无误，即可切断电源，接通主电路，带负荷试车。电动机起动前应先做好停车准备，起动后要注意它的运行情况。如果发现电动机起动困难、发出噪声及线圈过热等异常现象,应立即停车,切断电源后进行检查。

试车运转正常后,可投入正常运行。

7. 器材整理

项目完成后,断开电源,拆除导线及设备,并进行整理,摆放整齐。

【注意事项】

(1) 电动机和按钮的金属外壳必须可靠接地。

(2) 接至电动机的导线必须结实,并有良好的绝缘性能。

(3) 安装完毕的控制线路板必须经过认真的检查并经指导老师允许后方可通电试车,以防止严重事故的发生。

(4) 故障检测训练前要熟练掌握电路图中各个环节的作用。

(5) 要认真听取指导老师在示范过程中的讲解并仔细观察检修操作。

(6) 工具和仪表的使用方法要正确,同时要做到安全操作和文明生产。

【任务评价】

1. 纪律要求

(1) 训练期间不准穿裙子、西服、皮鞋,必须穿工作服(或学生服)、胶底鞋。

(2) 注意安全、遵守纪律,有事请假,不得无故不到或随意离开。

(3) 训练过程中要爱护器材,节约用料。

2. 评分标准(见表 7-5)

表 7-5　评分表

项目内容	分配	评分标准	得分
安装元件	15	元件布置不整齐、不匀称、不合理,每只　　扣 3 分 元件安装不牢固,每只　　扣 4 分 损坏元件　　扣 5~15 分	
布线	35	不按电气原理图接线　　扣 15 分 布线不符合要求: 　主回路,每根　　扣 2 分 　控制回路,每根　　扣 1 分 　节点松动、露铜过长、反圈、压绝缘层,每根　　扣 1 分 　损伤导线绝缘部分或线芯,每根　　扣 4 分	
通电试车	50	第一次通电试车不成功　　扣 20 分 第二次通电试车不成功　　扣 30 分 第三次通电试车不成功　　扣 50 分 违反安全文明生产　　扣 5~15 分	
开始时间		结束时间　　　　　　　　　实际时间	
成绩			

7.2.3　PLC 实现电动机星-三角降压启动控制

【任务目的】

（1）掌握用 PLC 实现电动机 Y-△ 控制的方法。

（2）熟练掌握西门子 S7-1200 PLC 控制系统接线及调试步骤。

（3）熟悉 PLC 编程的简单方法和步骤。

【任务准备】

（1）PLC 实验装置，一套。

（2）编程计算机，一台。

（3）PC/PPI 通信电缆，一条。

（4）连接导线，若干。

【任务内容及实施】

1. 编制典型电动机控制程序并调试

三相电动机顺序控制要求如下：

（1）按动正转启动按钮 SB1，电机以 Y-△ 方式正转启动，Y 接法运行 5 s 后转换为 △ 运行；按动停止按钮 SB3，电机立即停止运行。

（2）按动反转启动按钮 SB2，电机以 Y-△ 方式反转启动，Y 接法运行 5 s 后转换为 △ 形运行；按动停止按钮 SB3，电机立即停止运行。

（3）正转时，反转无法启动；反转时，正转无法启动。正反转的切换只能通过停止来实现。

2. I/O 分配表及接线图

（1）I/O 分配如表 7-6 所示。

表 7-6　I/O 分配表

输入		输出	
I0.0	正转启动 SB1	Q0.0	接触器 KM1
I0.1	反转启动 SB2	Q0.1	接触器 KM2
I0.2	停止 SB3	Q0.2	接触器 KM3
		Q0.3	接触器 KM4

（2）电机控制主回路如图 7-11 所示。

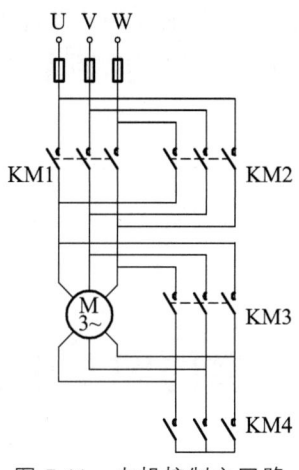

图 7-11　电机控制主回路

（3）PLC 接线图如图 7-12 所示。

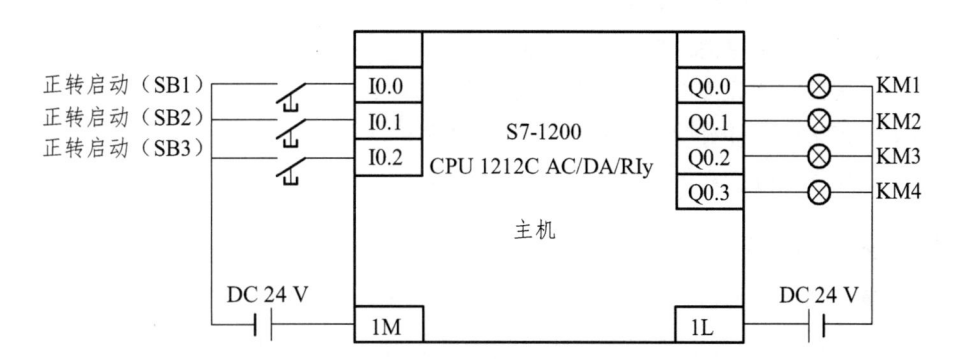

图 7-12　电动机正反转 Y-△启动 PLC 接线图

3. 程序下载及调试

（1）将 PLC 连接至上位计算机及外围设备。

（2）根据控制任务编制实训程序，确认无误后，将程序下载至 PLC 中。

（3）操作按钮 SB1～SB3，观察记录程序运行情况和输出状态。

4. 器材整理

项目完成后，断开电源，拆除导线及设备，并进行整理，摆放整齐。

【注意事项】

（1）SB1～SB3 应选用自复式按键。

（2）各程序中的各输入、输出应与外部实际 I/O 正确对应。

（3）先将 PLC 主机电源开关拨到关状态，严格按要求接线，注意 24 V 电源的正负不要接反，电路不要短路，否则会损坏 PLC 触点。

（4）将 DC24 V 电源用安全连线接在 PLC 电源上。

（5）将 PLC 主机电源开关拨到开状态，用计算机或编程器将程序下载到 PLC 中；

（6）按照实训原理工作方式操作，观察实训现象。

【任务评价】

（1）从 I/O 分配、PLC 硬件接线、PLC 程序编制及调试运行等方面进行综合评价。

（2）试比较 PLC 控制与常规电气控制电路的区别与联系。

任务 7.3　室内照明电路安装训练

【任务目的】

（1）了解日光灯线路工作原理。

（2）能正确分析室内照明电路的工作过程。

（3）能按照电气原理图对电路进行正确接线。

（4）能正确分析并排除实训过程中出现的故障。

（5）提高学生分析和解决生活实际问题的能力，养成良好的思维习惯。

【任务准备】

1. 基础知识

日光灯由灯管、镇流器和启辉器等三个部件组成。其工作原理见本教材模块五内容。镇流器、启辉器实物如图 7-13 和图 7-14 所示。

图 7-13　日光灯镇流器　　　　图 7-14　启辉器

2. 工具、仪表及器材

本次项目训练所需设备、工具、器材如表 7-7 所示。

表 7-7 设备工具、器材明细表

序号	名称	符号	参考型号	数量
1	电源		220	1
2	低压断路器	QF	Z47S-32 C10	1
3	熔断器	FU	RT18-32/5 A	2
4	单联双控开关	K	正泰 86 型	1
5	镇流器		飞利浦 BPL 电感镇流器	1
6	日光灯	EL	10W	1
7	启辉器		飞利浦 C10	1
8	导线			若干
9	万用表			1
10	电工工具		试电笔、螺丝刀（一字和十字）、斜口钳、剥线钳、尖嘴钳等	1

【任务内容及实施】

1. 任务准备

根据实验要求，按照设备、工具、器材明细表，将实训所需要的设备、工具、器材准备齐全并仔细检查是否完好。

2. 分析日光灯线路工作原理

如图 7-15 所示，日光灯线路工作原理如下：

当手动合上低压断路器后，再合上单联双控开关，接通电源，电源电压全部加在启辉器动、静触片之间，氖气辉光放电，发出红光；双金属片受热膨胀伸展与静触片接触，电路接通，电流通过镇流器和灯丝，灯丝预热。

辉光放电停止后，双金属片冷却收缩与静触片断开，镇流器中电流突然中断，在自感作用下，产生较高的脉冲电压，加在灯管两端，引起灯管内水银蒸汽弧光放电，辐射出紫外线，激发管壁上的荧光粉发出白光。

日光灯正常发光后，镇流器起降压限流作用，而并联在灯管两端的启辉器不再起作用。

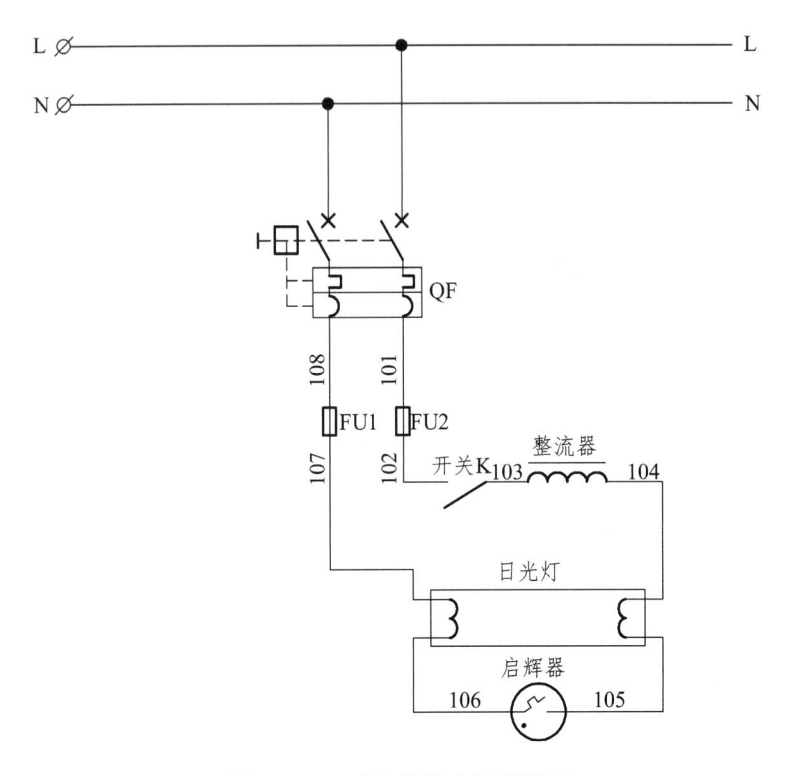

图 7-15 日光灯线路电气原理图

断开单联双控开关，日光灯熄灭。

3. 绘制元器件布置图

根据 7-15 所示电气原理图及实训台位具体情况，绘制元器件布置图。

4. 元器件安装

根据元器件布置图，将低压断路器、熔断器、单联双控开关、日光灯各模块安装到实训台板上。

5. 实物接线

根据日光灯线路电气原理图及实物接线图（见图 7-16），对各元器件进行导线连接。

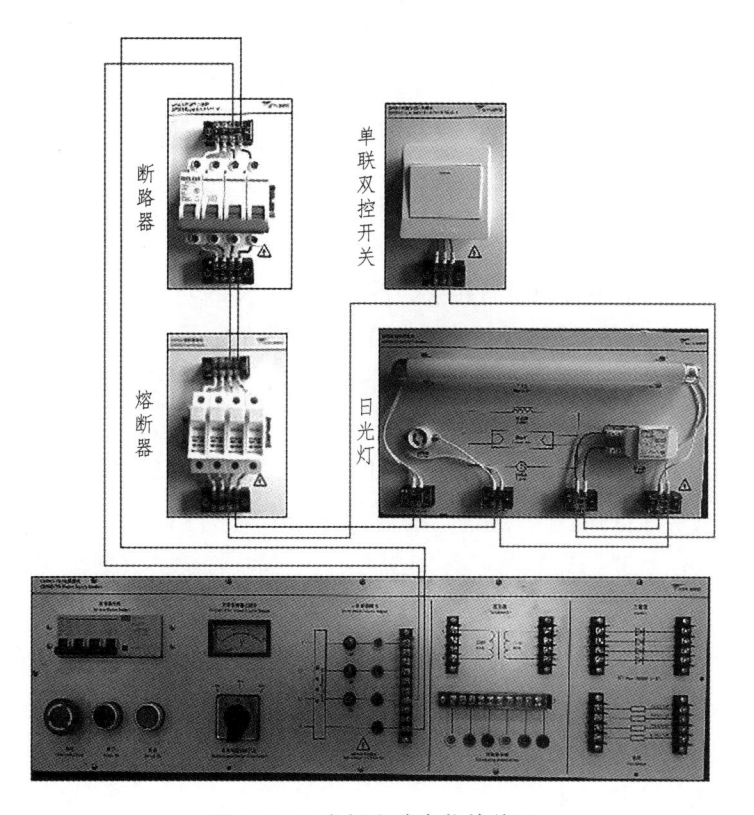

图 7-16 日光灯电路实物接线图

6. 自　检

（1）对照电气原理图检查所连导线是否出现掉线、错线，线号漏编、错编，接线不牢固等现象，若存在上述现象应及时更正。

（2）外观检查：检查有无绝缘层压入接线端子，如有绝缘层压入接线端子，通电后，会使电路无法接通；检查裸露的导线线芯是否符合规定；用手摇动、拉拔接线端子上的导线，检查所有导线与端子的接触情况，不允许有松脱。

（3）电路检查：万用表选择 R×10 或者 R×100 档。用红黑表笔分别放在低压断路器的出线端，电阻值应为无穷大；闭合单联双控开关，万用表显示阻值（几百欧），再断开单联双控开关，电阻值又变为无穷大。说明单联双控开关初始状态为断开，且能有效地接通和断开电路。

自检完成后须经指导老师检查，才能接通电源。

7. 功能调试

接通总电源，再手动合上低压断路器后，用万用表电压档（500 V 以上量程）测试熔断器出线端电压，应为 230 V 左右。再合上单联双控开关，日光灯亮；断开单联双控开关，日光灯熄灭。可反复试验几次，观察实验现象。若实验现象与上述描述不符，或出现其他异常现象，应立即断开断路器，查找原因，修改后再次进行功能调试，直至功能实现。

8. 器材整理

项目完成后,断开低压断路器,再断开总电源,拆除导线及设备,并进行整理,摆放整齐。

【注意事项】

(1)严禁在未断开电源时进行接线、拆线或改接线路。

(2)在电路通电的情况下,严禁接触电路中无绝缘的金属导线或连接点等导电部位。

(3)选用仪器仪表时,应注意量程大小的选择,禁止用小量程去测量大电流和高电压。

(4)实验过程中,应随时注意仪器设备的运行情况,如发现有超量程、过热、异味、异声、冒烟、火花等情况,应立即断电,并请指导老师检查。

【任务评价】

1. 纪律要求

(1)训练期间不准穿裙子、西服、皮鞋,必须穿工作服(或学生服)、胶底鞋。

(2)注意安全、遵守纪律,有事请假,不得无故不到或随意离开。

(3)训练过程中要爱护器材,节约用料。

2. 评分标准(见表7-8)

表7-8 评分表

项目内容	分配	评分标准	得分
安装元件	15	元件布置不整齐、不匀称、不合理,每只　　扣3分 元件安装不牢固,每只　　扣4分 损坏元件　　扣5~15分	
布线	35	不按电气原理图接线　　扣15分 布线不符合要求: 主回路,每根　　扣2分 控制回路,每根　　扣1分 节点松动、露铜过长、反圈、压绝缘层,每根　　扣1分 损伤导线绝缘部分或线芯,每根　　扣4分	
通电试验	50	第一次通电试验不成功　　扣20分 第二次通电试验不成功　　扣30分 第三次通电试验不成功　　扣50分 违反安全文明生产　　扣5~15分	
开始时间		结束时间　　　　　　　　实际时间	
成绩			

任务 7.4 车站废水泵、雨水泵 PLC 控制

【任务目的】

（1）掌握用 PLC 实现车站废水泵、雨水泵 PLC 控制的方法。

（2）熟练掌握西门子 S7-1200 PLC 控制系统接线及调试步骤。

（3）熟悉 PLC 编程的简单方法和步骤。

【任务准备】

（1）PLC 实验装置，一套。

（2）编程计算机，一台。

（3）PC/PPI 通讯电缆，一条。

（4）连接导线，若干。

【任务内容及实施】

1. 编制车站废水泵、雨水泵 PLC 程序并调试

车站废水泵、雨水泵 PLC 控制要求如下：

（1）集水池一般设有超高水位、双泵启动液位、单泵启动液位、停泵、超低水位共 5 个液位，通过液位传感器反馈液位。

（2）当水位达到单泵启动水位时，开启Ⅰ号泵；如果Ⅰ号泵故障，开启Ⅱ号泵。

（3）水位达到两台泵启动水位时，两台泵同时开启。

（4）当水下降到停泵液位时，水泵停止工作。

（5）当水位达到超高/超低液位时，发出超高/超低液位报警信号。

2. I/O 分配表及接线图

（1）I/O 分配如表 7-9 所示。

表 7-9 I/O 分配表

输入		输出	
I0.0	启动	Q0.0	接触器 KM1 线圈
I0.1	超低液位	Q0.1	接触器 KM2 线圈
I0.2	超高液位	Q0.2	超低液位指示灯 HY1
I0.3	单泵启动液位	Q0.3	超高液位指示灯 HY2
I0.4	双泵启动液位		

续表

输入		输出	
I0.5	停泵液位		
I0.6	Ⅰ号泵故障		
I0.7	Ⅱ号泵故障		

2）废水泵、雨水泵电机控制主回路如图 7-17 所示。

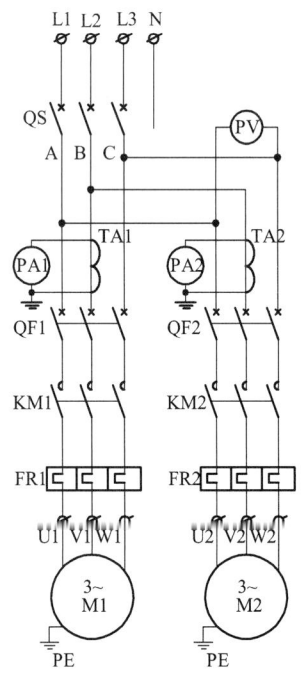

图 7-17 废水泵、雨水泵电机控制主回路

（3）PLC 外部接线图如图 7-18 所示。

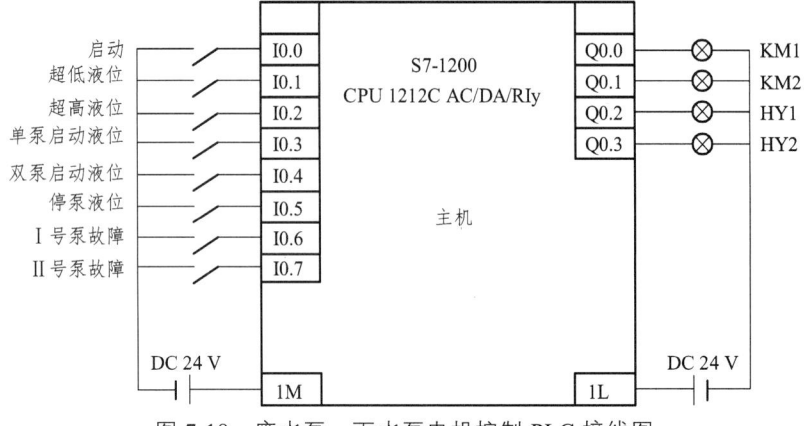

图 7-18 废水泵、雨水泵电机控制 PLC 接线图

3. 程序下载及调试

（1）连接 PLC 与上位计算机及外围设备。

（2）根据控制任务编制实训程序，确认无误后，将程序下载至 PLC 中。

（3）操作开关 K0~K7，观察记录程序运行情况和输出状态。

4. 器材整理

项目完成后，断开电源，拆除导线及设备，并进行整理，摆放整齐。

【注意事项】

（1）K0~K7 应选用拨动开关。

（2）各程序中的各输入、输出应与外部实际 I/O 正确对应。

（3）先将 PLC 主机电源开关拨到关状态，严格按要求接线，注意 24 V 电源的正负不要接反，电路不要短路，否则会损坏 PLC 触点。

（4）将 DC24 V 电源用安全连线接在 PLC 电源上。

（5）将 PLC 主机电源开关拨到开状态，用计算机或编程器将程序下载到 PLC 中。

（6）按照实训原理工作方式操作，观察实训现象。

【任务评价】

从 I/O 分配、PLC 硬件接线、PLC 程序编制及调试运行等方面进行综合评价。

参考文献

[1] 陈昌进. 城市轨道交通通风空调、给排水、低压配电检修工[M]. 北京：人民交通出版社，2017.

[2] 文晓娟，王丽平.电气控制与PLC应用技术（西门子系列）[M]. 北京：中国铁道出版社，2021.

[3] 谭林. 机电设备检修工 低压电气检修[M]. 北京：中国劳动社会保障出版社，2012.

[4] 王振. 电力内外线安装工艺[M]. 北京：中国中信出版社，2018.

[5] 张白帆. 老帕讲低压电器技术[M]. 北京：机械工业出版社，2019.

[6] 张辉，马建华. 电力内外线施工[M]. 北京：北京交通大学出版社，2019.